5訂版

歌はともだち

指導用伴奏集

1

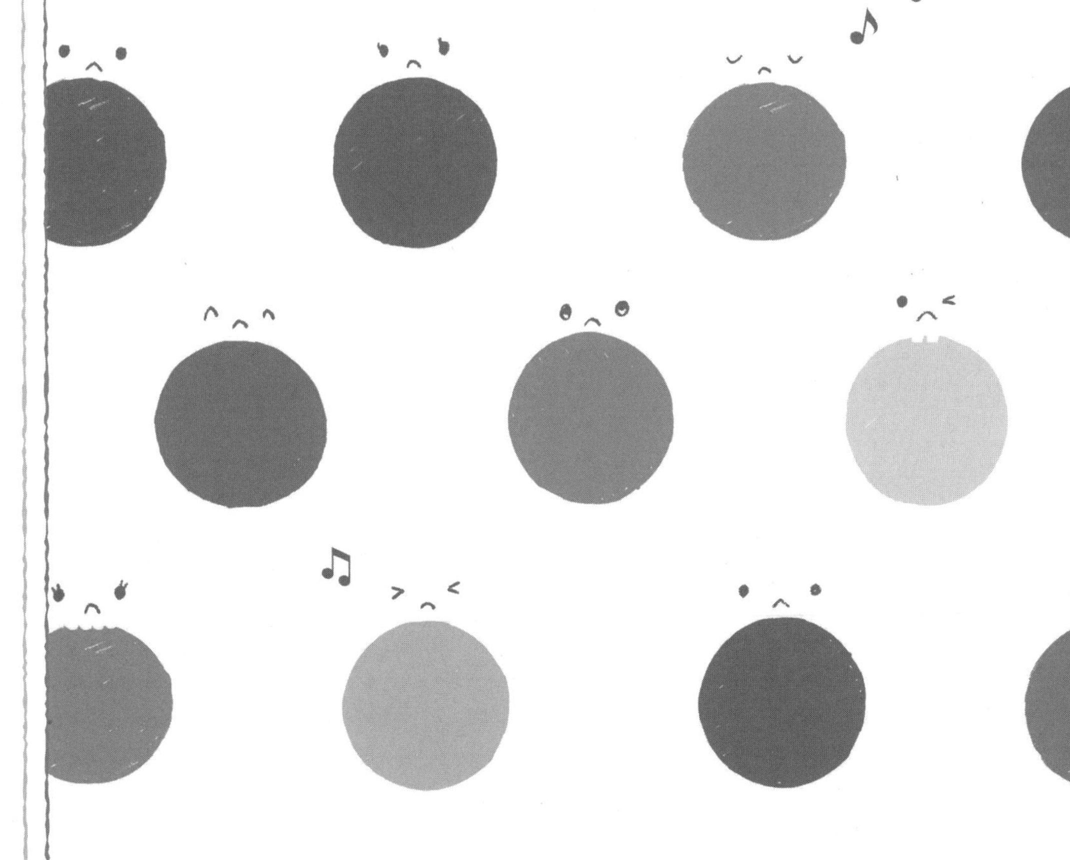

教育芸術社

Contents

あ

アイタタ ホイタタ …… 4
あおげばとうとし ……〔二合〕…… 6
青空に深呼吸 ……〔二合〕…… 8
青空へのぼろう ……〔二合〕…… 12
赤いやねの家 ……〔二合〕…… 14
赤とんぼ …… 17
赤鼻のトナカイ …… 18
秋の子 …… 20
あすという日が ……〔二合〕…… 22
あの青い空のように ……〔二合〕…… 26
アリラン …… 27
ありがとう さようなら …… 28
ありがとうの花 …… 30
あわてんぼうのサンタクロース …… 32
アルプス一万尺 ……〔二合〕…… 34

い

いるかはざんぶらこ ……〔遊び歌〕…… 35
いつだって！ …… 36
一年生になったら …… 40
いのちの歌 ……〔二合〕…… 42

う

With You Smile ……〔二合〕…… 47
Wish ～夢を信じて ……〔二合〕…… 52
上を向いて歩こう ……〔二合〕…… 56
うたえバンバン ……〔二合〕…… 59
歌は友だち ……〔二合〕…… 64
うたいましょう ……〔四輪〕…… 68
歌よ ありがとう ……〔三合〕…… 69
うれしいひなまつり …… 72・73

え

永遠のキャンバス ……〔二合〕…… 74
エーデルワイス(Edelweiss) ……〔二合〕…… 78
YELL（エール） ……〔二合〕…… 80

・細字の曲は，４訂版にのみ掲載されている曲です。
・２，３集の索引は，巻末に掲載しています。

お

大きなうた ……〔二合〕…… 86
大きな古時計 ……〔二合〕…… 88
大空賛歌 ……〔二合〕…… 90
おお ブレネリ ……〔二合〕…… 93
おお 牧場はみどり ……〔二合〕…… 94
お正月 …… 95
おちゃらか ほい ……〔遊び歌〕…… 96
オバケなんてないさ …… 97
思い出のアルバム …… 98
おもちゃのチャチャチャ …… 100

か

風になりたい ……〔二合〕…… 103
帰り道 …… 106
学校坂道 …… 108
変わらないもの ……〔二合〕…… 110
カントリー ロード …… 114

き

気球にのってどこまでも ……〔二合〕…… 118
絆 ……〔二合〕…… 121
北風小僧の寒太郎 …… 124
君をのせて ……〔二合〕…… 126
今日(きょう)の日はさようなら ……〔二合〕…… 130
きよしこの夜 ……〔三合〕…… 132

・楽譜ページにあるアイコンは，『歌はともだち』歌集本体の掲載ページを示しています。
〈例〉 ⑤ 10ページ …5訂版の10ページ　④ 10ページ …4訂版の10ページ

アイタタ ホイタタ

④ 10 ページ

杉本竜一 作詞・作曲

© 2006 by Sound Project K.K. & KYOGEI Music Publishers.

NO COPY

F B♭7 G G7
ぱい どんな おてつだいだーって やったげる なんでもーまかせ
C C7 F C C7
て!
するとかあさん あわててゆうんだよ おさきにべんきょう すませてね
するととうさん あわててゆうんだよ きょうーはゆっくり ねさせてね
するとばあちゃん あわててゆうんだよ かたもみもうすこし やわらかに
するとじいちゃん あわててゆうんだよ おねがいゆっくり
1.2.3.
F C7 F
手拍子 1 2
F C7 F
C7 F
F C7 F F6
あるこうよ

あおげばとうとし

⑤ 12ページ

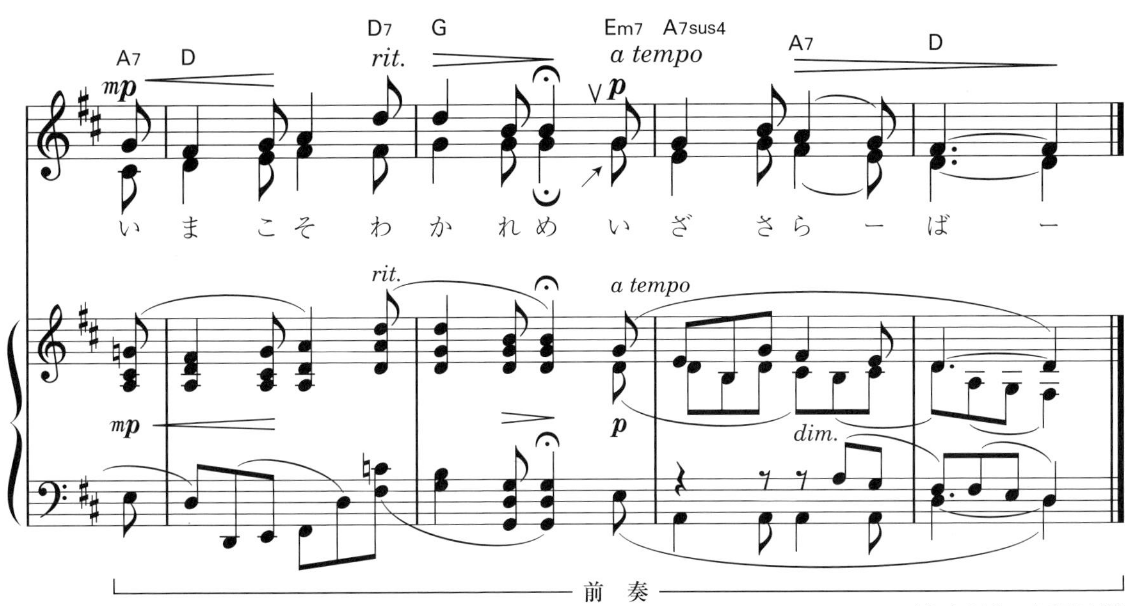

〔伴奏編曲：飯沼信義〕

一、仰げば尊し　わが師の恩
教えの庭にも　早いくとせ
思えばいとし　この年月（としつき）
今こそ別れめ　いざさらば

二、互いにむつみし　日ごろの恩
別るる後（のち）にも　やよ忘るな
身をたて名をあげ　やよはげめよ
今こそ別れめ　いざさらば

三、朝夕なれにし　学びの窓
蛍の灯火（ともしび）　積む白雪（しらゆき）
忘るる間（ま）ぞなき　行（ゆ）く年月
今こそ別れめ　いざさらば

青空に深呼吸

⑤ 10ページ

梅野知子 作詞・作曲

一、なんとなく過ぎていく　当たり前の毎日は
嫌いじゃないけれど　物足りない気がしている
頭でわかってても　やりたくないこともある
素直(すなお)になれなくて　後悔するけれど

このままでいいのかな？
ときどき考えるよ
自分を変えるきっかけ　見つけたいんだ

見上げれば青い空
手を伸ばして深呼吸したら
しぼんだ心がふくらんで
走り出せる気がした

二、やらなきゃいけないこと　次から次へとあって
何のためだろうと　考えてふと立ち止まる
でも気づいているんだ　逃げてるだけじゃダメだと
踏(ふ)み出して初めて　つかめるチャンスもある

このままもいいけれど
やっぱり変わりたいよ
自分の夢をいつか　かなえたいから

見上げれば青い空
手を伸ばして深呼吸したら
くもった心に日が射(さ)して
走り出せる気がした

© 2012 by KYOGEI Music Publishers.
NO COPY

Cm Gm E♭7 A♭ B♭7 Gm7 Cm
あたりまえのまいにちは　きらいじゃないけれども
つぎからつぎへとあーって　なんのためだろうとか
Fm F7 A♭/B♭ B♭7 E♭ B♭
(小音符は２番のとき)
２ ル
のたりないきがしている
んがえてふとたちどまる
あたまでわかーってても
でもきづいているんだ
Cm Gm E♭7 A♭ B♭7
ル ル ル ル ル ル ル ル
やりたくないこともある　すなおになれ
にげてるだけじゃダメだと　ふみだしては
Gm7 Cm Fm A♭/B♭ E♭
ル ル ル ル ル ル
なくてこうかいーするけれど
じめてつかめるチャンスもある

E♭7
A♭M7
A♭m6
Gm7
mp
このまま でー い いのかな? ときどき かん
このまま もー い いけれど やーっぱり かわ
Cm7(9)
div.
Fm7
かえる
ゆめを
Gm7
E♭
がえるよ
りたいよ じぶん を ーかえる きっ かけー みつ
じぶん の ーゆめを い つかー かな
D♭
A♭/B♭
B♭
f
けたいんだー みあげ
えたいからー みあげ
E♭
Gm
Cm
れ ばあおいそ ら てをの ば してしんこ
れ ばあおいそ ら てをの ば してしんこ

Gm E♭7 A♭ B♭7 Gm7 Cm
きゅう した ら し ぼ ん だ こ こ ろ が ふ く ら ん で は
きゅう した ら く も っ た こ こ ろ に ひ が さ し て は
Fm7 A♭/B♭ E♭ B♭ Cm Gm
し り だ せ る き が し た
し り だ せ る き が し た
mf
A♭ E♭ Fm A♭/B♭ B♭7 E♭ A♭ poco rit. E♭
poco rit.

青空へのぼろう

⑤ 13ページ

© 1976 by ONGAKU NO TOMO SHA CORP., Tokyo, Japan.

F Em
で い る どこかでよんでいる
び け よ ゆめのせてひびけよ
Dm7 Em7 E♭7 Dm7 G7
はるかとおいそらのむこうから
はるかとおいそらのむこうまで
mf C Am
みんなでいこう どこまでもいこう あお
みんなでうたおう こえあわせうたおう あお
F Dm7 G7 C
ぞらへのぼろうよー
ぞらでうたおうよー

© 1989 by NHK Publishing, Inc.

C C7 F G7(9) Em7 A7(9)
mf
(V)
ー に わ に う め た か き の た ね
ー い つ か い つ か ぼ く だ ーっ て
mf
Dm7 G7(9) C G7/D C7/E F
V
おお き く な ーっ た か な ク レ ヨ
お と な に な る け ど ひ み つ
Bm7(♭5)/F Em7 Am7 C/D D7(9)
V
ン の ら く が き は ま だ か べ に あ る か
だ ーっ た ち か み ち は ら ーっ ぱ は あ る か
G7sus4 G7 C G7 G♯dim7 Am Am/G
mp
な ー い ま は ど ん な ひ と
な ー ず っ と こ こ ろ の な
mp

一、電車のまどから
見える　赤いやねは
小さいころ　ぼくが
住んでた　あの家
庭にうめた　かきの種
大きくなったかな
クレヨンの落書きは
まだ　かべにあるかな
今はどんな人が
住んでる　あの家

二、背のびして見ても
ある日　赤いやねは
かくれてしまったよ
ビルの裏側に
いつかいつか　ぼくだって
大人(おとな)になるけど
ひみつだった　近道
原っぱはあるかな
ずっと　心の中
赤いやねの家

赤とんぼ

⑤ 15ページ

三木露風 作詞／山田耕筰 作曲

赤鼻のトナカイ

⑤ 16ページ

新田宣夫 日本語詞／ジョニー マークス 作曲☆

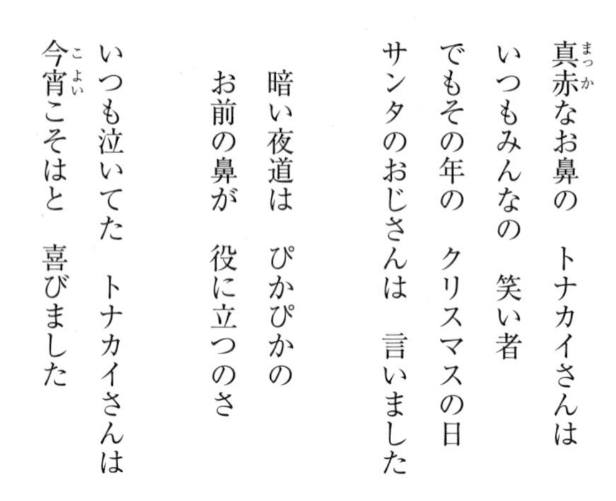

真赤（まっか）なお鼻の　トナカイさんは
いつもみんなの　笑い者
でもその年の　クリスマスの日
サンタのおじさんは　言いました

暗い夜道は　ぴかぴかの
お前の鼻が　役に立つのさ

いつも泣いてた　トナカイさんは
今宵（こよい）こそはと　喜びました

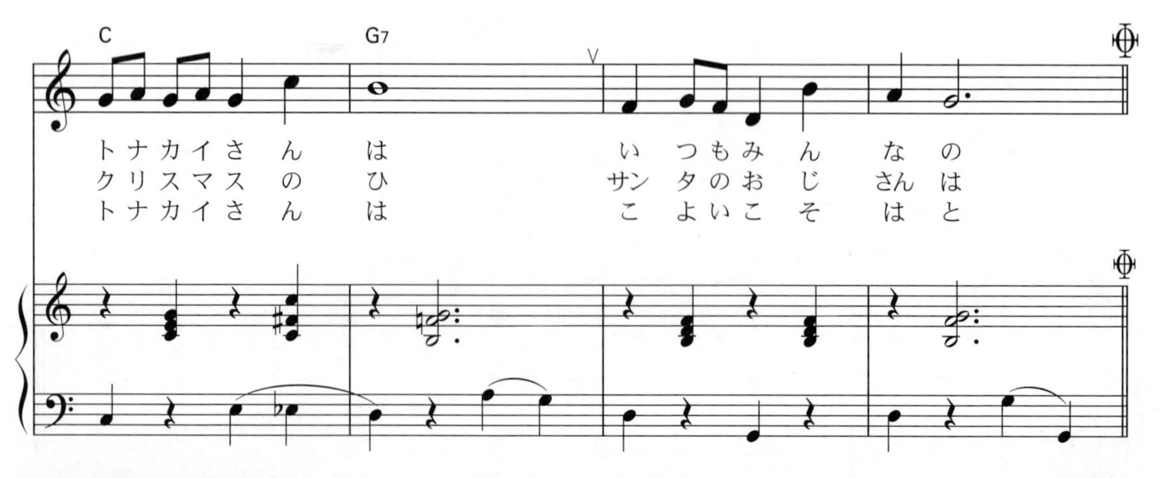

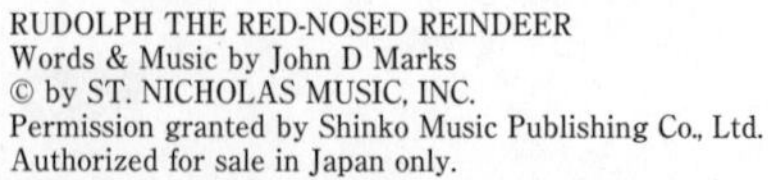
RUDOLPH THE RED-NOSED REINDEER
Words & Music by John D Marks
© by ST. NICHOLAS MUSIC, INC.
Permission granted by Shinko Music Publishing Co., Ltd.
Authorized for sale in Japan only.

1.
G7
C
わーらーいも
の
2.
G7
C
いーいーまし
た
f
F
C
Dm
G7
C
くらいよ
みちはー
ぴかぴか
の
mf
G
G♯dim7
Am
D7
G7
おまえの
はなが
やくにた
つのさー
D.S.
Coda
G7
C
Am7
A♯dim7
G7
C
よろこびまし
た

秋の子

⑤ 17ページ

サトウ ハチロー 作詞／末広恭雄 作曲

一、すすきの中の子　一、二の三人
はぜつりしてる子　三、四の五人
どこかで焼き栗(ぐり)　焼いている
つばきをのむ子は　何人だろな

二、柿の実見てる子　一、二の三人
さよならしてる子　三、四の五人
ごはんになるまで　お守(も)りする
おんぶをする子は　何人だろな

三、日暮(ひぐ)れに走る子　一、二の三人
ふろたきしてる子　三、四の五人
こおろぎあちこち　鳴きだした
さみしく聞く子は　何人だろな

あすという日が

⑤ 18 ページ

山本瓔子 作詞／八木澤教司 作曲

大空を　見上げて　ごらん
あの枝を　見上げて　ごらん
青空に　手をのばす　細い枝
大きな　木の実を　ささえてる
いま　生きて　いること
いっしょうけんめい　生きること
なんて　なんて　すばらしい
あすと　いう日が　あるかぎり
しあわせを　信じて
あすと　いう日が　あるかぎり
しあわせを　信じて

あの道を　見つめて　ごらん
あの草を　見つめて　ごらん
ふまれても　なおのびる　道の草
ふまれた　あとから　芽ぶいてる
いま　生きて　いること
いっしょうけんめい　生きること
なんて　なんて　すばらしい
あすと　いう日が　くるかぎり
自分を　信じて
あすと　いう日が　くるかぎり
自分を　信じて

© 2006 by KYOGEI Music Publishers.

NO COPY

E♭ A♭ E♭ B♭/D Cm A♭ Fm7
ん あお ぞらに てをのばす ほそいえだ
ん ふま れても なおのびる みちのくさ
ルルル ル
ん あお ぞらに てをのばす ほそいえだ おお きな きの みを
ん ふま れても なおのびる みちのくさ ふま れた あと から
Fm/B♭ Fm7/B♭ E♭ B♭/D Cm A♭ E♭
mf
ールルルル い ま いきて い る こと いっしょう けん めい
ささえてる
めぶいてる
い ま いきて い る こと いっしょう けん めい
A♭ B♭ G/B Cm B♭7/D E♭ E♭7 A♭ Fm D7
mp
poco a poco cresc.
mf
いきること なん て なん て ーなんて すばら し
いきること なんて ー ー なんてなんて すばら し

G
C
f
G
E7/G♯
Am
Gm
C
F
Dm7
い
あす という ひが あるかぎ り しあわせを しんじ
あす という ひが くるかぎ り じぶーんを しんじ
f
い
あす という ひが あるかぎ り しあわせを しんじ
あす という ひが くるかぎ り じぶーんを しんじ
f
Gsus4
G
C
G
E7/G♯
Am
Gm
C
F
Dm7
て あす という ひが あるかぎ り しあわせを
て あす という ひが くるかぎ り じぶーんを
て あす という ひが あるかぎ り しあわせ
て あす という ひが くるかぎ り じぶーん
1.
F/G
C
C7
F
G
Em7
Am
ー しんじ て
ー しんじ
を しんじ て
を しんじ
1.
mf

F Fm G B♭7/F E♭ B♭ Cm Gm
mp
A♭ A♭/B♭ E♭
2.
C C7 F Em7
mp
あの て しあわせ
mp
あの て しあわせ
2.
Dm7 C/G G F/G C F Fm C
ff
ritardando
をしんじて
ff
をしんじて
ritardando
ff

あの青い空のように

⑤ 11 ページ

丹羽謙次 作詞・作曲☆

アリラン

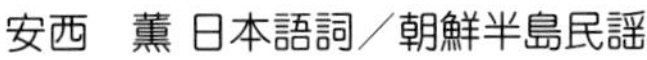

安西 薫 日本語詞／朝鮮半島民謡

© 2004 by KYOGEI Music Publishers.

〔伴奏編曲：橋本祥路〕

NO COPY

ありがとう さようなら

井出隆夫 作詞／福田和禾子 作曲

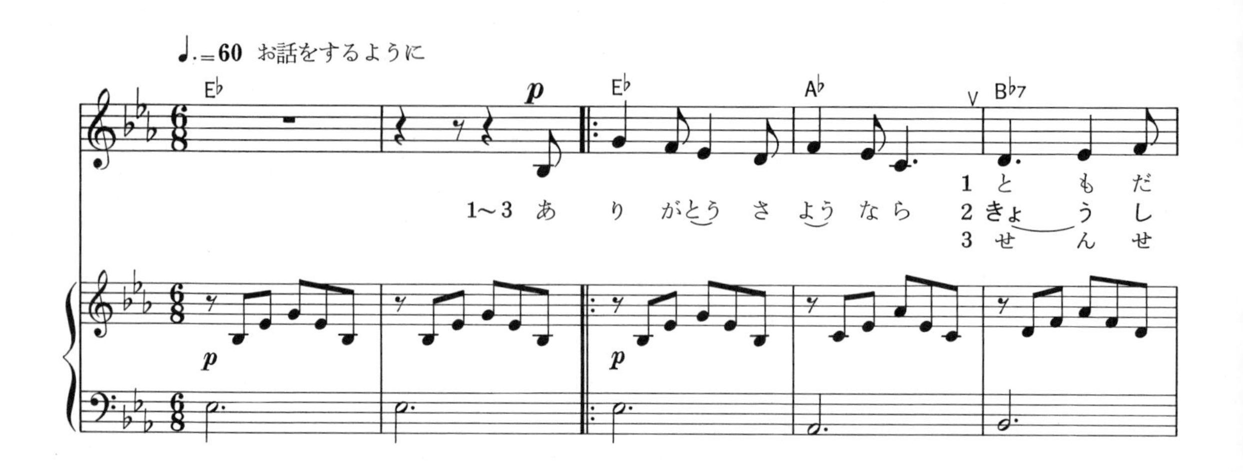

E♭ F F7 B♭ B♭7 E♭ B♭ E♭
しーくか がやいーてた ーー
どーはす わるんーだろう ーー
りーがと びたつーとき ーー
ありがとうさ
p
A♭ B♭7 1.2. E♭ 3. E♭
p mp
ようなら
ともだち ーー2あ
きょうしつ ーー3あ
せんせ いーあ
E♭ A♭ B♭7 E♭
mp mf
りがとうさようなら みんなみんな ーありがとうさ
A♭ B♭7 E♭ B E♭
rit. a tempo
ようなら みーんな ーー
p

ありがとうの花

⑤ 22 ページ

坂田おさむ 作詞·作曲／池　毅 編曲

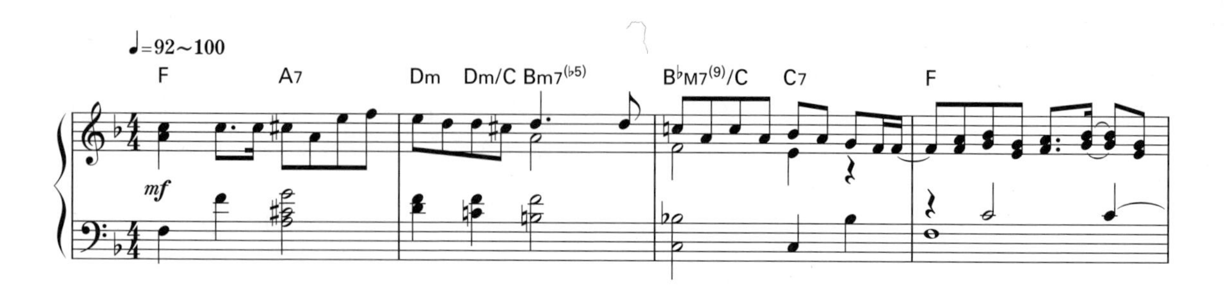

© 2009 by NHK Publishing, Inc.

F C/E Dm7 Am/C B♭ F/A G7 C7
ありがとうのは ながさくよ きみのまちにも ホラいつか
*ありがとうのは ながさくよ きみのまちにも ホラいつか
F A7/E Dm Dm/C Bm7(♭5) Gm7/C C
1.
F
ありがとうのは ながさくよ みんながわらーってるよ ー
ありがとうのは ながさくよ みんながうたーってるよ
2.
F
ー(*へ)
D.S.
Coda
F/A F/G F B♭/D Gm7/C C7
ー みんながうたーってるよ
F
ー
rit.

〔伴奏編曲：富澤　裕〕

あわてんぼうのサンタクロース

吉岡　治 作詞／小林亜星 作曲

F F7 B♭ Bdim7
いでリンリン リン いそ いでリンリン リン なら
たたドンドン ドン あい たたドンドン ドン まっ
しくチャチャ チャ たの しくチャチャ チャ みん
ならシャラ ラン ラン さよ ならシャラ ラン ラン タンブ
リンーチャチャ チャ ドンドン ドンーシャラ ラン ラン わす
F C7 F B♭
しておく れよかね を ー リンリン
くろくろ けのおか お ー ドンドン
なもおど ろよぼく と ー チャチャ
リンなら してきえ た ー シャラ ラン
れちゃだめ だよおも ちゃ ー リンリン
F C7 F 手拍子
1.2.3.4. 5.
mf
リン リンリン リン リンリン リン
ドン ドンドン ドン ドンドン ドン
チャ チャチャ チャ チャチャ チャ
ラン シャラ ラン ラン シャラララン ラン
リン チャチャ チャ ドン シャラ ラン
2〜5 あ わ
1.2.3.4. 5.
f

アルプス一万尺

⑤ 21 ページ

作詞者不明／アメリカ民謡☆

いるかはざんぶらこ

⑤ 27ページ

東　龍男 作詞／若松正司 作曲☆

〔伴奏編曲：明石潤祐〕

いつだって！

若松　歓 作詞・作曲

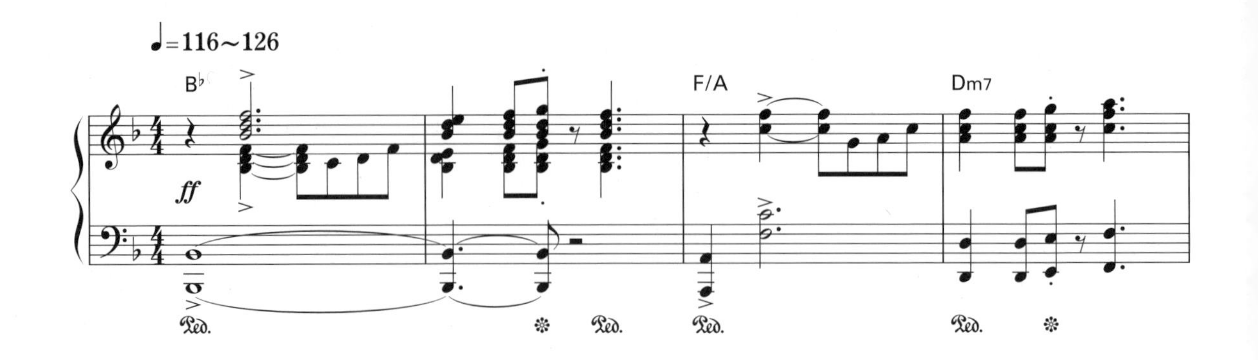

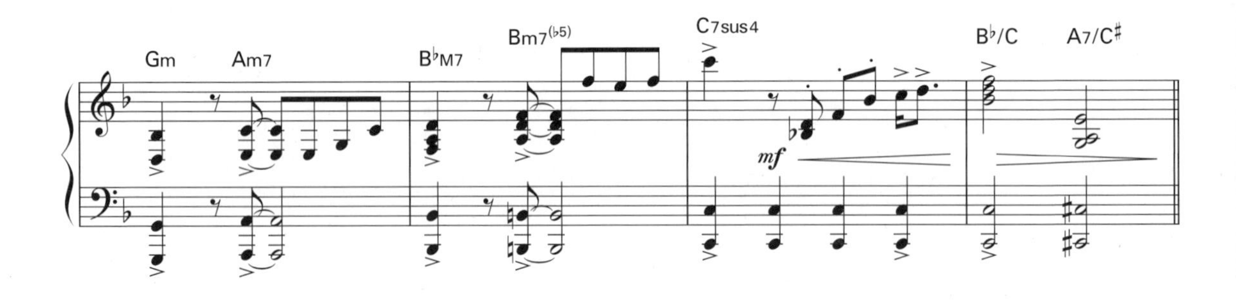

© 2009 by KYOGEI Music Publishers.

B♭ C A7/C♯ Dm
きみが わらうなーら きみが ないたなーら
ゆめを つかむなーら あすを かえるなーら
Bm7(♭5) G7 C7sus4 Am/C B♭/C C7
ぼくもいっしょに さ け ぶか ら ー
うごかなければ か わ らな い ー
F C Dm Am
ff
ぼ く ら いつ だ ーって み ん な とも だ ち さ
B♭ C7 Am Dm7 Bm7(♭5) G7 C7
こ の ちきゅうに う ま れ そし て であえたか ら
mf

F Gm/A A7 Dm Cm7 F7
そ う さ ど こ ま で も ゆ め を え が き な が ら あ
B♭ C7(9) A/C♯ Dm7 Gm7 C7(9)
る き つ づ け る ん だ あ し た へ と み ら い へ
mf
1. 2.
F Em7(♭5) A F Gm/F F
と と ー ど ん な
mf
B♭ A7 Dm Dm/C Bm7(♭5)
ー と き も ー く じ け ず に ー ゆ こ
mf

Csus4
C7
D.S.
う ー
Coda
F
B♭
C7(9)
と あるきつづけ
A/C♯
Dm7
Gm7
るんだあした へと
みらいへ
と
mf
ff
Ped.
B♭
F/A
Dm7
Gm
Am7
ー
B♭M7
Bm7(♭5)
C7sus4
B♭/C
C7(♭9)
Fadd9
8va

一年生になったら

⑤ 26ページ

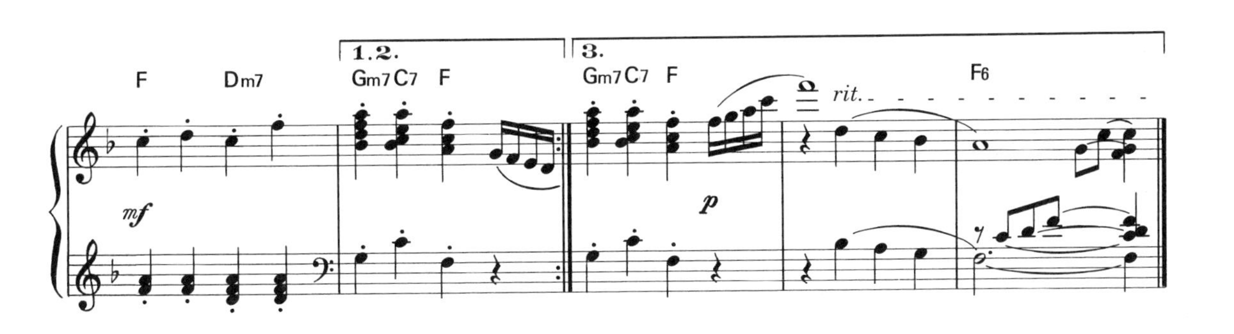

◇◇

いのちの歌

Miyabi 作詞

生きてゆくことの意味　問いかけるそのたびに
胸をよぎる愛（いと）しい　人々のあたたかさ
この星の片隅で　めぐり会えた奇跡は
どんな宝石よりも　たいせつな宝物

泣きたい日もある　絶望に嘆く日も
そんな時　そばにいて　寄り添うあなたの影
二人で歌えば　懐かしくよみがえる
ふるさとの夕焼けの　優しいあのぬくもり

本当にだいじなものは　隠れて見えない
ささやかすぎる　日々の中に　かけがえない喜びがある

いつかは誰でも　この星にさよならを
する時が来るけれど　命は継（つ）がれてゆく
生まれてきたこと　育ててもらえたこと
出会ったこと　笑ったこと
そのすべてにありがとう

この命にありがとう

楽譜 ☞ 42ページ

いのちの歌

⑤ 28ページ

© 2008 by NHK Publishing, Inc. & SMILE PUBLISHERS INC.

縦書き歌詞 ☞ 41ページ

NO COPY

Am F Dm7 G7 Dm7 G7 Em7 Am7
りあえたきせきは どんな ほうせきよりも たい
dolce
C
F C/E Dm7 D7 G7sus4 G7 C Bdim E7 Am Am/G
poco f
せつなたからもの なきたい ー ひもある ーぜつぼ
cresc.
poco f
F G7 Em7 Am7 Dm7 G G♯dim7 Am Am/G
うになげくひも そんなとき ーそばにいて より
dolce
D
FM7 F♯m7(♭5) G7 F/C C Bm7(♭5) E7 Am Am/G
cresc.
f
そうあなたのかげ ふたりで うたえば ーなつか
cresc.
poco f
p

Fadd9 G7 Em7 Am7 Dm7 Dm/G G♯dim7 Am Am/G
しくよみがえる ふるさとの一ゆうやけの やさ
cant. e sosten.
dolce
cant.
FM7 G7 Fm/C C
やわらかく
たいせつに
E
Am Em/G FM7 G/F F/C C
しいあのぬくもり ほんとうにだいじなものはかく
mp
Am B7 Esus4 E
mf
G/F C/E Dm7 G7 CM7
れてみえない ささやかすぎるひびのなかにか
(>)
目立たせて
mf
(>)
Bm7(♭5) E7 Am Am/G FM7 F♯m7(♭5) G7sus4 G7
けがえない よろこびがある一
cresc.
(sosten.
ped.)
(✽)

※可能であれば小音符も歌う。

H
G7 C E7 Am Am/G F G7
cresc.
f
くうまれてきたこと　そだててもらえたこ
cresc.
poco f
p
C G/B Am7 FM7 Dm7 Dm7/G G♯dim7 Dm6/A Am/G FM7 C/E
とであったこと　わらったこと　その
Dm7 G7 Fm C FM7 G7
たいせつに
ゆたかに
rit.
心をこめて
すべてにありがとう　このいのちにありが
rit.
colla voce
やわらかく
(Ped.
C F G7 Cadd9
rit.
riten.
f non dim.
とう
rit.
riten.
e sosten.
L.H.
non dim.
dolce
f maestoso
7

With You Smile

水本　誠･英美 作詞／水本　誠 作曲／富澤　裕 編曲

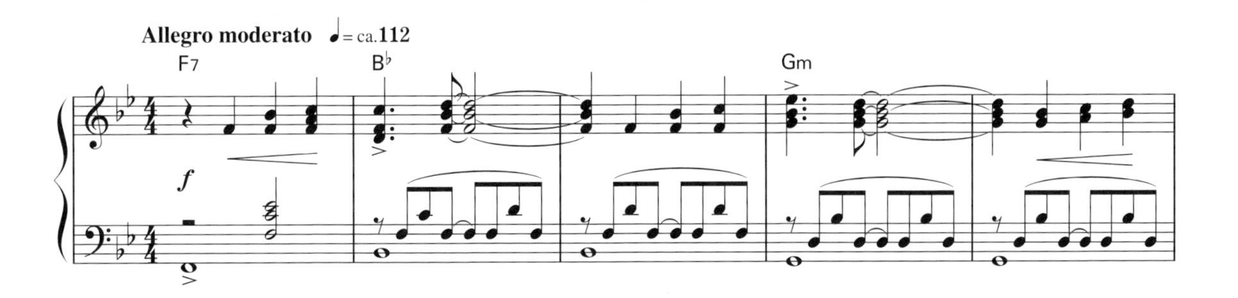

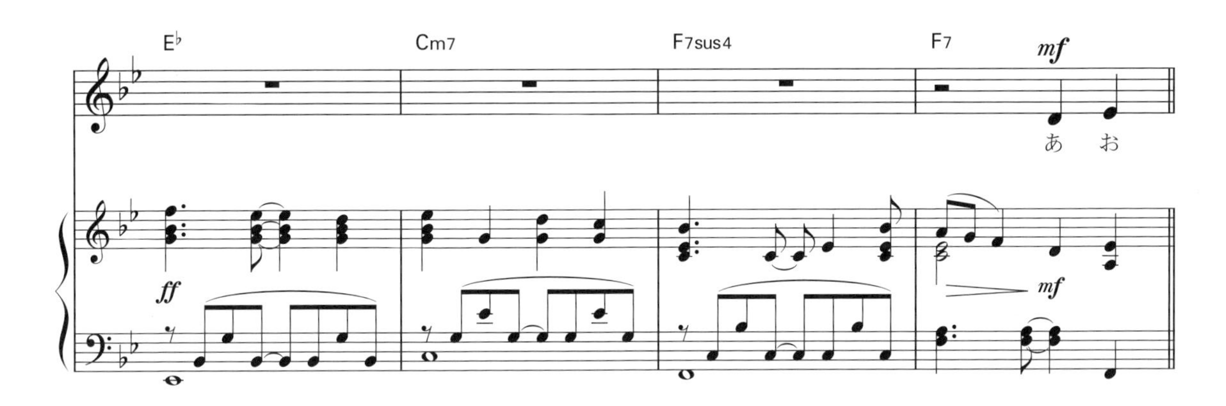

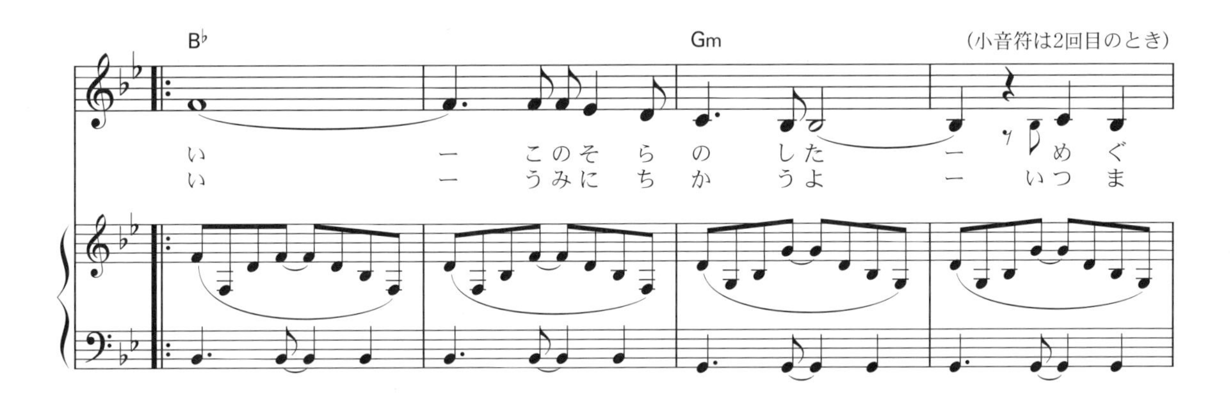

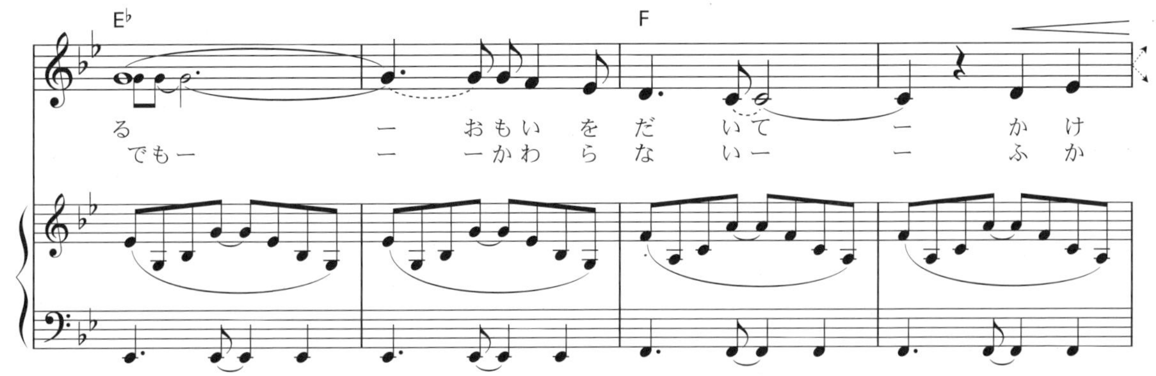

© 2000 by ONGAKU NO TOMO SHA CORP., Tokyo, Japan.

NO COPY

D7
Gm
る　ー　おもいは　ー
い　ー　おもいは　ー
はて
る　ー　おもいは　ー
い　ー　おもいは　ー
はて
E♭
Cm
F
F7
しなく　ー　ひろがる　ー
しなく　ー　ひろがる　ー　きみが
B♭
Gm
きみが　どんなとき
いたー　ー　どんなときもー　ー　だか

E♭ B♭/F F F7
もーこれからもーーそーっ
らーこれからもーー
D D7 Gm Gm/F
とーつつんでーはこ
そーっとつつんで
E♭ Cm7 F7
ぶよーー くもにのせて ー このひ
なみにのせて ー
はこぶよ くもにのせて ー このひ
なみにのせて ー
f

B♭
D7
ろ い ー ー せかいのな か で ー ー め ぐ り
Gm
Gm/F
E♭
E♭/D
あ えた ー ふりかえる と ー ほほえみな
Cm7
E♭/F
F7
ff
がらー ー だから with you
ウィズ
ユー
1.
B♭
F7
B♭
smile
スマイル

Gm
E♭
Cm7
F7sus4
F7
mf
2.
B♭
F
più f
F7
D.S.
あ
お
スマイル
smile
こ
の
ひ
mf
più f
D.S.
B♭
rit. al Fine
E♭
E♭dim7
B♭
スマイル
smile
ウィズ
with
ユー
you
スマイル
smile
rit. al Fine

Wish ～夢を信じて

⑤ 32ページ

杉本竜一 作詞・作曲

一、星に願いが　届くのなら
ぼくの両手に　ぬくもりください
雨にうたれて　しおれてる
あのつぼみを　あたためるために

やわらかな日差し　愛にあふれて
すべてが　輝き生きてる
季節はめぐって　大地をかざってゆく
光と風と空の　青さを映して

二、もしも願いが　かなうのなら
ぼくの両手に　勇気をください
夢を信じて　歩き出す
強い気持ち　もっていたいから

やわらかな日差し　愛にあふれて
すべてが　輝き生きてる
季節はめぐって　大地をかざってゆく
光と風と空の　青さを映して

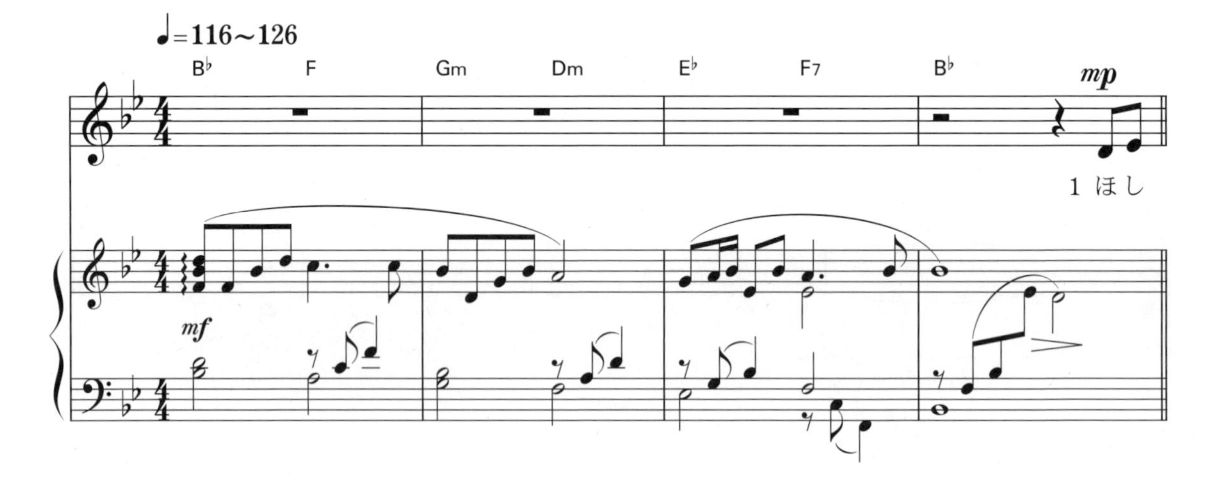

© 2013 by KYOGEI Music Publishers.

Cm7
Cm/B
Cm/B♭
F
のーりょうてにぬくもりくださいあめ
のーりょうてにゆうきをくださいゆめ
Gm
3
Dm
E♭
B♭add9
にうたれてしおれてる
をしんじてあるきだす
Cm7
F7
Dm7
Gm
Cm7
F7
B♭add9
B♭7(9)
あのつぼみをあたためるために
つよいきもちもっていたいから
cresc.
E♭
mf
F/E♭
D7
Gm
Gm/F
やわらかなひざしーあいにあふれてー
mf

E♭ Cm Am7(♭5) F7
すべてが　ーかがやき　ー い き て る
すべて が　ーかがやき い き て る
cresc.
F7 B♭ D D7 Gm
f
き せ つ は　ー め ぐ ーっ て
き せ つ は　ー め ぐ ーっ
Gm/F E♭ Cm7 E♭/F
だ い ち を　ー か ざ ーっ て ゆ
て　だ い ち を か ざ ーっ て ゆ

F7 B♭ D D7 Cm/G Gm Dm7/F
くひかりと　ーかぜとそらーの
く　ひかりとかぜとそらーの
Dm7/F Gm/F F/E♭ E♭ Cm7 Cm7/F F7
1.
B♭add9
mp
ーあおさを　うつしてー　2もし
ーあおさを　うつしてー
mf
2.
B♭add9 E♭M7 E♭6 B♭add9
rit. meno mosso rit.
てー
てー

〔伴奏編曲：三宅悠太〕

上を向いて歩こう

永 六輔 作詞／中村八大 作曲／佐井孝彰 編曲

© 1961 Hachidai Corporation, Inc.

Dm B♭ F/A Gm7
1.
F B♭ F/A Gm7
2.3.
F B♭
ひ と り ぽ 一っ ち の よ る 一
ひ と り ぽ 一っ ち の よ る
ひ と り ぽ 一っ ち の よ る
F B♭ F F7
f
一 し あ わ せは 一 く も の う え に
一 か な し みは 一 ほ し の か げ に
B♭m F G7 C7
p
し あ わ せ は 一 そ ら の う え に
か な し み は 一 つ き の か げ に
F Dm F Dm C/E
mp
う え を む 一 い て あ る こう 一 一 一

F
Am
Dm
C7
F
なみだ が こぼ れ な い よう ー ー に なきな が
Gm7
B♭6
A7
Dm
B♭
F/A
Gm7
ら あ る ー く ひと り ぽ ーっち の
F
B♭
F/A
Gm7
よる ー
D.S.
F
B♭
F/A
Gm7
F
よる ー
D.S.

うたえバンバン

⑤ 34 ページ

阪田寛夫 作詞／山本直純 作曲

Tempo di marcia (Allegro moderato)

© 1970 by NHK Publishing, Inc.

＊連弾で伴奏するときや，フルート等の助奏を付けるときには，バイオリンのパートを演奏するとよい。

E♭
1.2.
Edim
う
る
う
ー
ー
ー
うたう た え ーうたう た え ーうたえ バン バン バン バン
うたうた え ーうたうた え ーう たえバン バン
（２番のみ）
オ レ オ レ
1.2.
1.2.
Fm7
Fm
B♭7
バ ーンうたう た え ーうたう た え ーうたえ バン バン バン バン
バン バン バン うたうた え ーうたうた え バン バン バン バン
オ レ オ レ オ レ

E♭
3. E♭
バーン
た え ーうたう た え ーうたえ
f
バーン
うたえバン バ ーンうたえバン バ
オ レ オ レ
3.
f
3.
f

E♭ Edim Fm7 Fm
バン バン バン バン バ ーンうたう た え ーうたう
ーンうたえバン バン バン バン バン うたうた え
オ レ オ レ

Fm B♭7 E♭ F7
ff
たえーうたえバンバンバンバンバーンうたえ
ーうたうたえバンバンバンバンバーンうたえ
オレ

B♭ B♭7 E♭
fff sf
バンバンバンバンバーンオレ
バンバンバンバンバーンオレ

〔伴奏編曲：福田一雄〕

歌は友だち

阪田寛夫 作詞／南　安雄 作曲

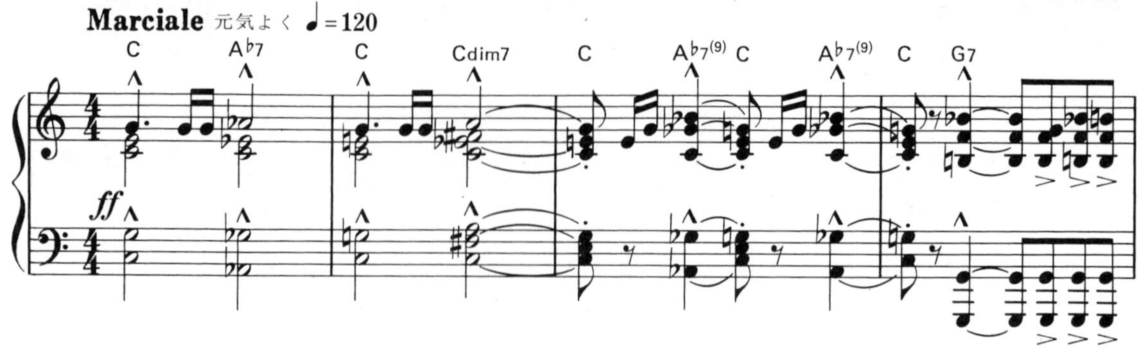

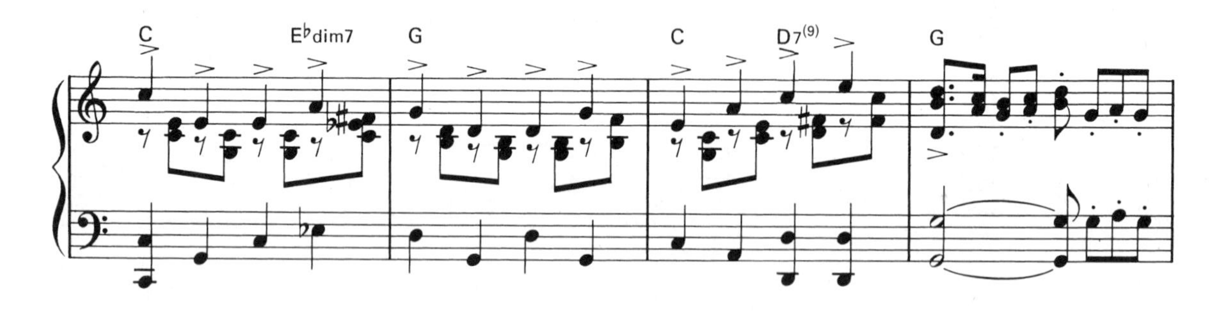

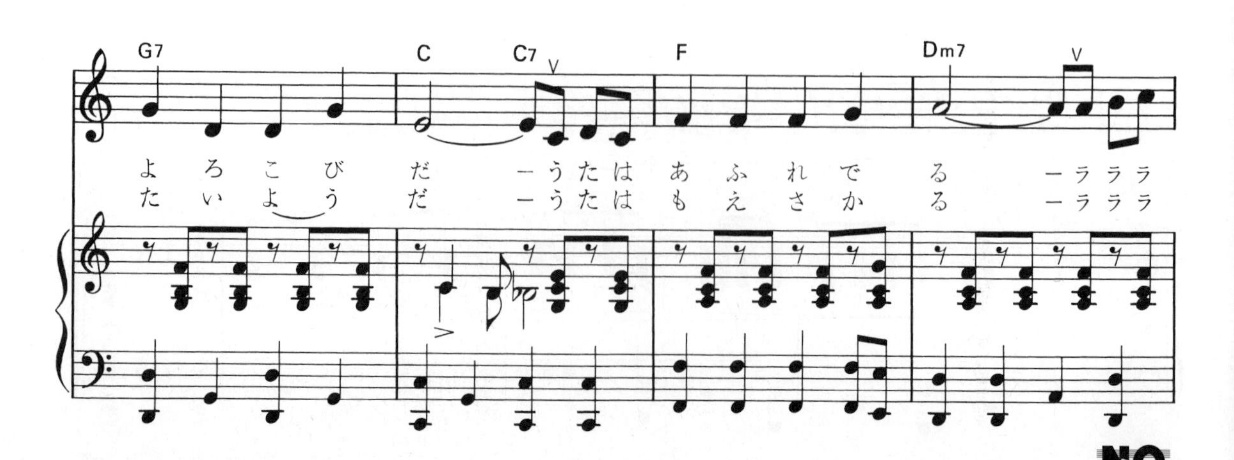

NO COPY

1.D7 Gsus4 G7 ff 2.F6/G G7 C
わきあがる ーうたは そらのはな ー
1.
2.
mf Ab Db6 Eb7
だれも しんじたく ない ときなんか ひとりぼっちの
mf
Ab Db6 f
よるなんかなみだ が なぜか でる ときなんか ほ
G Cm cresc. C#dim7 G7 Eb7 allarg. A7 G7 ff
ら うたえ うたえ うたえ
うたえ うたえ うたえ うたは
cresc. allarg. ff
f cresc. allarg. ff

Moderato assai
poco - - a - - - - poco - - - - - - accel.
C D♯dim7 C G7 C C7
ともだち だ ーうたは よろこび だ ーうたは
poco - - a - - - poco - - - - - - accel.
F Dm7 D7 G7sus4 G7
あふれでる ーラララ わきあがる ーうたは
Tempo I
C D♯dim7 C G7 C C7
ともだち だ ーうたは たいよう だ ーうたは
F Dm7 F6/G G7 C A♭7
もえさかる ーラララ そらのはな ーラララ

D♭ Edim7/A♭ D♭ A♭7 D♭ D♭7
ラ ラ ラ ラ ラ ーラララ ラ ラ ラ ラ ラ ーラララ
G♭ E♭m7 E♭7 A♭ A♭7
ラ ラ ラ ラ ラ ーラララ ラ ラ ラ ラ ラ ーラララ
D♭ Edim7/A♭ D♭ A♭7 D♭ D♭7
ラ ラ ラ ラ ラ ーラララ ラ ラ ラ ラ ラ ーラララ
G♭ E♭m7 G♭/A♭ A♭7 E♭m/A♭ A♭7
ラ ラ ラ ラ ラ ーラララ ラ ラ ラ ラ

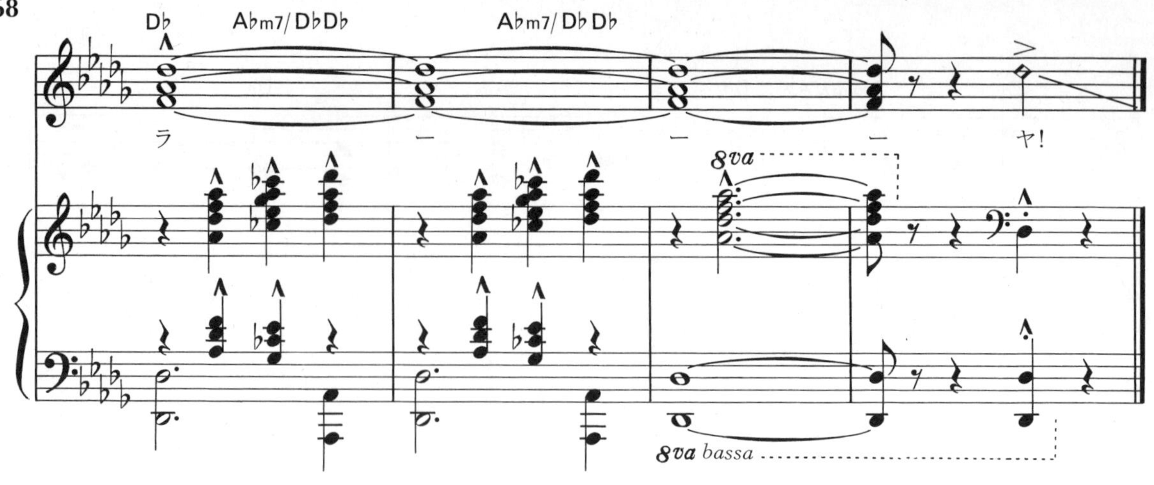

うたいましょう

岡本敏明 日本語詞／ハウプトマン 作曲

＊𝄐は曲の最後のみに付ける。

〔伴奏編曲：橋本祥路〕

歌よ ありがとう

⑤ 36ページ

花岡　恵 作詞／橋本祥路 作曲

一、歌は　ぼくたちの　心の中に
友だちのようにやさしく
いつでもそばにいるよ
時は　流れても　心の奥に
いつまでも忘れられない
ひとつの歌がある

※
Sing a song
歌おう
Sing a song
あわせて
Sing a song
ひびけ
歌声　いつまでも

二、今は　もう涙　忘れたけれど
あのときに歌った歌が
勇気をぼくにくれた
だから　いつの日も　心をこめて
この歌を君に贈ろう
ぼくらの歌声を

※繰り返し

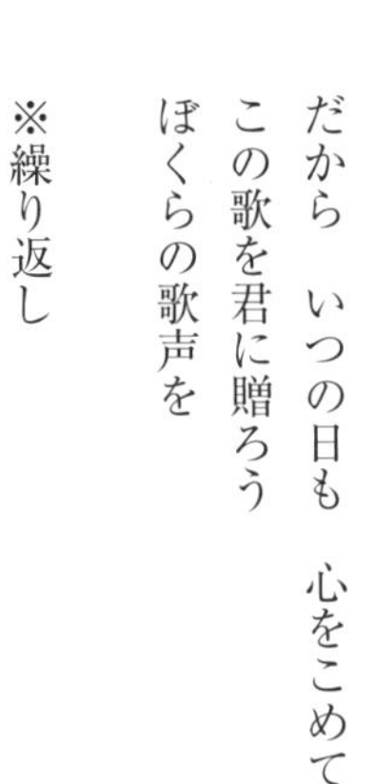

© 1992 by KYOGEI Music Publishers.

NO COPY

F
C
Dm
Am
ときは ながれ ても こころ ーのおくに い
だから いつの ひも こころ ーをこめ て こ
mp
2だから いつのひ も こころ こめ
( )…２番のとき
Gm
Gm7
Am7
B♭
C7
F
つまでもわすれられ ない ひとつの うたがある
のうたをきみにおく ろう ぼくらの うたごえ を
て おくろ う うたごえ を
F
FM7
Gm
C7
Fsus4
F
mf
Sing a song, sing a song うたおう Sing a song, sing a song あわ せて
mf
Sing a song うたおう Sing a song あわせて
mf

F F7 B♭ C7 1. F
Sing a song, sing a song ひ び け うたごえいつまでも
Sing a song ひ び け
1.
B♭M7 B♭6 F B♭mM7 B♭m6 Gm7 C7 poco rit. 2. F
も
poco rit.
2.
1. 2.
B♭ F Gm7 F B♭ F Gm C7 F Gm C7 rit. F
ラ ラ ラ ラララ ラ ラ ラ ラ ラ ラララ ラ ラララ ラ
ラ ラララ ララ ラ ラ ラ ラ ララララララ ラ ラ ラ ラ ラ ラ
1. 2. rit.

うれしいひなまつり

⑤ 38ページ

サトウ ハチロー 作詞／河村光陽 作曲

＊４番歌詞は，歌集を参照してください。

〔伴奏編曲：八村義夫〕

うれしいひなまつり

⑤ 38ページ

サトウ ハチロー 作詞／河村光陽 作曲

永遠のキャンバス

⑤ 42ページ

若松　歓 作詞・作曲

この小さな星で
僕たちは生きている
ひとりひとりが明日（あす）を信じて
だけど
誰だって迷うことはあるはず
そんな時は
この空を見上げるのさ！

※
この大空に描（えが）いた僕らの未来は
誰にも消せない
永遠のキャンバス
誰にも消せないキャンバス

この広い世界には
それぞれの夢がある
ひとつひとつが光る宝石
だけど
僕たちはみんなで支え合って
明日へ未来へ　共に今を生きてゆく
この大空に誓った僕らの友情
誰にも負けない
熱く燃える心
誰にも負けない熱い心
※ 繰り返し
誰にも消せないキャンバス

© 2013 by KYOGEI Music Publishers.

NO COPY

A7
D7sus4
D7
C
D/C
mp
あすをしーんじてー
ひかるほーうせきー
だけど
だれだーってま
だけど
ぼくたちはみ
B7
Em
Am7
G
(小音符は2回目のとき)
mf
cresc.
ようことはあるはず
そんなー
ときはー
こ
んなでささえあーって
あすへー
みらいへ
と
そんなー
ときはー
あすへー
みらいへ
Cm
D7
C/D
D
f
のそらをーみあげる
のさ
この
もにいまーをいきて
ゆく
この
mp
cresc.

B♭ Fsus4 F Gm Dm
＊お おぞらにえ が いた ぼ く らのみらい は
お おぞらにち か ーった ぼ く らの ゆ うじょ う
simile
（２回目は右のように歌ってもよい。）
も えるこころ ー ー
E♭ B♭ A♭ F7sus4 F7
だ れ に も けせない えいえ ん のキャンバス ー ー
だ れ に も まけない あつく も えるこころ ー ー
E♭ B♭ Cm7
だれにもーけせな い
だれにもーまけな い
1.
F7sus4 F7 E♭/B♭ B♭
キャ ンバ ス ーー

2.
D7sus4 D7
F7sus4 F7
E♭/B♭ B♭
F7 C7 F7
この
あ つ い こ こ ろ
D.S.
この(＊へ)
Coda
F7sus4 F7
B♭
E♭ B♭
Cm7
キャ ン バ ス
だ れ に も ー け せ な い
B♭7
E♭
キャ ン バ ス ー
E♭m6
rit.

エーデルワイス（Edelweiss）

⑤ 44 ページ

阪田寛夫 日本語詞／オスカー ハマースタイン2世 作詞／リチャード ロジャーズ 作曲☆

EDELWEISS Lyrics by Oscar Hammerstein II Music by Richard Rodgers
© 1959 by Richard Rodgers and Oscar Hammerstein II
Copyright Renewed
WILLIAMSON MUSIC owner of publication and allied rights throughout the world
International Copyright Secured All Rights Reserved

G7 C
たかくあおくひかる
はるかアルプスのみねの
Blos - som of snow, may you bloom and grow,
F D7
ひかるあのそら
みねのゆきのよ
bloom and grow, Bloom and grow for -
G G7
よう りに
ev - er.
C Gm6/B♭ F/A Fm/A♭
エーデルワイス エーデルワイス
E - del - weiss, E - del - weiss,
エーデルワイス エーデル
E - del - weiss, E - del -
C/G G7
あかるくにおえ
かがやけと わに
Bless my home-land for - ev - er. ev - er.
1. C
2. C
ワイス あかるくにおえ
かがやけと わに
weiss, Bless my home - land for - ev - er. ev - er.
1.
2.
mf
mp

YELL
エール

⑤ 39 ページ

水野良樹 作詞・作曲／永嶋咲紀子 編曲

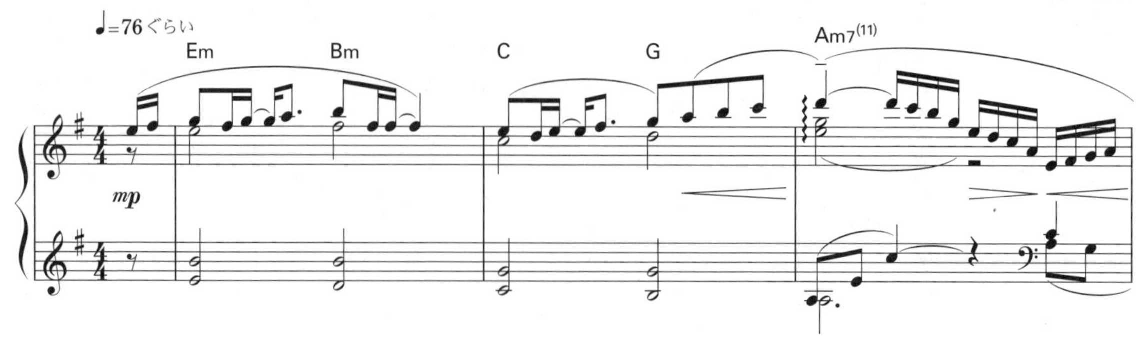

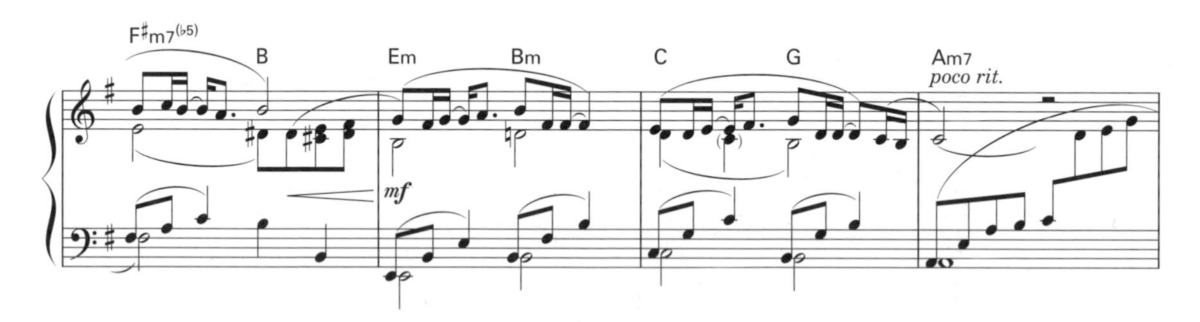

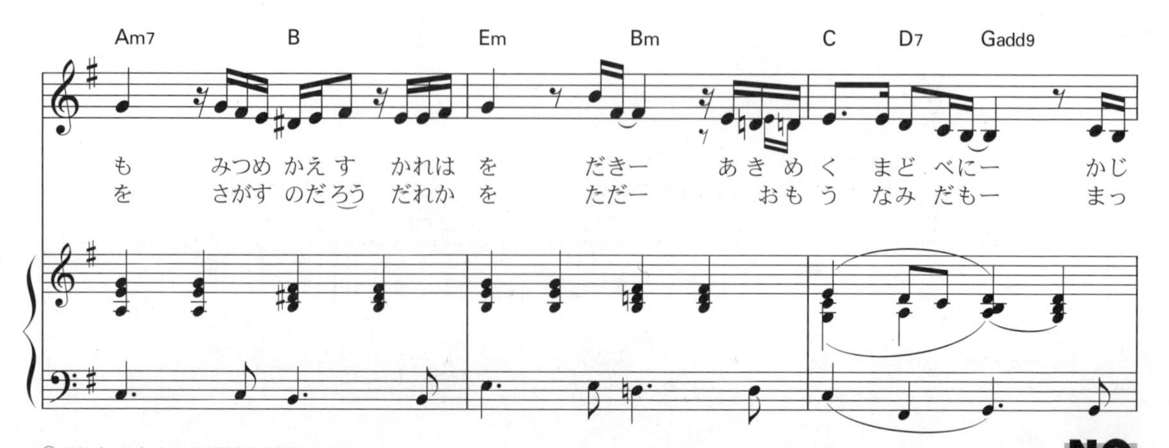

© 2009 by cube inc. & NHK Publishing, Inc.

Am7 Em Am7 B7 Em CM7(9)
mf
かんだ ゆびさきで ゆめ を えが いた つばさは あるのに ー
すぐな えがおも ここ に ある のに ほんとうの じぶんを ー
mf
G Am7 B Em G
とべずに いるんだ ー ひとり に な る の がこ わ くて つら くて
だれかの ことばで ー つくろ う こ と に のー が れて まよ ーって
CM7(9) G
やさしいひだまりに ー かたよせ るひびを ー
ありのままのよわさと ー むきあう つよさを ー
Uh
Am Bm7
poco a poco cresc.
こえて ぼくら
つかみ ぼくら
poco a poco cresc.

C
B7sus4
B7
f
こどくな　ゆめ　へと　ー　あるく　ー　サヨ
はじめて　あす　へと　ー　かける　ー　サヨ
f
Em
(　)はD.S.後のSoli
Am
D
G
Em
Am7
ナ ラはー　かなーしい　こと　ー　ばじゃー　ないー　それ　ぞ れのー　ゆめー　へと　ぼくら
ナ ラをー　だれーかに　つげ　ー　るたー　びにー　ぼく　ら　またー　かわー　れる　つよく
ら がわー　かちーあう　こと　ー　ば が　ー　あるー　ここ　ろ　からー　ここー　ろへ　こえを
(f)
※
2回目
ちがー　うそー　らへー　とび　ー　たとうー　ともー
D
B7(♭9)
Em
Am
D
G
ー をつな ぐ エ　ールともに　すごー　したー　ひびーを　む　ね　に だ ー　いてー　とび
ー なーれ る か　ーなたとえ　※(ちがー　うそー　らへー　とび　ー　たとうー　ともー)　とだ
ー つーな ぐ エ　ールともに　すごー　したー　ひびーを　む　ね　に だ ー　いてー　とび

Em Am7 D B7(♭9) 1. Em Bm
mf
たつよーひとーりでつぎのー そらへー
えはしないおもいよいまもー むねに
たつよーひとーりでつぎのー そらへ
1.
mf
C G Am7 B7 2. Em Bm
poco rit.
mp
ぼくらー
poco rit.
2.
C G Am7(11) F♯7sus4 B7 CM7(9)
えいえんなどないとー
f
f
きづいたと
f

※数人で歌う。ただし，全員で歌ってもよい。

Em C D G Em Am7
ナ ラは ー かな ー しい こと ー ばじゃー ない ー それ ぞ れの ー ゆめ ー へと ぼくら
D B7 Em Am D G
ー をつな ぐ エ ールいつか また ー めぐ ー りあ ー うその ー とき ー まで ー わす
Soli
mf
そ ら へ
Em Am7 D B7
f
れ はしな いほこ りよ ともよ ー
ぼく
D.S.
D.S.
Em Bm
ー
C G Am7 B7(9)sus4 B7 A6 E
rit.
p

大きなうた

中島光一 作詞・作曲☆

©C. A. M.

NO COPY

三、大きな夢だよ　このぼくの　この胸に
いっぱい広がる　大きな夢だよ

四、大きな心だよ　自由を求める
幸せ願う　大きな心だよ

五、大きな力だよ　働く力は
明日（あした）を動かす　大きな力だよ

六、大きな道だよ　本当の道は
平和につづく　大きな道だよ

七、大きな俺（おれ）たちさ　雨風（あめかぜ）吹こうと
※おそれはしない　大きな俺たちさ
※繰り返し

大きな古時計

⑤ 47 ページ

保富康午 日本語詞／ワーク 作曲☆

A7 D7 G D G G7 C Cm6
p
さされ いまは もう うごかない その
G/D D7 G
mf
と け い ひゃく ねん やすまずに
G D7 G D7
チク タク チク タクおじいさんといっしょに チク タク チク タクいまは もう
G7 E7 Am Adim G/D D7 1.2. G 3. G
うごかない その と け い 2な 3ま い
mf

〔伴奏編曲：平吉毅州〕

大空賛歌

⑤ 48ページ

桑原ほなみ 作詞／黒澤吉徳 作曲

一、歌え　青い空に
歌え　高い雲に
空は広く限りなく　ぼくらの夢なんだ
蝶(ちょう)は舞って　雲も流れ
鳥は楽しく　駆け巡る
ああ　広い大空　自由にはばたけるなら
ぼくも飛んで行きたい　どこまでも

二、つかめ　青い空を
つかめ　高い雲を
空の広さ空の色　大空この胸に
手と手つなぎ　肩を寄せ合い
共に歌おう　たたえよう
ああ　広い大空　風にゆらめきながら
雲に乗って行きたい　どこまでも

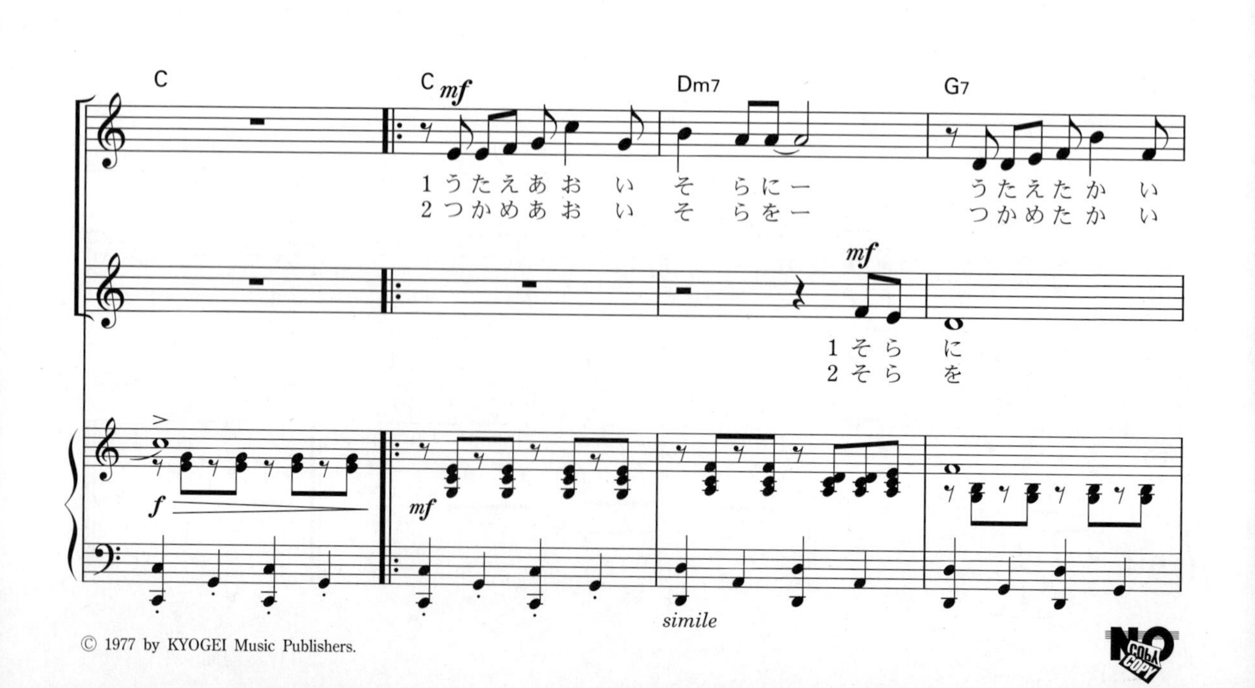

© 1977 by KYOGEI Music Publishers.

NO COPY

C E7 F C
くもにー そらはひろく かぎりなく ぼくらのゆめ
くもをー そらのひろさ そらのいろ おおぞらこの
くもに
くもを
G7 C Am Dm7 G7 C B B7
p
なんだ ル ルル ル ル ル ル
むねに
mp
ちょうはまって くももながれ とりはたのしく
てとてつなぎ かたをよせあい ともにうたおう
mp
Em G7 C Em F
f
ル ああ ああ ひろいお おぞらじ ゆうにはばたけ
ああ ああ ひろいお おぞらか ぜにゆらめき
f
かけめぐる
たたえよう
f

C F G7 Gaug C G Am C Dm C G7
ff
る ならぼ く もとんでゆ きたいど こ まで
な がらく も にのーってゆ きたいど こ まで
1. 2.
C C Dm C G7
も も ど こ ま で
C G7 C
も ー
ff

おお ブレネリ

⑤ 49 ページ

おお 牧場はみどり

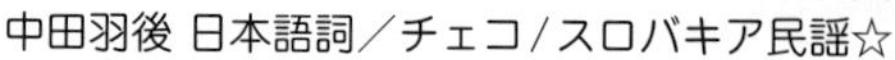

中田羽後 日本語詞／チェコ/スロバキア民謡☆

© 中田羽後（教文館）

NO COPY

お正月

⑤ 54ページ

東 くめ 作詞／滝 廉太郎 作曲☆

♩＝104～112

mf F C7 F C7 F

1・2もう いくつ ねると おしょうがつ

mp B♭ F C7 F C7 F C7 F C7

1おしょうがつには たこあげて こまをーまわして あそびましょう
2おしょうがつには まりついて おいばねついてー あそびましょう

一、もういくつ寝ると
お正月
お正月には
たこあげて
こまをまわして
遊びましょう
はやく来い来い
お正月

二、もういくつ寝ると
お正月
お正月には
まりついて
おいばねついて
遊びましょう
はやく来い来い
お正月

おちゃらか ほい

わらべうた

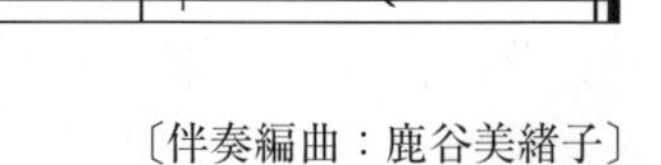

オバケなんてないさ

槇みのり 作詞／峯　陽 作曲

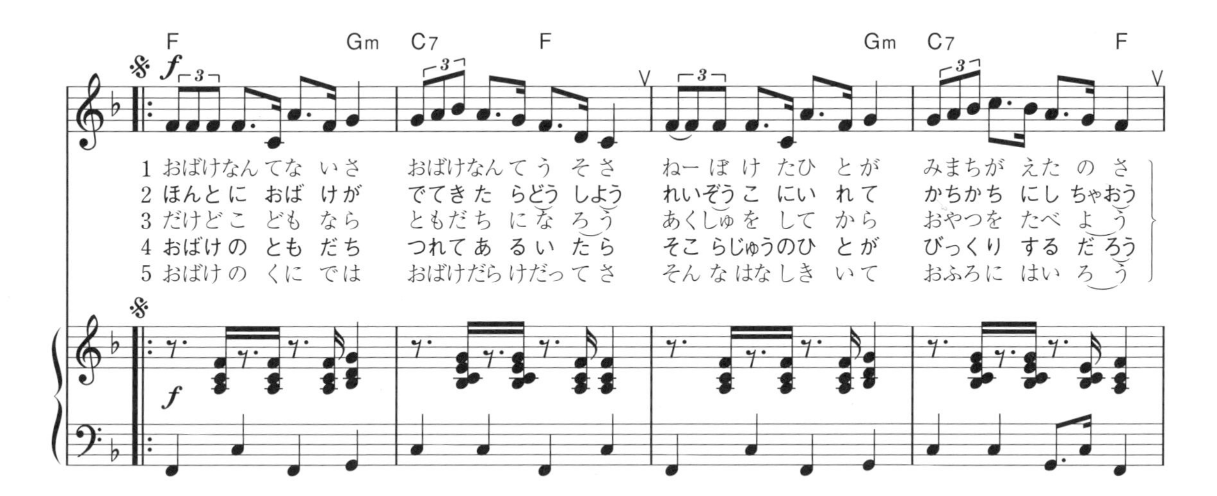

（間　奏）　間奏は，３番と４番の間に入れる。

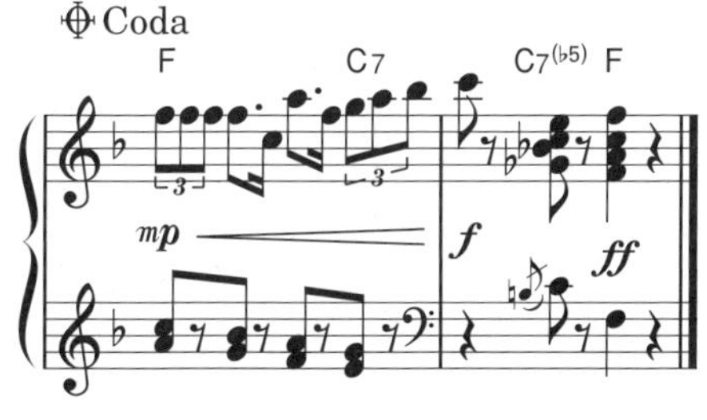

〔伴奏編曲：飯沼信義〕

思い出のアルバム

⑤ 52 ページ

増子とし 作詞／本多鉄麿 作曲

© 1961 by TV ASAHI MUSIC CO., LTD.

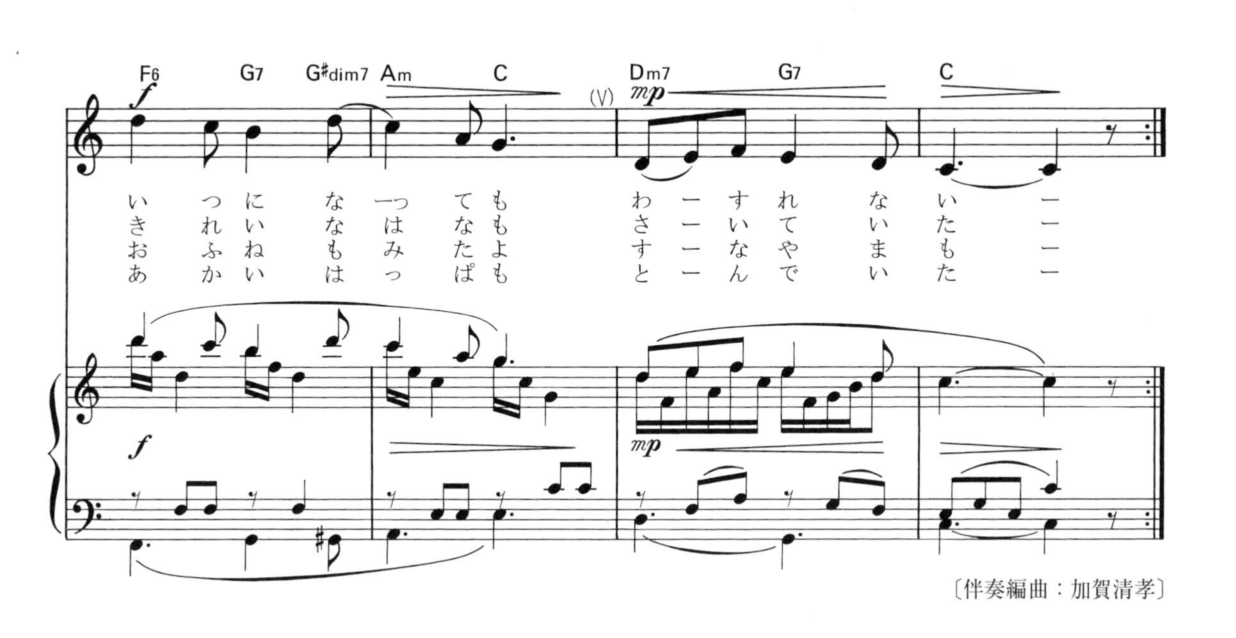

〔伴奏編曲：加賀清孝〕

五、冬のことです 思い出してごらん
あんなこと こんなこと あったでしょう
もみの木飾って メリークリスマス
サンタのおじいさん 笑ってた

六、冬のことです 思い出してごらん
あんなこと こんなこと あったでしょう
寒い雪の日 暖(あった)かいへやで
楽しい話 聞きました

七、一年中を 思い出してごらん
あんなこと こんなこと あったでしょう
ももの花も きれいに咲いて
もうすぐみんなは 一年生

おもちゃのチャチャチャ

⑤ 53 ページ

野坂昭如 作詞／吉岡　治 補作／越部信義 作曲☆

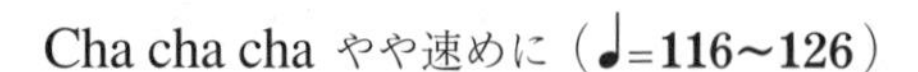

＊演奏順序 前奏－Ⓐ－1－Ⓐ－2－Ⓐ－間奏－3－Ⓐ－4－Coda

G7
F6
みんなすやすや ねむるころ おもちゃはこを
ラッパならして こんばんは フランスにんぎょう
みんなたのしく うたいましょ こひつじメエメエ
まどにおひさま こんにちは おもちゃはかえる
Em
Am
G7
C6
とびだして おどるおもちゃの
すてきでしょ はなのドレスで
こねこはニャー こぶたブースカ
おもちゃばこ そしてねむるよ
チャ チャ チャ
間奏
C6
G7

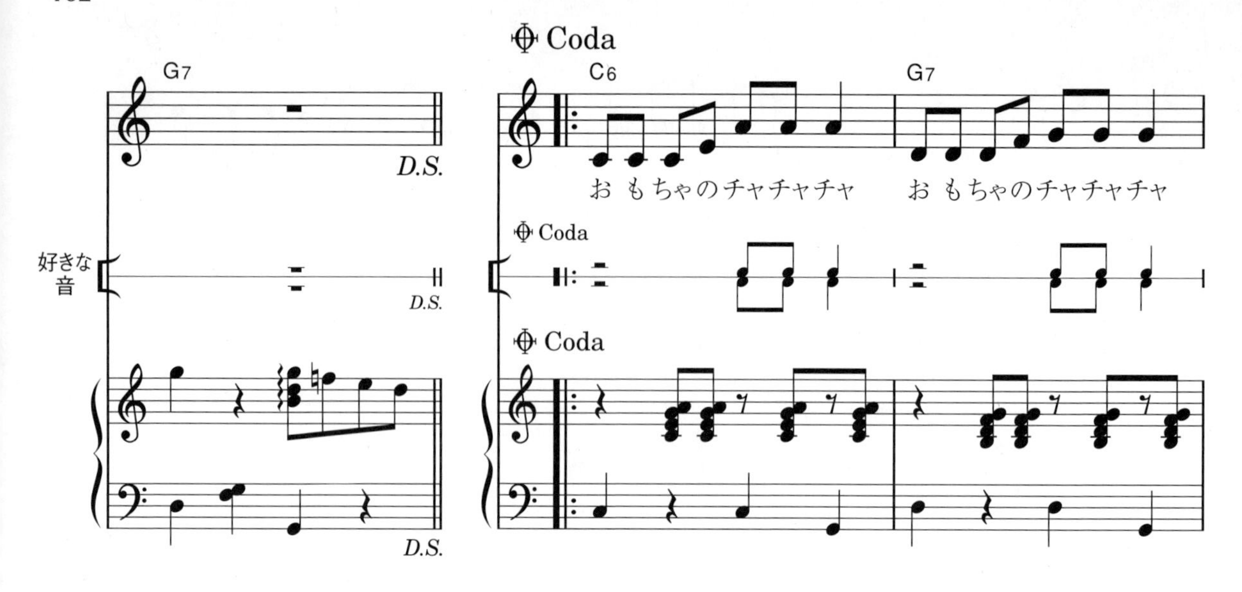
Coda
G7
C6
G7
D.S.
おもちゃのチャチャチャ　おもちゃのチャチャチャ
Coda
好きな音
D.S.
Coda
D.S.

G7
1.
C6
2.
G7
C6
チャチャチャおもちゃの　チャ チャ チャ
チャ　チャ　チャ
1.
2.
1.
2.
gliss.

風になりたい

⑤ 54 ページ

宮沢和史 作詞・作曲／佐井孝彰 編曲

© 1994 by FUJIPACIFIC MUSIC INC. & BL/DG. CO., LTD.

E♭M7 Cm7 Dm7 Gm7 E♭M7
もーあなたにあーえたしあわせかんじてーかぜ
Cm7 F7 B♭M7 Gm7 C7 F
mf
になりたい
なにひーとついいことー
B♭m7 E♭7 A♭M7 Cm7 F7 B♭M7
なかーーったこのまちにー
しずみーゆくたいよう―おいこ
なみだーふらすくもをーつきぬ
Cm7 F7 B♭M7 Dm7
f
してみーたいーーうまれてきーたことをーし
けてみーたいーーてんごくじゃーなくてもーら

Fm7 B♭7 E♭M7 Cm7 Dm7 Gm7
あ わせにーかんじ る ー かーっ こわるーくたーっ て い い あなた
く えんじゃーなくて も ー あ な たのてーのぬく も り を かんじ
E♭M7 Cm7 F7 1. B♭M7
と ー かぜ に なり た い
て ー かぜ に なり た
1.
2. B♭M7
い て
D.S.
2.
D.S.
Coda Gm7 E♭M7
い ー かぜ に ー かぜ
Coda
Cm7 F7 B♭M7
に なり た い ー ー

帰り道

④ 52ページ

若松　歓 作詞･作曲

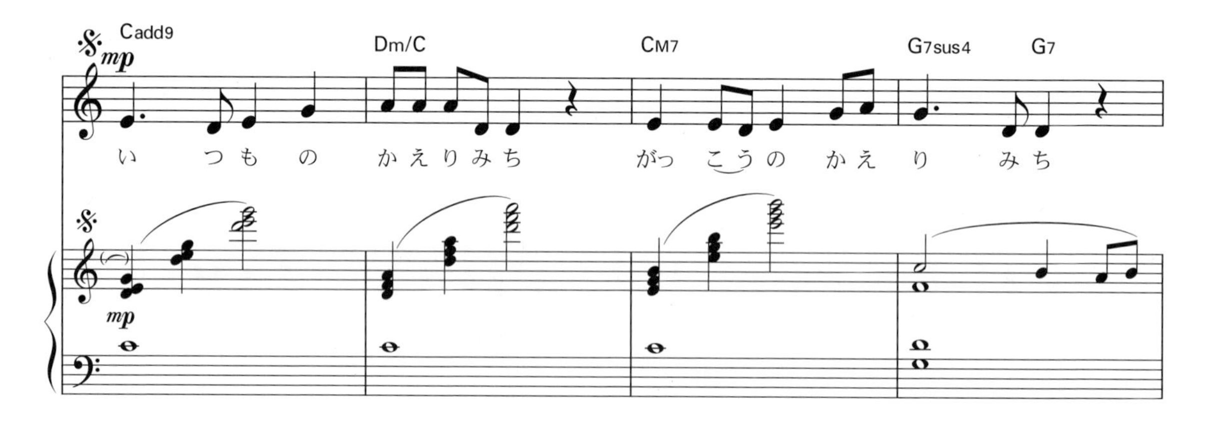

© 2009 by KYOGEI Music Publishers.

NO COPY

F C/G G7 C F G/F Em7 Am
mf
ひ ずーっとみていた このほしがうまれ
mf
Dm7 G7 C C7 F G/F Em7 Am7
このくににうまれ このまちでそだち そし
D7 G7sus4 G7
f
て であえた ー
D.S.
f
D.S.
Coda
C CM7 C7
mf
いつまで
Coda
mf
F F♯m7(♭5) C/G G7 C F/C Cadd9
もきみとみていた ー
p
8va bassa

学校坂道

④ 53 ページ

西口ようこ 作詞・作曲

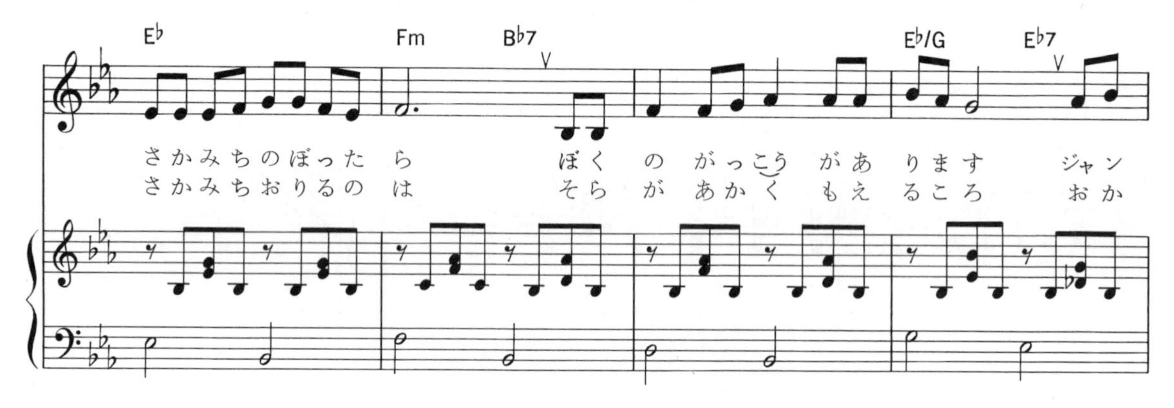

© 1983 by NHK Publishing, Inc.

一、この坂道のぼったら
ぼくの学校があります
ジャングルジムにのぼれば
海がまっさおに見えます
青空に抱かれた
ぼくの自慢の学校
この坂道をぼくは毎朝
風をきってかけます

二、この坂道おりるのは
空が赤く燃える頃(ころ)
丘を渡る澄んだ空気
うしろに長い影
ともだちの笑顔も
夕焼けに染まります
この坂道をぼくはあしたも
口笛とのぼります

変わらないもの

④ 54ページ

山崎朋子 作詞・作曲

あなたがいて　わたしがいて
ふりかえれば　笑顔がある
桜が咲き　季節巡り
それでも　そこにあなたがいた

遠く　遠く
陽炎（かげろう）がのぼる坂道
いつか　景色が変わっても
変わらないものがある　心の中に

君と出会った幸せを
かみしめながら　歩いていこう
1年先も　10年先も
これからも　ずっと

悲しいとき　うれしいとき
つらいときも　あなたがいた
当たり前のことのように
見える景色に　あなたがいた

ずっと　ずっと
立ち止まってはいられない
いつか　その手を離したら
自分の未来を　さあ　つかみ取るんだ

君がいたから　がんばれた
支え合うこと　分かち合うこと
あふれるほどの　愛をくれた
あなたにありがとう

君と出会った幸せを
かみしめながら　歩いていこう
1年先も　10年先も
変わらない想（おも）い　これからも　ずっと

© 2010 by KYOGEI Music Publishers.

NO COPY

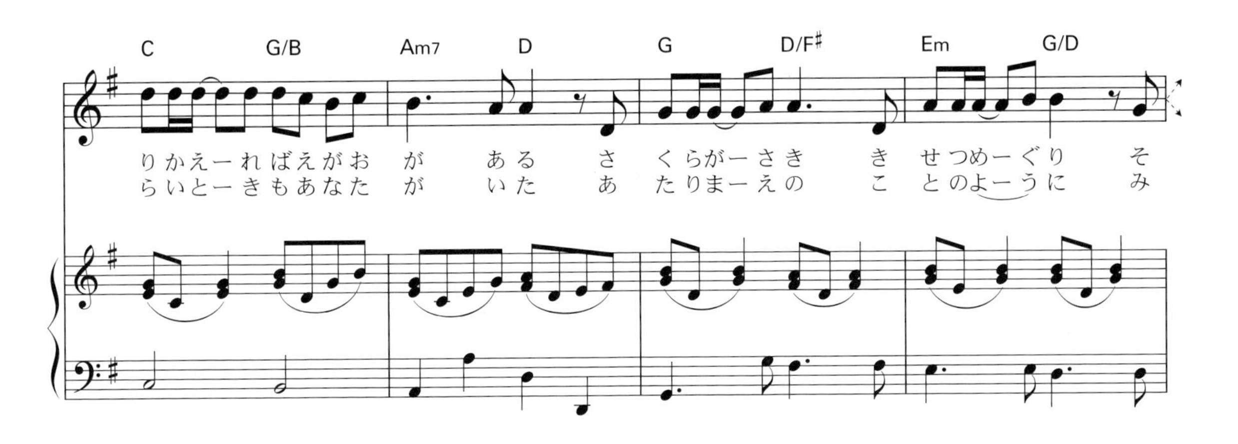

C G/B Am7 D G D/F# Em G/D
りかえーればえがお が あ る さ くらがーさき き せつめーぐり そ
らいとーきもあなた が い た あ たりまーえの こ とのよーうに み

C G/B Am7 D7 G C6 Bm7 Em7
れでもーそこに あ なたがいた とおく とお くー
えるけーしきに あ なたがいた ずーっと ず ーっとー
とお くー とお くー
ず ーっとー ず ーっとー
mp

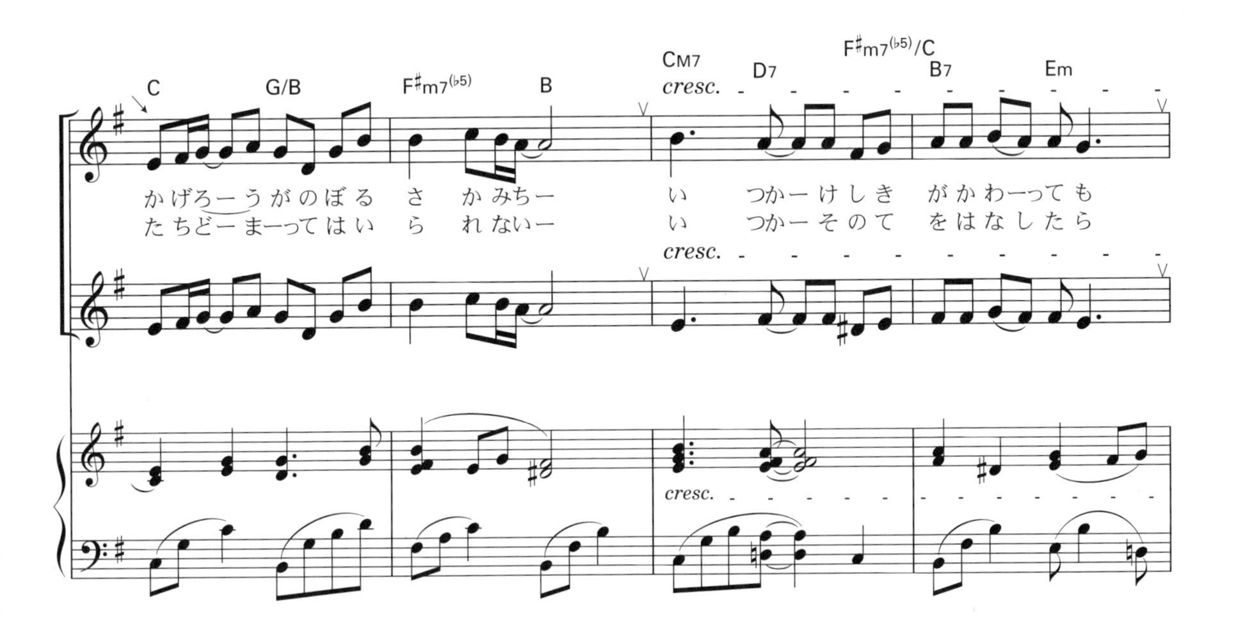

C G/B F#m7(♭5) B CM7 D7 F#m7(♭5)/C B7 Em
cresc.
かげろーうがのぼる さ かみちー い つかーけしき がかわーっても
たちどーまーってはい ら れないー い つかーそのて をはなしたら
cresc.
cresc.

C G/B Am7 C/D D C/D D
かわらーないものが　ある　こころ　のなかにー　きみ
じぶんーのみらいを　さあ　つかみ　とるんだー　きみ
G Am7 D G Em7 A C D
とであーった　し　あ　わせを　かみ　しめながら　ある　いていこう　いち
がいたから　が　ん　ばれた　ささ　えあうこと　わか　ちあうこと　あふ
とであーった　し　あ　わせを　かみ　しめながら　ある　いていこう　いち
G Am7 D E7 Am7 D7 G
(小音符は2回目)
1.
ねんさきも　じゅう　ねんさきも　こ　れからもず　一っ　と
れるほどの　あ　いをくれた　あ　なたにあ　り　が
ねんさきも　じゅう　ねんさきも　か　わらないお　も

G C D G D Em A7 C/D D
unis. mp
か
mf
2.
G D
f
とう きみ
D.S.
Coda
meno mosso
G C D G C
mp
い こ れからもず ーっ と
D G D Em A7 D7 G
rit.
p

カントリー ロード

⑤ 56 ページ

鈴木麻実子 日本語詞／宮崎　駿 補作／ビル ダノフ，タフィ ニバート，ジョン デンバー 作曲

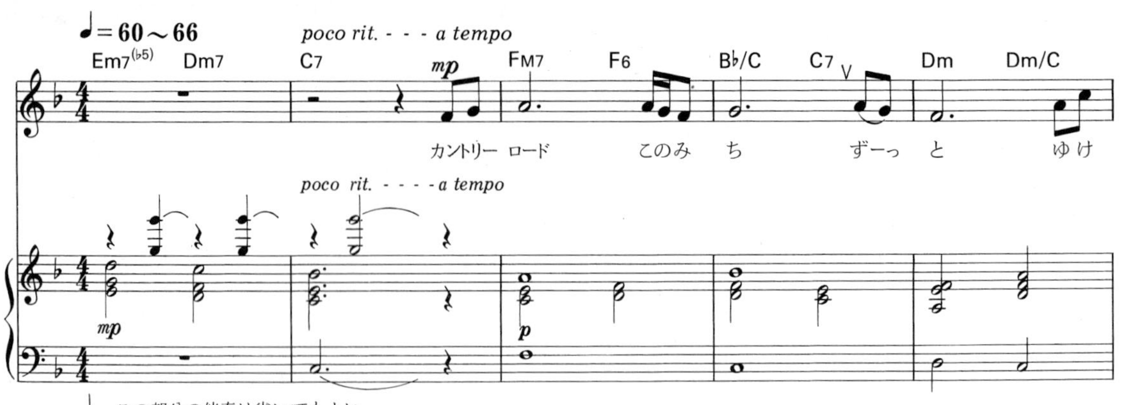

TAKE ME HOME, COUNTRY ROADS
by Bill Danoff, Taffy Nivert Danoff and John Denver
© 1971 BMG RUBY SONGS
Permission granted by FUJIPACIFIC MUSIC INC.
Authorized for sale in Japan only.

TAKE ME HOME COUNTRY ROADS
John Denver / Taffy Nivert / Bill Danoff
©Reservoir Media Music
The rights for Japan licensed to Sony Music Publishing (Japan) Inc.

E♭M7 Gm C F FM7 B♭6/F C
つよ いじぶんをーま もーっていこうー
そん なぼく ーをーし かーっているー
カントリーロード このみ ち ずーっ
Dm E♭M7 E♭M7/F F Dm7 E♭M7
と ゆけ ば あの まち に つづい て る きがす
B♭/D C Fsus4 F Fsus4 F
る カントリー ロード ロード
Dm C B♭ F/A Gm/D C7/E F B♭
どんなくじ けそ うな とき だーってー けし てな みだ はみ せな いでー こ

Am Dm E♭ B♭/F F C
cresc.
mf
ころなしかほちょう がはやくなっていく おもいでー けすためー カントリー
FM7 B♭6/F C Dm
ロード このみち ふるさとへ つづいて
E♭M7 E♭M7/F F Dm7 E♭M7
も ぼくはーーー いかない さ いけな
B♭/D C F Fsus4 FM7 B♭6/F C
い カントリー ロード カントリー ロード あした は いつ

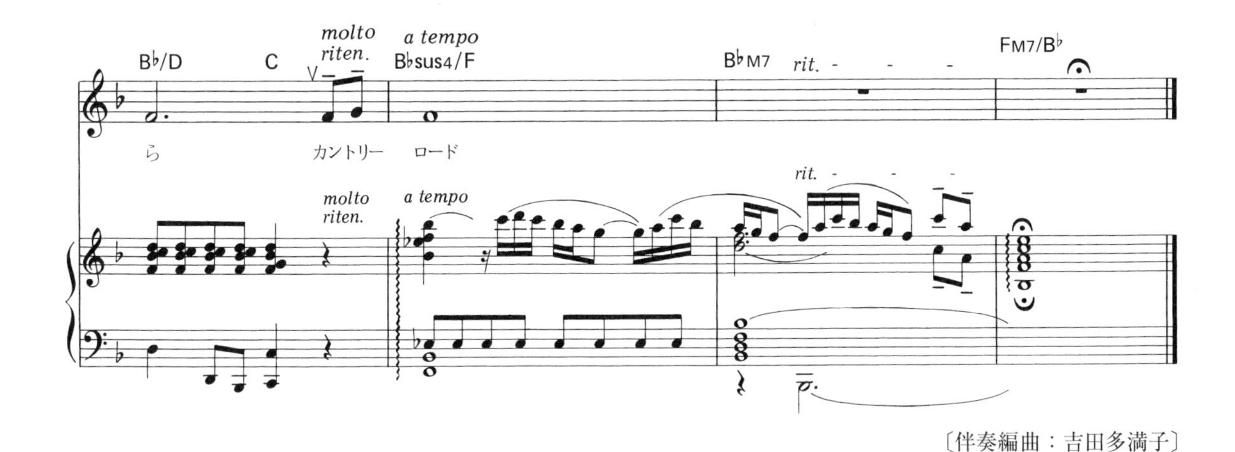

〔伴奏編曲：吉田多満子〕

※カントリー　ロード
　この道　ずっとゆけば
　あの街に　つづいてる
　気がする　カントリー　ロード

ひとりぼっち　おそれずに
生きようと　夢みてた
さみしさ　押し込めて
強い自分を　守っていこ

※繰り返し

歩き疲れ　たたずむと
浮かんで来る　故郷(ふるさと)の街
丘をまく　坂の道
そんな僕を　叱(しか)っている

※繰り返し

どんな挫(くじ)けそうな時だって
決して　涙は見せないで
心なしか　歩調が速くなっていく
思い出　消すため

カントリー　ロード
この道　故郷へつづいても
僕は　行かないさ
行けない　カントリー　ロード
カントリー　ロード
明日(あした)は　いつもの僕さ
帰りたい　帰れない
さよなら　カントリー　ロード

気球にのってどこまでも

⑤ 58 ページ

東　龍男 作詞／平吉毅州 作曲

一、ときにはなぜか　大空に
旅してみたく　なるものさ
気球にのって　どこまでいこう
風にのって　野原をこえて
雲をとびこえ　どこまでもいこう
そこに　なにかが　まっているから
ランラ　ランランランラン
ランランランランー
ランランラ　ランランランランラン
ランランラ　ランランランラン
ランランランランー
ランランラ　ランランランランランラン

二、ときにはなぜか　大空に
旅してみたく　なるものさ
気球にのって　どこまでいこう
星をこえて　宇宙をはるか
星座の世界へ　どこまでもいこう
そこに　かがやく　夢があるから
ララララララララー

C7
F
Dm
DmM7
Dm7
こ　までい　こう
かぜ　に　の一って　のはらをこ
ほし　を　こえ　て　うちゅうをは
G7
Am
G
F
えて　くもを一一とびこえ
るか　せいざの一せかいへ
どこまでもいこ
Em
Dm
B♭add9
G7
うそこに一なにかがま一って一いるか
手拍子
C
Em
F
G7
らランラランランランランランランランラン一
ランランラランランランランラン

C
Em
F
D7
G7
ラン ラン ラランランランラン ランランランランー
ラン ラン ラランランランラン ラン
f
ff
G7
C
D.S.
mp
Coda
Dm
B♭add9
こに ーかがやく ゆめ が ー あるか
ff
C
Am
F
F6
mf
ら ララ ラ ララ ラ ラ ラ ー

絆

⑤ 60ページ

山崎朋子 作詞・作曲

桜咲く あの日 希望と夢にあふれていた
大切な仲間 この場所でめぐり逢えた
僕らの出会いは この広い世界で ささいな出来事だけど
今も忘れない 君と過ごした日々 輝いてた毎日
君と僕の大切な絆 いつまでも切れないように
ずっと ずっと守り抜こう 心の中でつむいでいく

帰り道 君と夕日の中で話したよね
時が過ぎ 遠く離れても忘れないよ
青空の下で 未来を追いかけて 共に汗を流した日
苦しいときにも 友達という風 僕を支えてくれた
君と僕の思い出は かけがえのない宝物になる
分かち合った 強い想い 消えることはない いつまでも
君と僕の大切な絆 いつまでも切れないように
ずっと ずっと守り抜こう 心の中でつむいでいく
消えることはない いつまでも…

© 2010 by KYOGEI Music Publishers.

NO COPY

D A/C♯ Am/C B7 Em7 A7 D
div. mf
せ つな な かま このばしょでめぐりあえ た
が すぎ と おく はなれてもわすれない よ ぼく
あお
Bm F♯m/A G D/F♯ Em7 A7 D
らのであいは このひろいせかいで さ さいなでき ご と だけど いま
ぞらのしたで みらいをおいかけて と もにあせを な が したひ くる
mf
Bm F♯m/A G D/F♯ Em7 A
cresc.
f
もわすれない きみとすごしたひび か がやいてた ま い にち きみ
しいときにも ともだちというかぜ ぼ くをささえ て く れた きみ
cresc.
D A/C♯ Bm F♯m/A G D/F♯ Em7 A
＊と ぼくの たい せ つ な きず な いつまでもき れないように ずーっ
と ぼくの おも い で は かけ が えのないたか らものになる わか
f

D A/C♯ Bm D/A G D/F♯
1.
Em7 A7 D
と ずーっと まもり ぬこう こころのなかで つ むいでいく
ち あーった つよい おもい きえることはな い
mf
Bm F♯m/A G D/F♯ Em7 A7 D Bm F♯/A
G D/F♯ Em A7 D
unis. mp
2.
Em7 A7 D G/A
f
D.S.
かえ いつまでも きみ(＊へ)
Coda
Em7 A7 D
rit.
むいでいく きえ
G D/F♯ Em7 A7 D
G
a tempo
D/F♯ Em7 A7 D
ることはな い いつまでも
mp
dim.
p

北風小僧の寒太郎

井出隆夫 作詞／福田和禾子 作曲

Gm7
Am7
しもー　ーまちま　でやってきた　ー
ぶえー　ーふきふ　きひとりたび　ー
しんー　ーばしら　もないている　ー
ヒュ
B♭6
ー　ンヒュ　ーン　ヒュ　ルル　ン　ルンルンルンー
f
Am7
B♭M7
B♭6/C
mf
mp
ふゆで　ーござん　ーす
さむう　ーござん　ーす
ゆきで　ーござん　ーす
ヒュ　ルル　ルル　ル
F6
1.2.
3.
FM7
ルン　ー　2·3 きた　ー　ー

君をのせて

⑤ 62 ページ

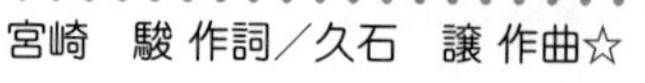
宮崎　駿 作詞／久石　譲 作曲☆

あの地平線　輝くのは
どこかに君を　かくしているから
たくさんの灯(ひ)がなつかしいのは
あのどれかひとつに　君がいるから
さあ　でかけよう　ひとかけのパン
ナイフ　ランプ　かばんに　つめこんで

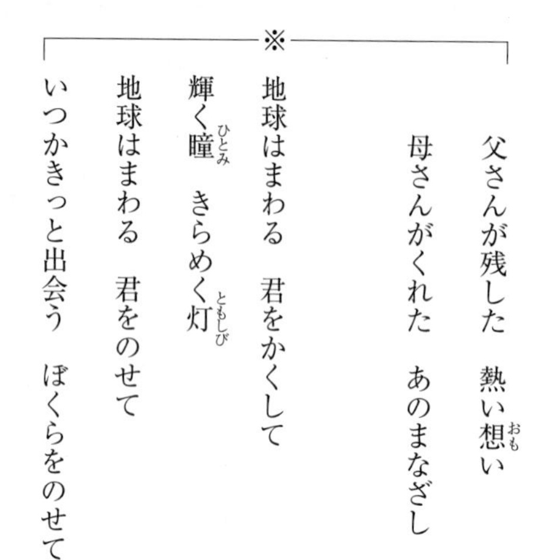
父さんが残した　熱い想い(おも)
母さんがくれた　あのまなざし

※
地球はまわる　君をかくして
輝く瞳(ひとみ)　きらめく灯(ともしび)
地球はまわる　君をのせて
いつかきっと出会う　ぼくらをのせて

※繰り返し

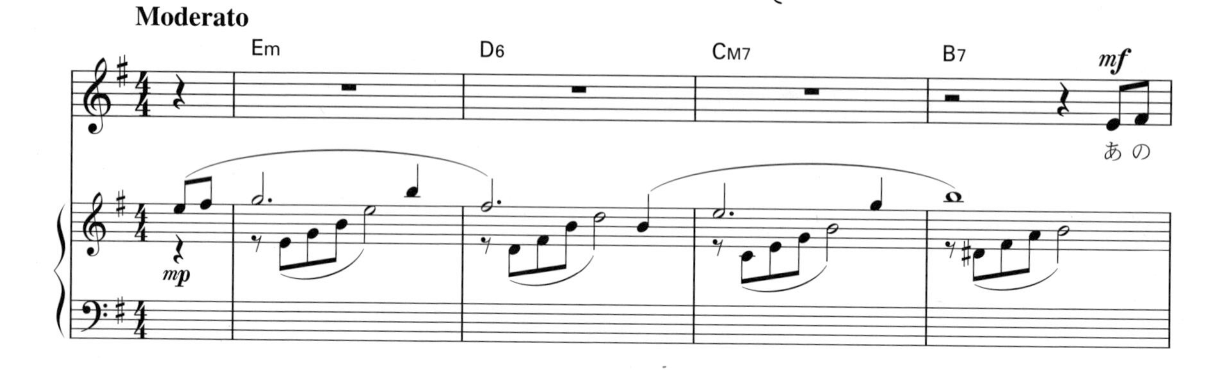

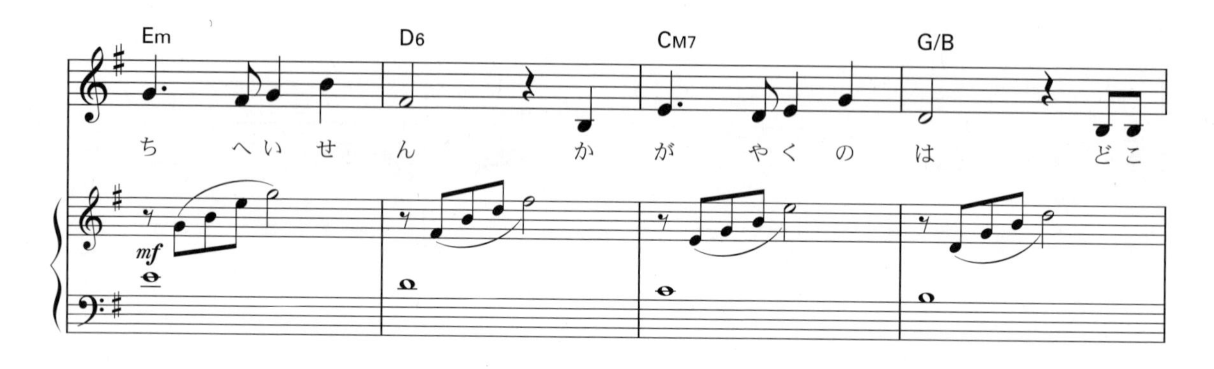

© 1986 by STUDIO GHIBLI

Em
D6
CM7
G/B
さんのひがなつかしいのはあ
ルルルルあ
Am7
Em
Am
B7
Em
のどれーかひとつにきみがいるからさあ
のどれーかひとつにきみがいるから
G
D/F♯
Em
Bm/D
でかけようひときれのパン
さあでかけようひときれのパン

C D/C G/B Am7 B7sus4 B7
ナイフ ランプかばんに つめこんで ー とう
Em CM7 D G B7/F♯
さん が のこした あつい おーも い かあ
Em CM7 D Em
さん が くれた あの まなー ざ し ちきゅ
Em D6 CM7 G/B
う はま わ る きみを か く し て かが

Am7
Em/G
F♯7
B7
ちきゅ
や くひと み きらめく ともしび
Em
D6
CM7
G/B
う はまわる きみをのせて い
ちきゅうはまわる きみをのせてい
Am7
Em
Am
B7
1.
Em
B7
2.
Em
つかきーっと であうー ぼくらをのせて とう て
1.
2.

今日(きょう)の日はさようなら

⑤ 63ページ

金子詔一 作詞・作曲☆

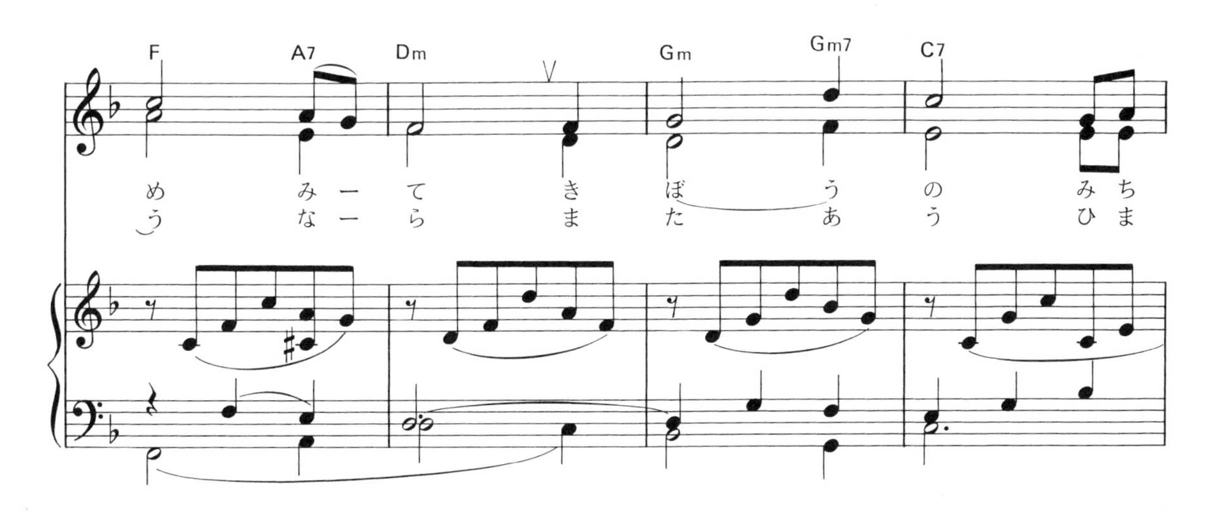

一、いつまでも　たえることなく
友達でいよう
あすの日を　夢見て
希望の道を

二、空を飛ぶ　鳥のように
自由に生きる
今日の日は　さようなら
またあう日まで

三、信じあう　喜びを
大切にしよう
今日の日は　さようなら
またあう日まで

きよしこの夜

⑤ 64 ページ

由木 康 日本語詞／グルーバー 作曲☆

＊上・中声部のみでも歌うことができます。

NO COPY

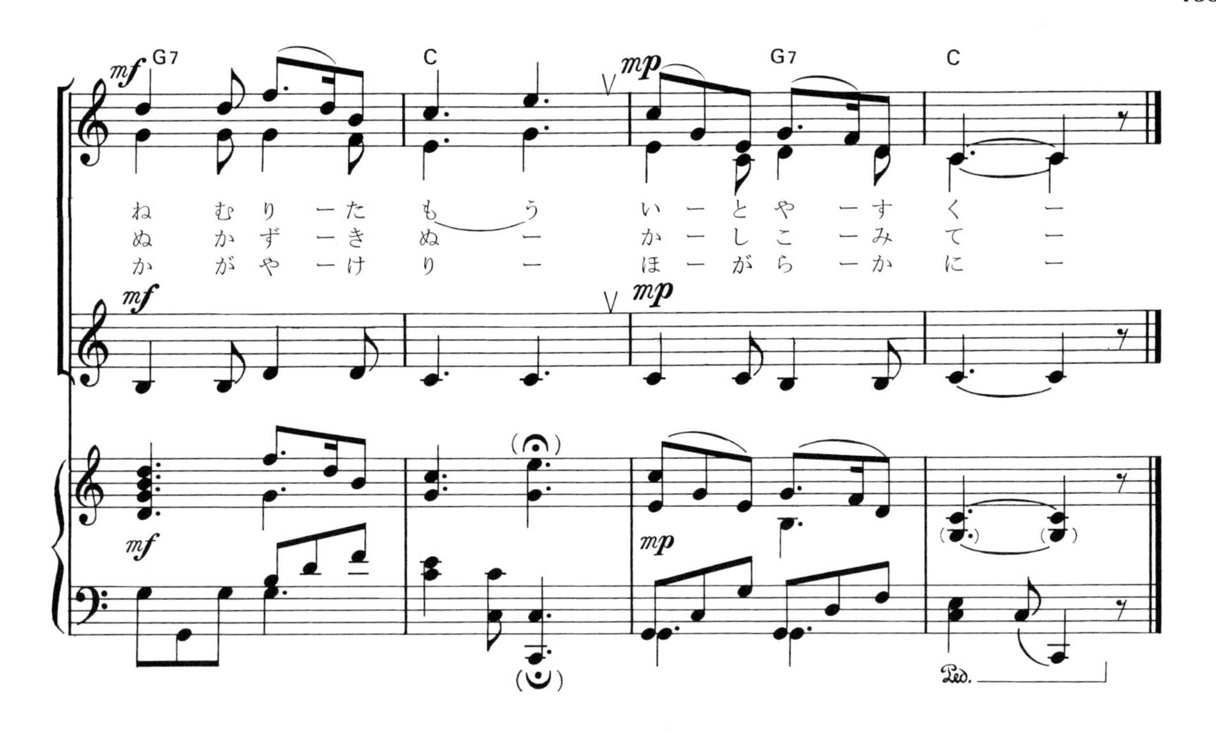

由木　康　日本語詞

一、きよしこの夜
星は光り
救いのみ子は
まぶねの中に
眠りたもう
いとやすく

二、きよしこの夜
み告(つ)げうけし
まきびとたちは
み子のみ前に
額(ぬか)ずきぬ
かしこみて

三、きよしこの夜
み子の笑(え)みに
めぐみのみ代(よ)の
あしたのひかり
輝けり
ほがらかに

後藤六郎　日本語詞

一、きよしこの夜
星は光り
楽しい集いに
ささやきかけるよ
喜びの歌
こよい歌えと

二、きよしこの夜
星は光り
窓べにやさしく
ほほえみかけるよ
やすらかなゆめ
こよい結べと

2集索引

く

グリーン グリーン ……………〔二合〕…… 4
グッデー グッバイ ……………〔二合〕…… 6

け

元気 勇気 ちから ……………〔二合〕…… 7

こ

こいのぼり(♪いらかの〜) ……………… 14
こいのぼり(♪やねより〜) ……………… 15
荒城の月 ……………………………… 16
ゴー ゴー ゴー(運動会の歌) ……〔二合〕…… 18
心には素晴(すば)らしい翼がある …〔二合〕…… 20
この星に生まれて ……………〔二合〕…… 22
COSMOS ……………………〔二合〕…… 26

さ

さとうきび畑(普及版) ……………… 31
里の秋 ……………………………… 34
さようなら ……………………〔二合〕…… 36
さよなら友よ …………………〔二合〕…… 38
さよならは言わない …………〔三合〕…… 40
さんぽ ……………………………… 44

し

幸せなら手をたたこう ………〔遊び歌〕…… 48
四季の歌 ……………………〔二合〕…… 49
静かな湖畔(こはん) ………………〔三輪〕…… 50
シャボン玉 ………………………… 52
少年時代 ……………………〔二合〕…… 53
ジングル ベル ………………〔二合〕…… 56

す

すいかの名産地 ………………〔二合〕…… 57
ずいずい ずっころばし …………… 58
スキー ……………………………… 60
巣立ちの歌 …………………〔二合〕…… 61
すてきな一歩 …………………〔二合〕…… 64
すてきな友達(ともだち) ………………〔二合〕…… 66
Smile Again …………………〔二合〕…… 69

せ

世界がひとつになるまで ……〔二合〕…… 72
世界中のこどもたちが ……………… 74
世界に一つだけの花 ……………… 77
線路はつづくよどこまでも ……〔二合+R〕…… 82

そ

空がこんなに青いとは ………〔二合〕…… 84
空を見上げて …………………〔三合〕…… 86

た

大切なもの ……………………〔二合〕…… 88
たきび ……………………………… 92
たなばたさま ……………………… 93
旅立ち …………………………〔二合〕…… 94
旅立ちの時(Asian Dream Song) ……… 97
だれにだって おたんじょうび ………… 100
旅立ちの日に …………………〔二合〕…… 104

ち

小さな木(こ)の実 ………………〔二合〕…… 109
ちいさい秋みつけた ……………… 112
小さな勇気 ……………………〔二合〕…… 114
ちびっこカウボーイ …………〔二合〕…… 118
チム チム チェリー …………〔二合〕…… 120
茶つみ ………………………… 122・123

つ

翼をください …………………〔二合〕…… 124
つばめのように ………………〔二合〕…… 126

て

手のひらを太陽に ………………… 130
てぃんさぐぬ花 ………………… 132

二合：二部合唱　三合：三部合唱　三輪：三部輪唱　R：リコーダー

3集索引

と
Tomorrow ……………… 〔二合〕…… 4
遠き山に日は落ちて(家路) …… 〔二合〕…… 7
どこかで春が ……………… 〔二合〕…… 8
となりのトトロ ……………… 10
友だちだから ……………… 〔二合〕…… 15
ともだち讃歌 ……………… 〔二合〕…… 20
友だちはいいもんだ ……… 〔二合〕…… 22
ドレミの歌 ……………… 〔二合〕…… 24
友達だから ……………… 〔二合〕…… 28
とんぼのめがね ……………… 31

な
夏の思い出 ……………… 〔二合〕…… 32
夏の日の贈りもの ……… 〔二合〕…… 34
夏は来ぬ ……………… 36
七つの子 ……………… 37

に
に じ ……………… 38
にんげんっていいな ……………… 40

は
はじめの一歩 ……………… 42
バスごっこ ……………… 45
花咲く時をこえて ……… 〔二合〕…… 46
春の風 ……………… 〔二合〕…… 50
ハロー ハロー ……………… 51
Happy Birthday To You ……………… 52

ひ
ビクトリー ……………… 〔二合〕…… 53
ピクニック ……………… 〔二合〕…… 62
Bingo ……………… 63
Believe ……………… 〔二合〕…… 64
ひろい世界へ ……………… 〔三合〕…… 67

ふ
ふるさと ……………… 〔三合〕…… 72
ふるさと〈参考曲〉 ……………… 〔二合〕…… 74

へ
Head, Shoulders, Knees And Toes … 〔遊び歌〕…… 79
Best Friend ……………… 80

ほ
The Hokey-Pokey ……… 〔遊び歌〕…… 84
星かげさやかに(一日の終わり) … 〔歌詞〕……114
ほたるの光 ……………… 〔二合〕…… 85
ホルディリディア ……………… 〔二合〕…… 86

ま
マイ バラード ……………… 〔二合〕…… 87
Michael, Row The Boat Ashore (こげよ マイケル) … 〔三合〕…… 90
マーチング・マーチ ……… 〔二合〕…… 91
まっかな秋 ……………… 〔二合〕…… 94
まつり花 ……………… 96

み
南風にのって ……………… 〔二合〕…… 97
見上げてごらん夜の星を …… 〔二合+R〕……100
みかんの花さくおか ……………… 102
ミッキーマウス・マーチ ……………… 104
みどりのそよ風 ……………… 106
南の島のハメハメハ大王 ……………… 108

も
もみじ ……………… 〔二合〕…… 110
森のくまさん ……………… 〔二合〕…… 112
燃えろよ燃えろ ……………… 〔二合〕…… 114

や
やおやのお店 ……………… 〔遊び歌〕…… 115
山のごちそう ……………… 〔二合〕…… 116
やまびこごっこ ……………… 〔二合〕…… 117

ゆ
U & I ……………… 〔二合〕…… 120
勇気100% ……………… 〔二合〕…… 123
勇気一つを友にして ……… 〔二合〕…… 128
夕日が背中を押してくる …… 〔二合〕…… 130
ゆかいな牧場 ……………… 〔二合〕…… 132
ゆかいに歩けば ……………… 〔二合+R〕…… 133
夢の世界を ……………… 〔二合〕…… 136
夢をのせて ……………… 〔二合〕…… 138
雪 ……………… 140
ゆりかごの歌 ……………… 141

よ
喜びの歌 ……………… 〔二合〕…… 142

ろ
London Bridge (ロンドン橋) ……………… 143

わ
WAになっておどろう(イレ アイエ) … 〔二合〕…… 144
われは海の子 ……………… 148

細字の曲は，４訂版にのみ掲載されている曲，もしくは参考曲です。

5訂版
歌はともだち 指導用伴奏集 1

2016年 2月26日 第1刷 発行
2020年 3月31日 第6刷 発行

編集者 教芸音楽研究グループ

発行者 株式会社 教育芸術社（代表者 市川かおり）
〒171-0051 東京都豊島区長崎1-12-15
電話 03-3957-1175（代表）
03-3957-1177（販売部直通）

印 刷 光栄印刷
製 本 小島製本

表紙・ケース装丁 八木孝枝（スタジオダンク）

JASRAC 出 1600986-006

LOVE THE ORIGINAL
楽譜のコピーはやめましょう

© 2016 by KYOGEI Music Publishers.

●本書を無断で複写・複製することは著作権法で禁じられています。

●☆印の著作物は，教芸音楽研究グループによる編曲です。

●歌集本体に付けられているコードは，使用目的を考慮し簡略化している場合がありますので，本書のものとは異なるところがあります。

5訂版

歌はともだち

指導用伴奏集

2

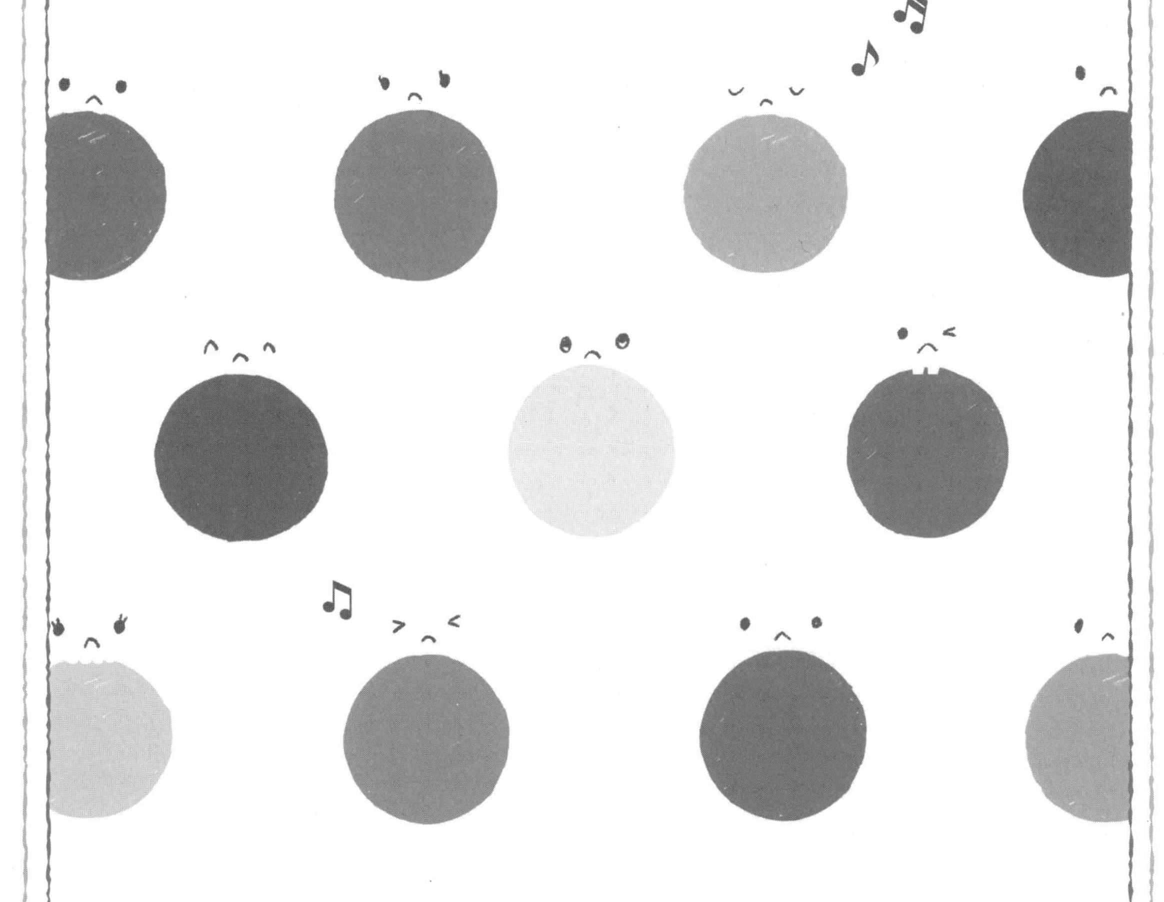

教育芸術社

Contents

く

グリーン グリーン ……〔二合〕…… 4
グッデー グッバイ ……〔二合〕…… 6

け

元気 勇気 ちから ……〔二合〕…… 7

こ

こいのぼり（♪いらかの～）…… 14
こいのぼり（♪やねより～）…… 15
荒城の月 …… 16
ゴー ゴー ゴー（運動会の歌）……〔二合〕…… 18
心には素晴(すば)らしい翼がある ……〔二合〕…… 20
この星に生まれて ……〔二合〕…… 22
COSMOS ……〔二合〕…… 26

さ

さとうきび畑（普及版）…… 31
里の秋 …… 34
さようなら ……〔二合〕…… 36
さよなら友よ ……〔二合〕…… 38
さよならは言わない ……〔三合〕…… 40
さんぽ …… 44

し

幸せなら手をたたこう ……〔遊び歌〕…… 48
四季の歌 ……〔二合〕…… 49
静かな湖畔(こはん) ……〔三輪〕…… 50
シャボン玉 …… 52
少年時代 ……〔二合〕…… 53
ジングル ベル ……〔二合〕…… 56

す

すいかの名産地 ……〔二合〕…… 57
ずいずい ずっころばし …… 58
スキー …… 60
巣立ちの歌 ……〔二合〕…… 61
すてきな一歩 ……〔二合〕…… 64
すてきな友達(ともだち) ……〔二合〕…… 66
Smile Again ……〔二合〕…… 69

・細字の曲は，4訂版にのみ掲載されている曲です。
・1，3集の索引は，巻末に掲載しています。

せ

世界がひとつになるまで〔二合〕72
世界中のこどもたちが 74
世界に一つだけの花 77
線路はつづくよどこまでも〔二合+R〕82

そ

空がこんなに青いとは〔二合〕84
空を見上げて〔三合〕86

た

大切なもの〔二合〕88
たきび 92
たなばたさま 93
旅立ち〔二合〕94
旅立ちの時(Asian Dream Song) 97
だれにだって おたんじょうび 100
旅立ちの日に〔二合〕104

ち

小さな木(こ)の実〔二合〕109
ちいさい秋みつけた 112
小さな勇気〔二合〕114
ちびっこカウボーイ〔二合〕118
チム チム チェリー〔二合〕120
茶つみ 122・123

つ

翼をください〔二合〕124
つばめのように〔二合〕126

て

手のひらを太陽に 130
てぃんさぐぬ花 132

・楽譜ページにあるアイコンは，『歌はともだち』歌集本体の掲載ページを示しています。
〈例〉⑤10ページ…5訂版の10ページ　④10ページ…4訂版の10ページ

グリーン グリーン

⑤ 65ページ

片岡　輝 日本語詞／マクガイア，スパークス 作曲☆

GREEN GREEN
Words & Music by Randy Sparks and Barry B. McGuire
© 1963 NEW CHRISTY MUSIC PUBLISHING CO.
All rights reserved.　Used by permission.
Print rights for Japan administered by Yamaha Music Entertainment Holdings, Inc.

四、あの時パパと約束したことを守った
こぶしを固め胸を張り
ララ 僕は立っていた
グリーン グリーン
まぶたには涙あふれ
グリーン グリーン
丘の上には ララ 緑もぬれる

五、その朝パパは出かけた 遠い旅路へ
二度と帰ってこないと
ララ 僕にもわかった
グリーン グリーン
青空には虹がかかり
グリーン グリーン
丘の上には ララ 緑がはえる

六、やがて月日が過ぎゆき 僕は知るだろう
パパの言ってた言葉の
ララ ほんとの意味を
グリーン グリーン
青空には太陽笑い
グリーン グリーン
丘の上には ララ 緑があざやか

七、いつか僕も子供と 語り合うだろう
この世に生きる喜び
そして悲しみのことを
グリーン グリーン
青空にはかすみたなびき
グリーン グリーン
丘の上には ララ 緑が広がる

グッデー グッバイ

⑤ 66 ページ

伊藤良一 作詞／内田勝人 作曲

＊伴奏の ♫ も，♩♪(3) の感じで演奏する。

© 1984 by ONGAKU NO TOMO SHA CORP., Tokyo, Japan.

〔伴奏編曲：加賀清孝〕

元気 勇気 ちから

⑤ 66 ページ

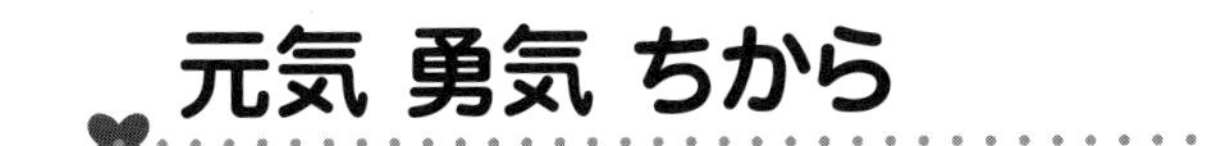

エイミー･カワウチ 作詞／北方寛文 作曲

© 2013 by KYOGEI Music Publishers.

NO COPY

F F7 B♭/F B♭m7/F F G7 B♭ B♭/C F
げんきー ゆうきー ちからをあわせれば どんなことでも できるんだー
E♭/F B♭/F F
1.
E♭/F B♭/F F
2.
E♭add9 B♭/C F G/F B♭/F F
あさはやく おーきたら
B♭ F Gm7 C F G/F B♭ C F
ことりのうたを きいーてみよう じゅんびができたら でーかけよう

B♭ B♭/C F Dm Am7 B♭add9
きょうがまーっているー なきたくなったら
きょうがまーっているー woo
Gm7 F B♭add9 F Gm7(♭5) C7 Am7 Dm7
わすれないで ひとりじゃない くじけそうなときは たすけあお
わすれないで ひとりじゃない woo woo
E♭add9 B♭/C
f
う どんなときもー さあ、
どんなときもー さあ、
f

F B♭ Gm7 B♭/C F B♭ F Gm7 B♭/C
ぼう けんのたびを はじめよう ようこそぼくらの な か ま に
F F7 B♭/F B♭m/F F G7 B♭ B♭/C F
げんきー ゆうきー ちからをあわせれば どんなことでも で きるんだー
E♭/F B♭/F F F G/F B♭/F F
f
いちにちの お わりに
B♭ F Gm7 C F G/F B♭ C F
おもいだそうよ たのしかったことを かくされたたからもの し ーんじよう

B♭ B♭/C F Dm Am7 B♭add9
いつかゆめはかなう やさしさがあれば
いつかゆめはかなう woo
Gm7 F B♭add9 F Gm7(♭5) C7 Am7 Dm7
なかまのためにつよくなれる なかまがいるだけで あすがとて
なかまのためにつよくなれる なかまがいるだけで あすがとて
E♭add9 B♭/C
もたのしみになるーさあ、
もたのしみになるーさあ、
f

F B♭ Gm7 B♭/C F B♭ F Gm7 B♭/C
ぼう けんのたびを はじめよう ようこそぼくらの な か ま に
F F7 B♭/F B♭m/F F G7 B♭ B♭/C F
げんきー ゆうきー ちからをあわせれば どんなことでも で きるんだー
F B♭ Gm7 C F B♭ F Gm7 B♭/C
ff
ぼう けんのたびを はじめよう ー ようこそぼくらの な か ま に
ファンファーレのように
ff
Fadd9 F7 B♭/F B♭m/F F G7 B♭ B♭/C F
げんきー ゆうきー ちからをあわせれば どんなことでも で きるんだー

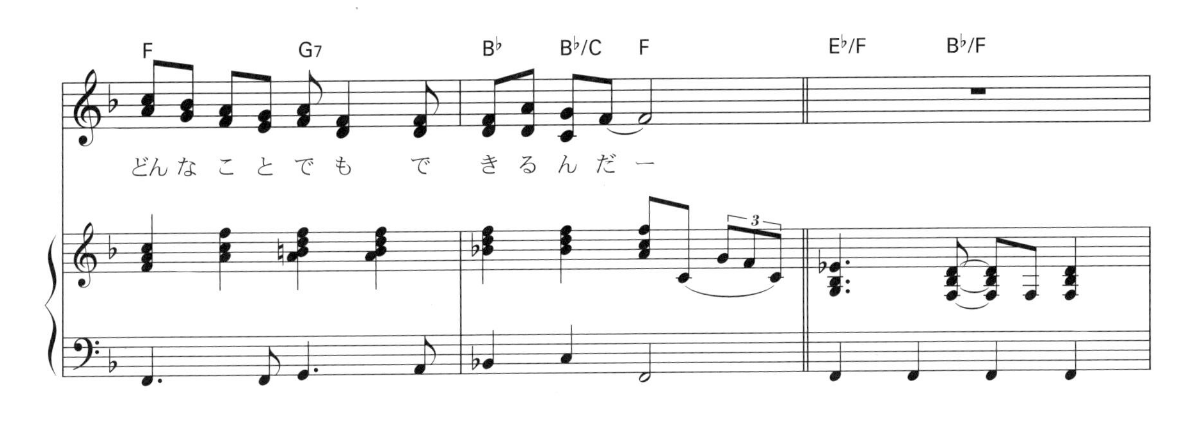

さあ、冒険の旅を始めよう
ようこそ　ぼくらの仲間に
元気　勇気　ちからを合わせれば
どんなことでもできるんだ

朝　早く起きたら　小鳥の歌を聞いてみよう
準備ができたら　出かけよう　今日が待っている
泣きたくなったら　忘れないで　ひとりじゃない
くじけそうなときは　助け合おう　どんなときも

さあ、冒険の旅を始めよう
ようこそ　ぼくらの仲間に
元気　勇気　ちからを合わせれば
どんなことでもできるんだ

一日の終わりに　思い出そうよ　楽しかったことを
隠された宝物　信じよう　いつか夢はかなう
優しさがあれば　仲間のために強くなれる
仲間がいるだけで　明日がとても楽しみになる

さあ、冒険の旅を始めよう
ようこそ　ぼくらの仲間に
元気　勇気　ちからを合わせれば
どんなことでもできるんだ

こいのぼり
⑤ 76 ページ
文部省唱歌
♩=92～100
1 い ーら ーか の な ーみ ーと く ーも ーの な み
2 ひ ーら ーけ る ひ ーろ ーき そ ーの ーく ち に
3 も ーも ーせ の た ーき ーを の ーぼ ーり な ば
か ーさ ーな る な ーみ ーの な ーか ーぞ ら を
ふ ーね ーを も の ーま ーん さ ーま ーみ え て
た ーち ーま ち りゅ ーう ーに な ーり ーぬ べ き
た ち ば な か ーお ーる あ さ ー か ぜ に
ゆ た か に ふ ーる ーう お ひ ー れ に は
わ が み に に ーよ ーや お の ー こ ご と
た か く お ーよ ーぐ や こ い ーの ぼ り
も の に ど ーう ーぜ ぬ す が ーた あ り
そ ら に お ーど ーる や こ い ーの ぼ り
前奏

こいのぼり

⑤ 78 ページ

近藤宮子 作詞／絵本唱歌（無名著作物）

荒城の月

④ 68 ページ

土井晩翠 作詞／滝　廉太郎 作曲／山田耕筰 補作編曲

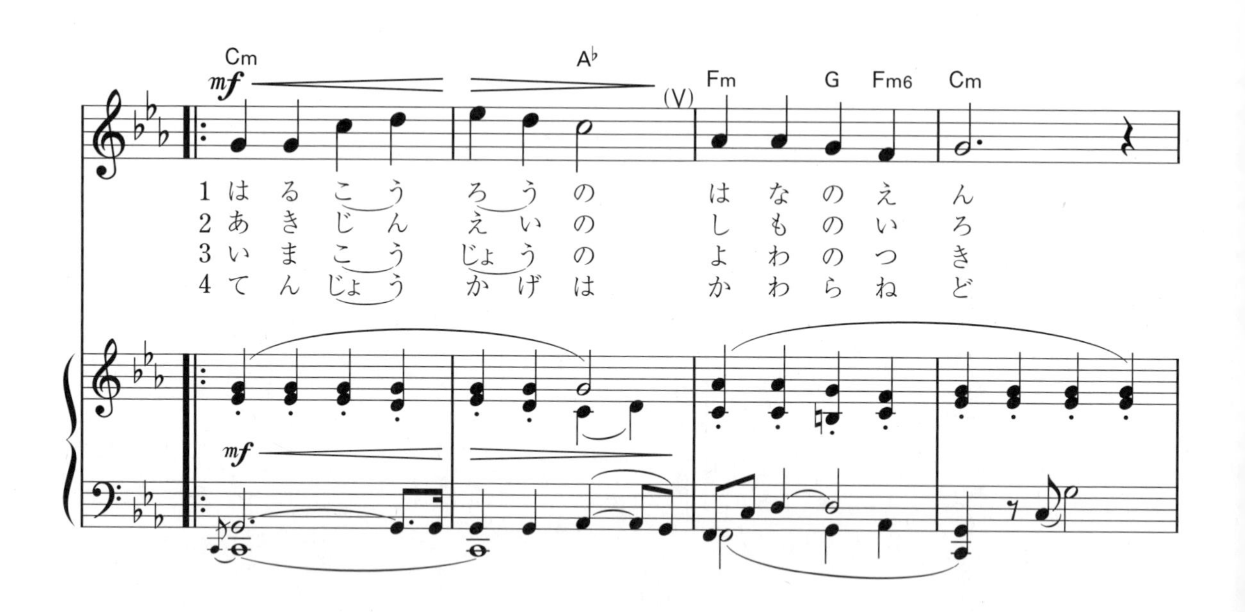

NO COPY

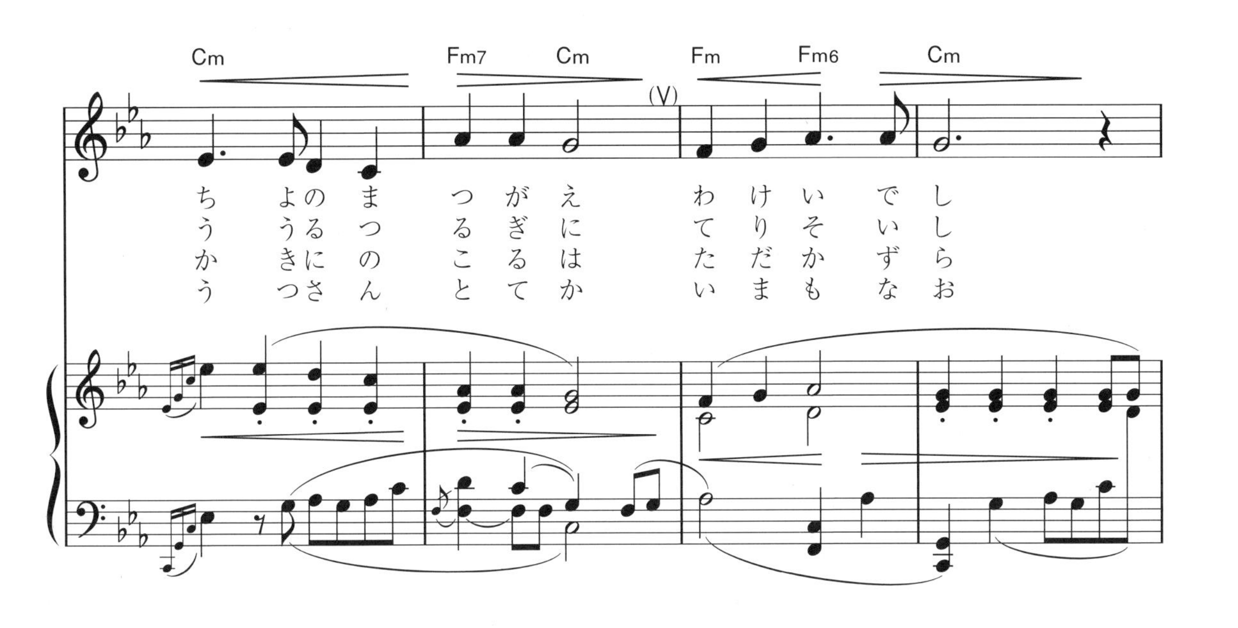
Cm
Fm7
Cm
Fm
Fm6
Cm
(V)
ち よ の ま つ が え わ け い で し
う う る つ る ぎ に て り そ い し
か き に の こ る は た だ か ず ら
う つ さ ん と て か い ま も な お

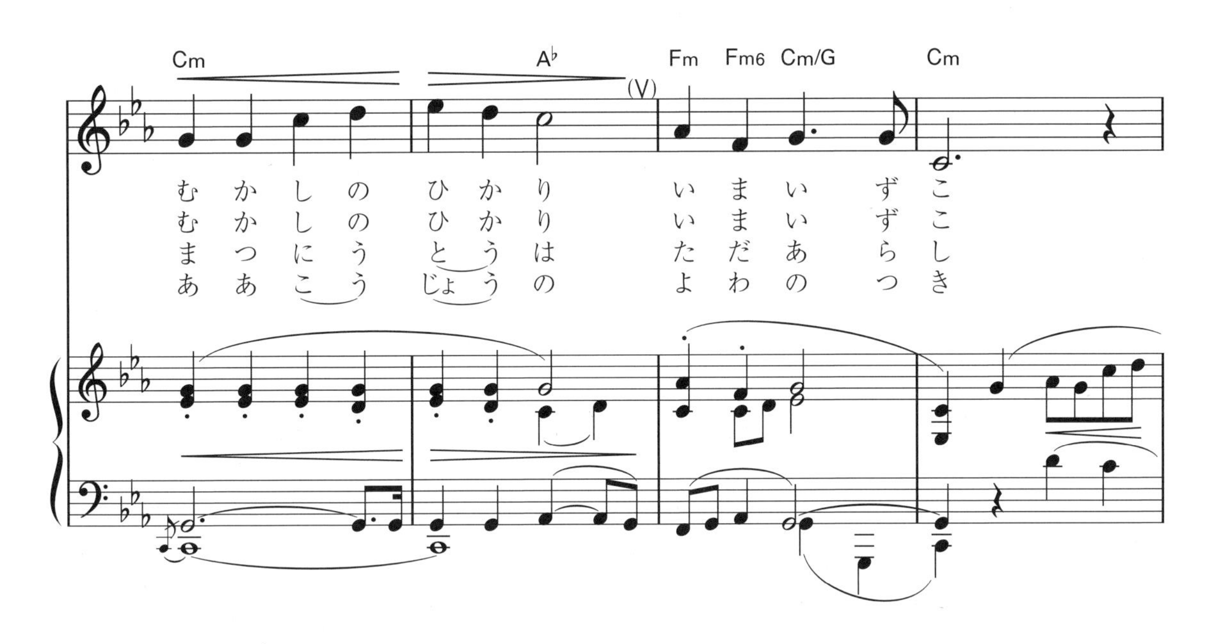
Cm
A♭
Fm
Fm6
Cm/G
Cm
(V)
む か し の ひ か り い ま い ず こ
む か し の ひ か り い ま い ず こ
ま つ に う と う は た だ あ ら し
あ あ こ う じょ う の よ わ の つ き

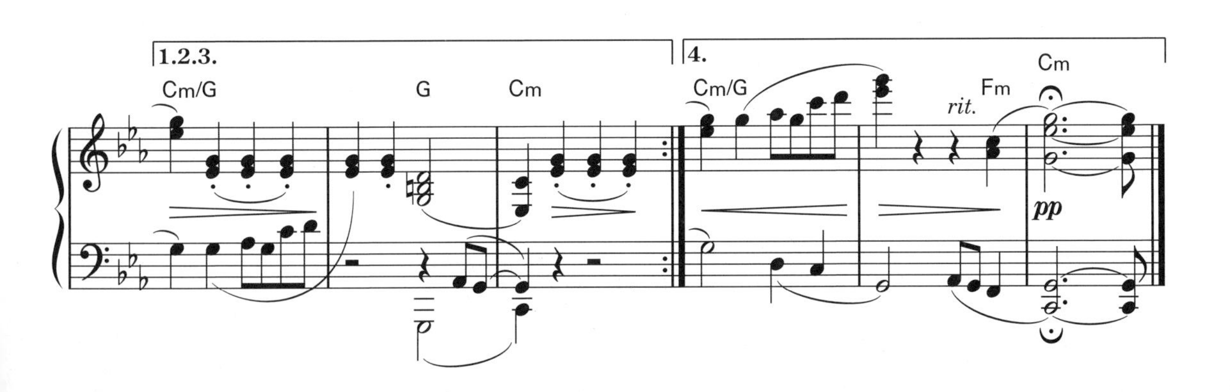
1.2.3.
Cm/G
G
Cm
4.
Cm/G
rit.
Fm
Cm
pp

ゴー ゴー ゴー（運動会の歌）

⑤ 76ページ

花岡　恵 作詞／橋本祥路 作曲

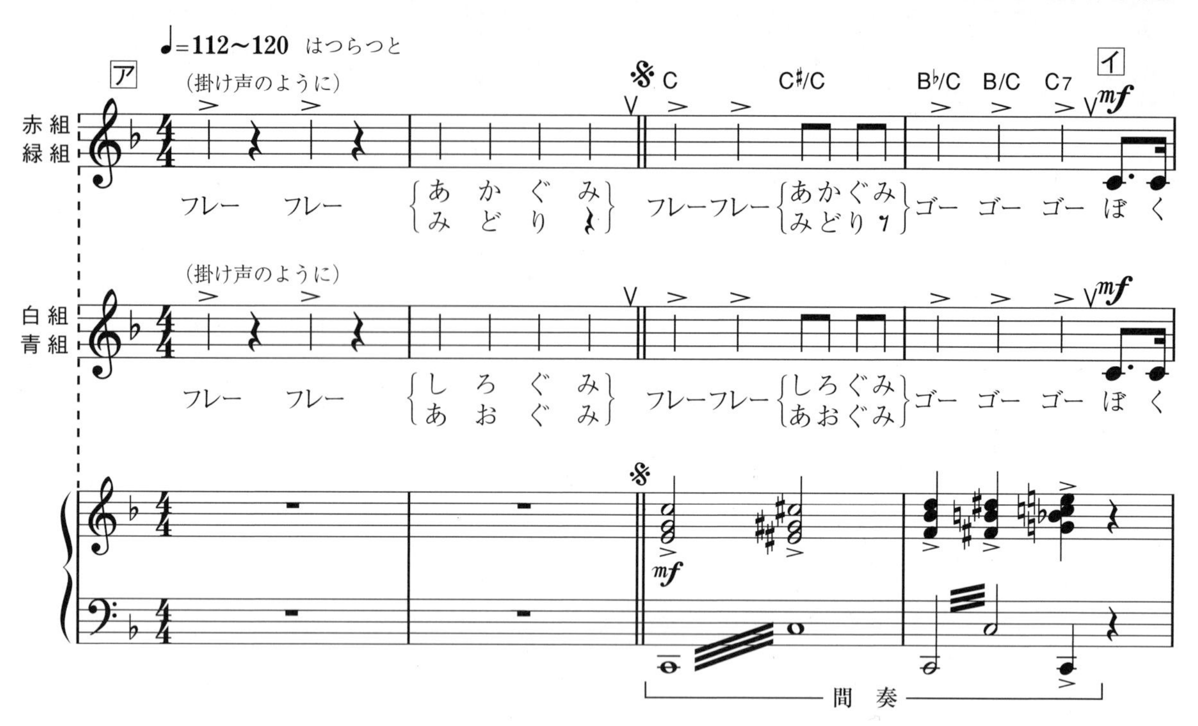

＊演奏順序　赤組の歌（ア・イ）→白組の歌（ア・イ）→間奏 →合唱 | 赤組の歌（イ） / 白組の歌（イ）

© 1987 by KYOGEI Music Publishers.

F F7 B♭ F C7 F C7 F
あ がる き ぼ う ち か らいっぱい がん ばろ う
か みなりのおと と どろかせ げん きいっぱい がん ばろ う
F (掛け声のように) F7 B♭
あかあかあかー ゴー ゴー ゴー あかあかあかー ゴー ゴー ゴー
*みどりみどりみどりー *みどりみどりみどりー
(掛け声のように)
ゴー ゴー ゴー しろしろしろー ゴー ゴー ゴー しろしろしろー
あおあおあおー あおあおあおー
F Dm B♭m6 F Bdim7 F C7 F
も え ろ よ も え ろ あ か ー ぐ み
み ど り ぐ み
ちきゅう を まわる い なずまだ し ろ ぐ み
あ お ぐ み
D.S.
D.S.
(D.S.は2回目のあと)

心には素晴(すば)らしい翼がある

⑤ 70ページ

宮中雲子 作詞／橋本祥路 作曲

© 1981 by KYOGEI Music Publishers.

夜明けの風に　さそわれて
心は街へ　飛んで行く
開き始めた　家の窓
夢からさめた　友達に
今日のおはよう　届けるために
心は軽やかに　飛んで行く

広がる夕焼け　つきぬけて
心は明日(あした)へ　飛んで行く
今ある時の　その向こう
だれもが胸に　えがいてる
きらめく希望　つかむために
心はひたすらに　飛んで行く
心には翼が　ついている
心にはすてきな　翼がある

この星に生まれて

⑤ 74ページ

杉本竜一 作詞･作曲／鹿谷美緒子 編曲

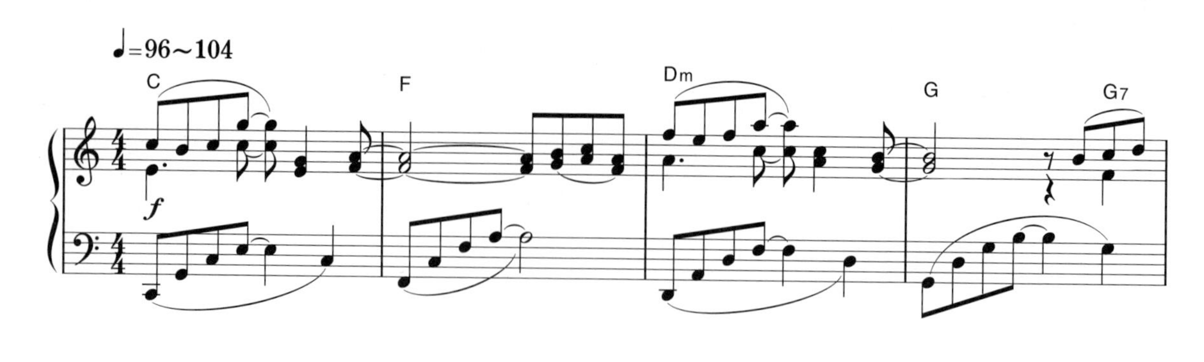

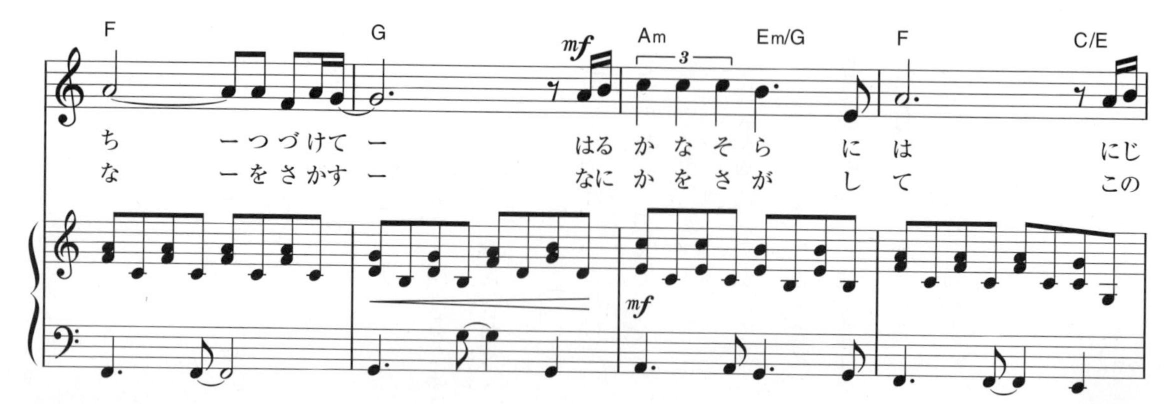

© Sound Project K.K.

Dm7 G7 C C7 F C/E
も　かがやくからー　つ　よくー　つ　よくー
ほ　しに　うま　れ　た　つ　よくー　つ　よくー
Dm7 G C C7
（　）は2番のとき
あるきつーづけてー
あいだきーしめてー
2ル　ル　ル　ル
かわはー　ゆるやかにー　ときを
くもはー　おだやかにー　うみへ
mf
F/C C Em A7sus4 A7 Dm Dm/C
ル　ル　ル　ル　ル　ル　ル　ル　ル　ル
ー　ーたびするー
ー　ーたびするー
ひろいー　ーうちゅうのー　かぜに

B♭
G
G7
F
G
Em
Am
ル
ー
Dreams come true to-geth - er.
ー のりながら ー
Dreams come true to-geth - er.

Dm7
G7
C
C7
F
G
Em
Am
ゆめをーすてないで ー
あいをーすてないで ー
Dreams come true to-geth - er. かな

Dm7
G7 F/G G7
1.
Csus4
C
Fm
らず かなうから ーー

C F/G C Am F Dm
Dm7/G G7 Csus4 C F G
mp
2.
2たにまのら ー Dreams come true to-
Em Am Dm7 G7 C C7 F G
-geth - er.
ゆめをーすてないで ー Dreams come true to-
Em Am Dm7 G7 F/G G7 F C/E F/D C
-geth - er.
かならず かな うから ー ー ー

COSMOS

⑤ 71 ページ

Moderato ♩= ca.84

ミマス 作詞・作曲／富澤　裕 編曲

E♭ B♭/D Cm E♭/B♭ A♭ B♭ B♭7/E♭ E♭

mp

E♭ B♭/D Csus4 E♭/B♭ A♭ B♭ E♭sus4 E♭

mp

なつのくさはらに　ぎんがはたかくうたう

E♭ B♭/D Csus4 E♭/B♭ A♭ B♭7 E♭

むねにてをあてー て　かぜをかんじるーきみ

E♭ B♭/D Csus4 E♭/B♭ A♭ B♭ E♭sus4 E♭

きみのぬくもりは　うちゅうがもえていた

の　ぬくもりは　うちゅうがもえていた

© 1999 by FM SOUNDS, INC.

NO COPY

E♭ B♭/D Csus4 E♭/B♭ A♭ B♭7 E♭
とおいじだいの な ごり きみはう ちゅ う ひゃく
mf
と おいじだいの な ごり き みはう ちゅ う ひゃく
G♭ C♭6 D♭7 G♭sus4 D♭7/F E♭m A♭m/C♭ D♭7sus4
お くねんのれ き し が
お ーくねんの れきしが いまもからだに な が れて
mf
D♭7 B♭7 E♭ B♭ Cm E♭/B♭ A♭ B♭
f
る ー ひ ーかりの こ ーえがそ ら た か く き
f
A♭/E♭ E♭ B♭ Csus4 E♭/B♭ A♭ B♭
き ーみもほ し だよ
こ えるきみ も ほ し だよ みんーな

( ) 内は休みでもよい。
E♭sus4 E♭ B♭ Cm E♭/B♭ A♭ B♭
み ん な
Ah
A♭/E♭ E♭ B♭ Csus4 E♭/B♭ A♭ B♭
Ah
Ah
Ah
E♭sus4 E♭ B♭/D Csus4 E♭/B♭ A♭ B♭
Ah
と き の な が れ ーに う ま れ た も
E♭sus4 E♭ B♭/D Csus4 E♭/B♭ A♭ B♭7
の なーら ひ と り の こ ら ず し あ わ せ に な れ る は
ひ と り の こ ら ず し あ わ せ に な れ る は

E♭ ず
mf
G♭ C♭6 D♭7 G♭ D♭/F E♭m A♭m/C♭
ず みん な 一いのちをもやすんだ ほ しのようにほた
D♭7sus4 D♭7 B♭7 E♭ B♭ Cm E♭/B♭
f
る 一のように 一 ひ 一かりの こ 一えがそ
B♭ Csus4 E♭/B♭
ぼ 一くらは ひ とつ
き 一みもほ し だよ
A♭ B♭ A♭/E♭ E♭
らたかくきこ える
ぼ く らは ひ とつ
き み もほ し だよ
A♭ B♭ 1. E♭sus4 E♭ 2. E♭sus4 E♭ B7 E B
ff
みん一な み ん な み ん な ひ 一かりの

夏の草原に　銀河は高く歌う
胸に手をあてて　風を感じる
君の温(ぬく)もりは　宇宙が燃えていた
遠い時代のなごり　君は宇宙
百億年の歴史が
今も身体(からだ)に流れてる
光の声が天(そら)高くきこえる
君も星だよ　みんなみんな
時の流れに　生まれたものなら
ひとり残らず　幸せになれるはず
みんな生命(いのち)を燃やすんだ
星のように　蛍のように
光の声が天高くきこえる
僕らはひとつ　みんなみんな
光の声が天高くきこえる
君も星だよ　みんなみんな

さとうきび畑（普及版）

⑤ 78ページ

寺島尚彦 作詞・作曲

F
mf
1.～7.9.10.
Am7
D7
Gm7
C7
1 きょうもみわたすかぎーりにみど
2 むかしうみのむこうーからいく
3 あのひてつのあめにうたれちち
4 そしてわたしのうまれたひにいく
5 かぜのおとにとぎれてきえるはは
6 しらないはずのちちのてにだか
7 ちちのこえをさがしながらたど
8 おと
9 きょうもみわたすかぎーりにみど
10 かぜよかなしみのうーたをうみ
F
Dm
A
Dm
B♭
(1) りのなみがうねる
(2) さがーやってきた
(3) はしんでーいーった
(4) さのおわりがきた
(5) のこもりーのうた
(6) れたゆめーをみた
(7) るはたけーのみち
(9) りのなみがうねる
(10) にかえしてほしい
なつのひざしの
Gm7(♭5)
Gm7/C
C7
p
8.
Am7
D7
なーかーで
2~8 10・11 ざわうさんてよん

Gm7
C7
Am7
D7
でみたい おとうさん どこにいるの この
Am7
D7
Gm7
C7
F
Dm
ままみどりのなみーに おぼれてしまいそ
A
Dm
B♭
Gm7(♭5)
dim.
Gm7/C
C7
う なつのひざしのなーかーで 9ざわ
dim.
F
E♭
F
いー
mp
p
pp

里の秋

⑤ 80ページ

斎藤信夫 作詞／海沼　実 作曲

B♭ F C F C7 F C F B♭ C F
f mf mp
(2nd D.C.)
くりのみー にてーます いろーりばーた
くりのみー たべーては おもーいだーす
こんやもー かあーさんと いのーりまー
F B♭ F B♭ F C7 F
Coda
F C7 F
す
一、しずかな しずかな 里の秋
おせどに木の実の 落ちる夜は
ああかあさんと ただ二人
栗の実 にてます いろりばた
二、あかるい あかるい 星の空
なきなきよがもの 渡る夜は
ああとうさんの あのえがお
栗の実 食べては おもいだす
三、さよなら さよなら 椰子の島
お舟にゆられて かえられる
ああとうさんよ ご無事でと
今夜も かあさんと 祈ります

さようなら

④ 77ページ

倉品正二 作詞·作曲／加賀清孝 編曲

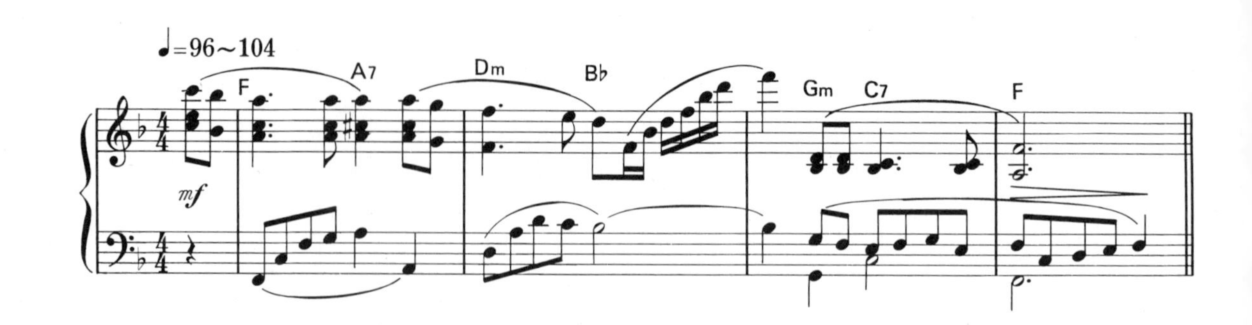

© 1989 by KYOGEI Music Publishers.

F　Am　F7　B♭　G7　C7
mf
にーうたーったよろこびをいつ
にーすごしたよろこびをいつ
のーおもいでわすれずにいつ
mf
ともにうたーった
ともにすごした
きょうのおもいで
mf
F　A7　Dm　B♭　Gm　C7　F
mp
までもいつまでもわすれーずに
までもいつまでもわすれーずに
かまたいつかまたあえるひまで
mp
mp
(後奏) Gm7　C7　D♭　F
f
p
pp
Ped.

さよなら友よ

⑤ 82 ページ

阪田寛夫 作詞／黒澤吉徳 作曲

© 1979 by KYOGEI Music Publishers.

一、心を映して 空の色
少し悲しく 光る朝
別れの時が 今せまる
さよなら友よ
忘れまい この日を
いつまでも

二、なんにも言わない 校舎さえ
心ありげに 見える今日
勇んで行けと 声がする
さよなら友よ
忘れまい この日を
いつまでも

三、草の芽伸びゆく 春の道
行く手示して 浮かぶ雲
別れの時が 今せまる
さよなら友よ
忘れまい この日を
いつまでも

さよならは言わない

④ 81 ページ

若松　歓 作詞・作曲

© 2003 by KYOGEI Music Publishers.

E/G♯ Em/G F♯7 Bm7 E7(9)
た こと (ｷ)きみ と ケンカ したーこーと ふざ け て たたされ
かっ たり ときに は つらく なーーってーも そら を み あげてあ
あなたと ふざ け て たたされ
ときには そら を み あげてあ
C♯m7 F♯m7 Bm(9) D/E A G♯m7 C♯7
C
p
た こ ともー いつ か なつかし く なる ー なみだをー か みし
る く ことー いつ も わすれ ず い よう ー わかれをー お しむ
た こ ともー いつか なつかし く なる ー なみだをー か みし
る く ことー いつも わすれ ず い よう ー わかれをー お しむ
F♯m C♯m/E D♯m7(♭5) D/E D6/E E7(9) A A/G♯
( )は2回目
(poco rit. - - - - a tempo)
D
mp f mf f div.
め る と お も い すご く せつない けれ ど ーたびだ ち の きせつ
め る と お も い すごくせつない けれ ど ーたびだ ち の きせつ
( )は2回目
(poco rit. - - - - a tempo)
mp f
8va bassa

F♯m7 A/E DM7 B7 E7sus4 E7(9) A C♯7
ff
だ ね
みんな とであえたときと おなじ はるー
みんな とであえたときの やさしい はるー
さよなら は いわな
ff
だ ね Uh
おなじ はるー(はる)
やさしい はるー(はる)
ff
(8va bassa)
F♯m7 B7(9) Bm(9) Bm/E A A E7(9)
1. 2.
mp ff
い さ ー きっ とどこかで であー えるー から ー きょう ー さよな
mp
unis.
ff
1. 2.
ff
A C♯7 F♯m7 B7(9) Bm(9) Bm/E A
ら は いわな い さ ー きっ とどこかで であー えるー から ー

夕焼けに染まる校舎
鉄棒やジャングルジム
毎日みてた景色　強く胸に刻んで

僕と（私と）笑ったこと
君と（あなたと）ケンカしたこと
ふざけて立たされたことも
いつか懐かしくなる

涙をかみしめると　すごくせつないけれど…

旅立ちの季節だね
みんなと出会えた時と　同じ春
さよならは言わないさ
きっとどこかで出会えるから

教室で学んだ日々
運動場で走った日々
卒業までの記憶　深く胸にしみ込む

時には（時には）悲しかったり
時には（時には）辛(つら)くなっても
空を見上げて歩くこと
いつも忘れずいよう

別れを惜しむ思い　すごくせつないけれど…

旅立ちの季節だね
みんなと出会えた時の　優しい春
さよならは言わないさ
きっとどこかで出会えるから

さよならは言わないさ
きっとどこかで出会えるから

さんぽ

⑤ 80 ページ

中川李枝子 作詞／久石　譲 作曲

Moderato

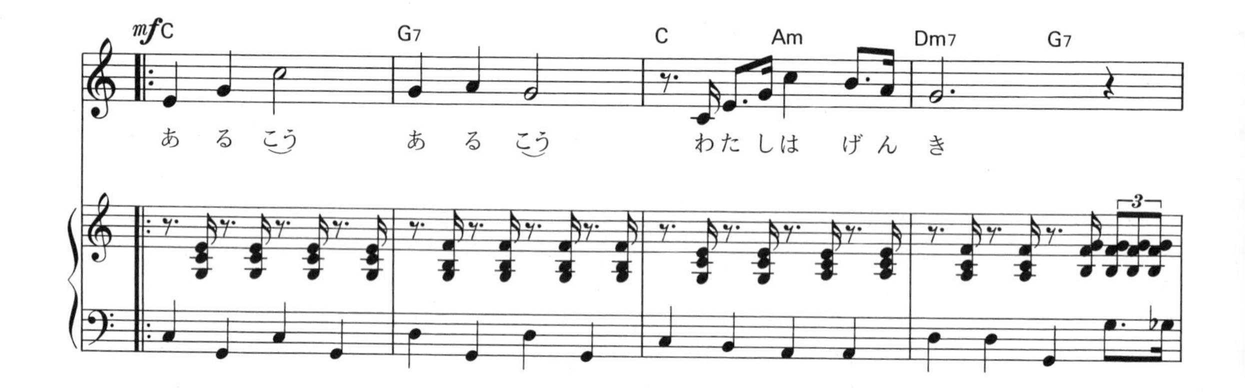

© 1988 by STUDIO GHIBLI

Am Em F D7 G7
いっぽんばしにー ーでこぼこじゃりみち
ひなたにとかげー ーへびはひるね
C Em F G7
1. C
くものすくぐーってー くだりみち
ばったがとんーでー まがりみ
2. C
ち
F Em Am C Dm7 G7
C C7/B♭ A♭7 D♭ A♭7
あるこう あるこう

D♭ B♭m E♭m7 A♭7 G♭ Fm
わたしは げんき あるくのーだいすき
E♭m7 A♭7 D♭ G♭m D♭
どんどんいこう きつねもー たぬきもー
G♭m6 D♭ B♭m7 Fm G♭
でておいでー たんけんしようー ーはやし
E♭7 A♭7 D♭ Fm7
のおくまで ともだちたくさんー うれ

※
歩こう　歩こう　わたしは元気
歩くの　大好き　どんどん行こう　※

坂道　トンネル　くさっぱら
一本橋に　でこぼこじゃりみち
くもの巣くぐって　くだり道

※～※繰り返し

みつばち　ブンブン　花畑
ひなたにとかげ　へびは昼寝
ばったが飛んで　曲がり道

※～※繰り返し

きつねも　たぬきも　出ておいで
探険しよう　林の奥まで
友だちたくさん　うれしいな
友だちたくさん　うれしいな

幸せなら手をたたこう

⑤ 83ページ

木村利人 日本語詞／アメリカ民謡／有田　怜 編曲

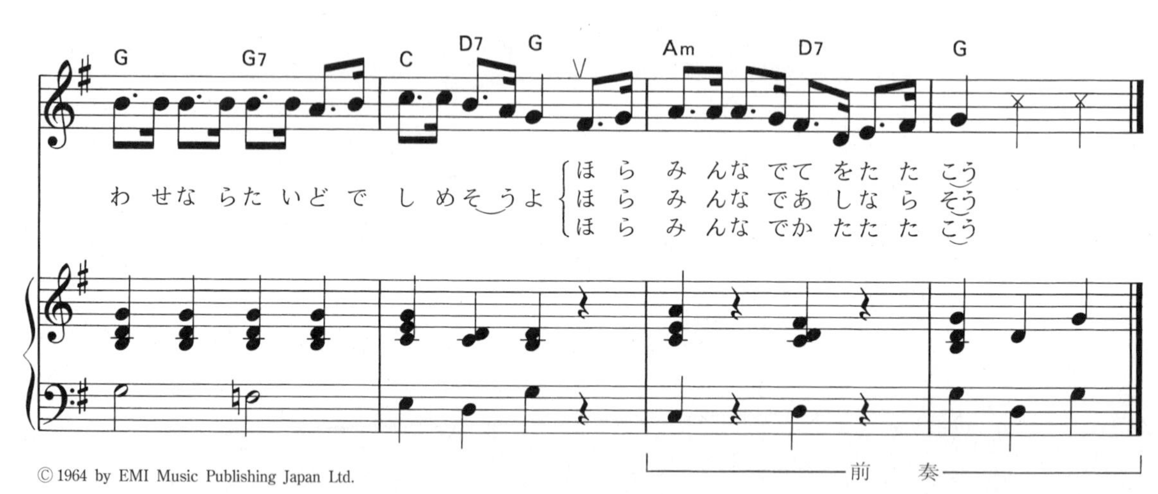

© 1964 by EMI Music Publishing Japan Ltd.

〔伴奏編曲：石桁冬樹〕

一、幸せなら 手をたたこう
幸せなら 手をたたこう
幸せなら 態度で示そうよ
ほら みんなで手をたたこう

二、幸せなら 足鳴らそう
（以下略）

三、幸せなら 肩たたこう

四、幸せなら ほっぺたたこう

五、幸せなら ウインクしよう

六、幸せなら 指鳴らそう

七、幸せなら 泣きましょう

八、幸せなら 笑いましょう

九、幸せなら 手をつなごう

十、幸せなら 跳(と)び上がろう

四季の歌

荒木とよひさ 作詞・作曲☆

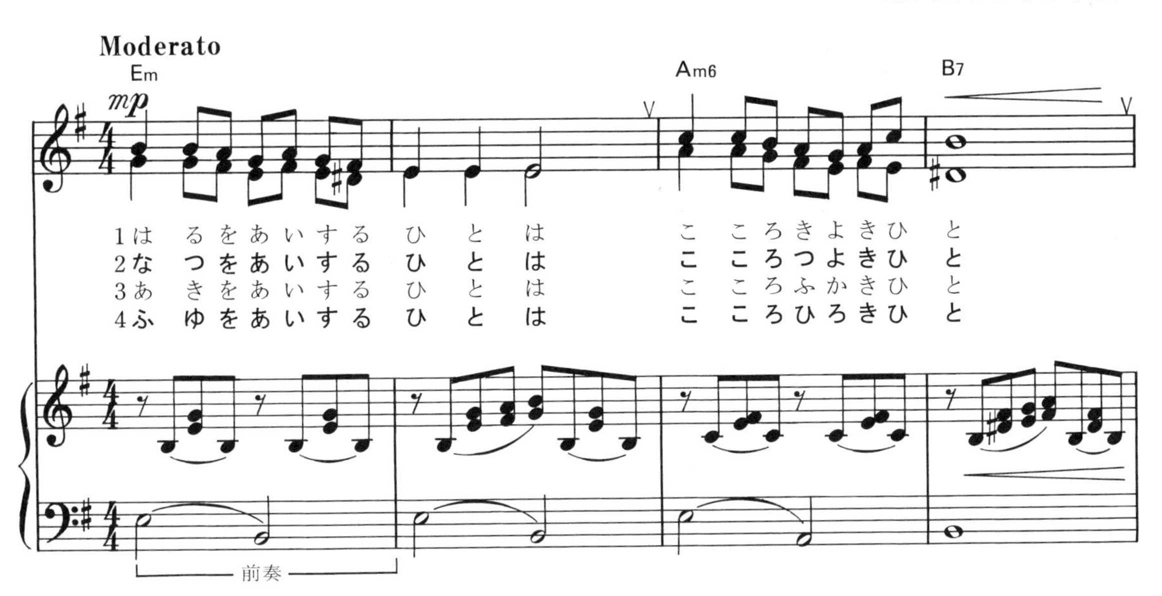

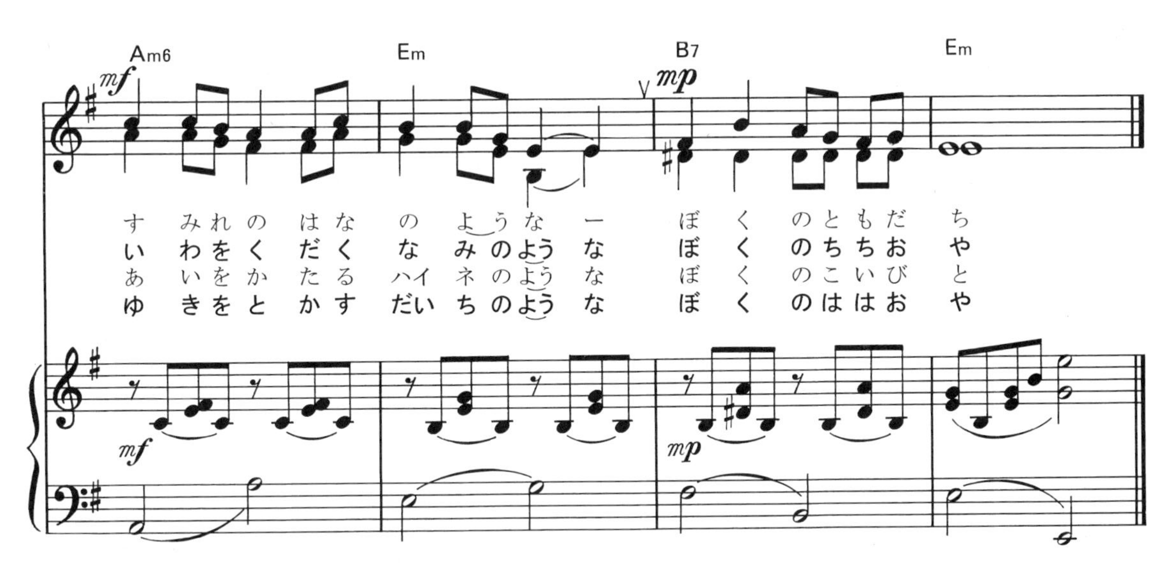

© 1972 & 1976 by FUJIPACIFIC MUSIC INC.

静かな湖畔(こはん)

⑤ 84ページ

作詞者不明／外国曲

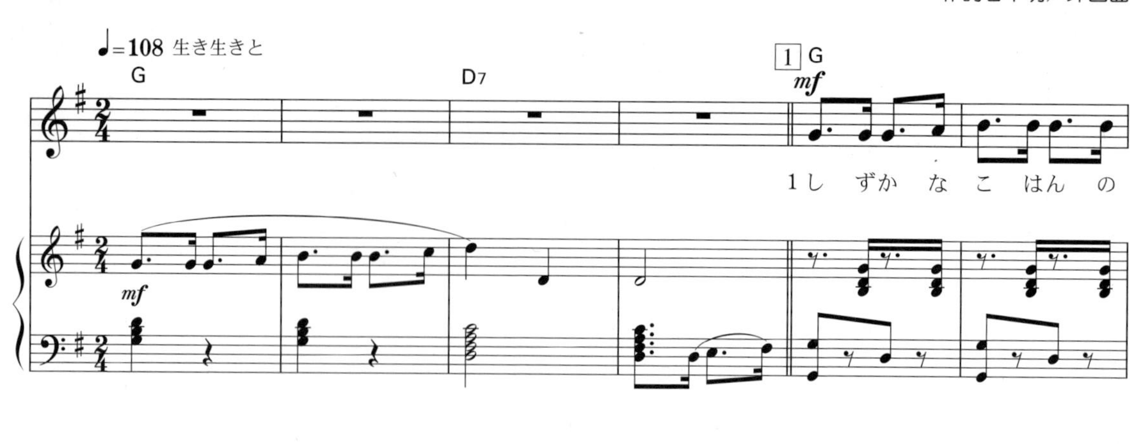

〔伴奏編曲：橋本祥路〕

＊二部輪唱で歌う場合，ピアノ伴奏は※～※を省略して演奏する。

シャボン玉

⑤ 85ページ

野口雨情 作詞／中山晋平 作曲

〔伴奏編曲：八村義夫〕

NO COPY

⑤ 86 ページ

少年時代

井上陽水 作詞／井上陽水，平井夏美 作曲☆

© 1990 by FIRE MUSIC PUBLISHERS INC.

NO COPY

D7/F♯ G Bm7(♭5) E7 Am Am7
ゆ
ま どを とじ て (Hum.______) よ び かけたまでー
よ るに のび て (Hum.______) ほ し くずのそらへー
ゆ
D
めはつまりー
め はー お もいでのあとさき
D7 G D
な つまつ り
な つがす ぎ
*2回目
だれのーあ こがれに
B7/D♯ Em C G/B Am7 D7 G D
よいかがりー むね のたかーなりに あわせてー
かぜあざみー *(だれのーあ こがれに) さまようー
は ちがつ は
B7/D♯ Em C G/B Am7 D7 G
1.
C G/B
ゆめはなびー わたしのこころは なつもよう
Hum. Hum.
1.

Am7 G C G/B Am7 D7 G7/F C/E
Hum. Hum. Hum. Hum.
Cm/E♭ G/D A7/C♯ Dsus4 D G D
B7/D♯ Em C G/B Am7 D7 G
2.
C G/B Am7 G C G/B Am7 D7 G
Hum. Hum. Hum. Hum. Hum.
2.

〔伴奏編曲：大熊崇子〕

ジングル ベル

⑤ 85ページ

宮沢章二 日本語詞／ピアポント 作曲☆

すいかの名産地

⑤ 88ページ

高田三九三 日本語詞／アメリカ民謡☆

ずいずい ずっころばし

わらべうた／宗　春夫 採譜

NO COPY

こ めくっ て チュウ チュ ウチュ ウ チュウ おっ とさん が
よ んで も おっ かさん が よ んで も い きーっ こ
な ー ー し よ いど の ま わり で
お ちゃわん か いた の だ ー ー れ
〔伴奏編曲：佐井孝彰〕

スキー

⑤ 87ページ

時雨音羽 作詞／平井康三郎 作曲

巣立ちの歌

村野四郎 作詞／岩河三郎 作曲

E♭7
A♭
Fm
A♭m
ー まどにのこし て ー
ー むねにいだき て ー
すだち ゆ く
B♭7
E♭
(歌いあげて)
Cm
ー きょうのわか れ
ー いざさ ら ば
Cm
Gm
Fm
ー さらばせんせ
い いざさ ら ば
B♭7
E♭
Edim7
ー さらばともよ ー
うつくしい ー
かがやかし い

Fm
Eb
Fm7
1.
mf
Eb
Bb7
Eb
ー あ す の ひ の た め ー
ー あ す の
Cm
Gm
Ab
Eb
Abm
2. rit. a tempo
Eb
Bb7
B7
Eb
ひ の た め ー
8va bassa

すてきな一歩

⑤ 90 ページ

長井理佳 作詞／長谷部匡俊 作曲

© 2013 by KYOGEI Music Publishers.

NO COPY

FM7
mf
Em7
Am7
D7
Gsus4
G
G♭
はなし　て　み　ようー　ここ　ろ　を　のせ　て　ー　ー
つたえ　て　み　ようー　ここ　ろ　を　のせ　て　ー　ー
mf
f
F
FM7
Cadd9
C
みえないは　しを　ー　すいっ　とか　けて　ー
えがおのは　しを　ー　ふわっ　とか　けて　ー
f
f
みえないは　しを　ー　すいっ　とか　けて
えがおのは　しを　ー　ふわっ　とか　けて
1.
2.
Dm7
FM7
Em7
A7
Dm7
G7
C
C
ー　すてき　な　いっぽをー　ふ　み　だそ　う　ー　ー
1.
2.
Dm/G
Em/G
F/G
Am/G
Em/G
CM7
molto rit.
mf
f
mf

すてきな友達（ともだち）

⑤ 91ページ

梶賀千鶴子 作詞／鈴木邦彦 作曲／架我主門 編曲

一、人はみんな　誰でも
ひとりでは　生きていけないから
いつも　すてきな友達と
この手をつなぐのさ
かなしいときも　仲間がいれば
つらくはない
くるしいときも　仲間がいれば
つらくはない

二、ぼくも君も　時には
暗やみに　落ちてとまどうから
いつも　すてきな友達と
ほほえみかわすのさ
愛と仲間　それさえあれば
つらくはない
愛と仲間　それさえあれば
つらくはない

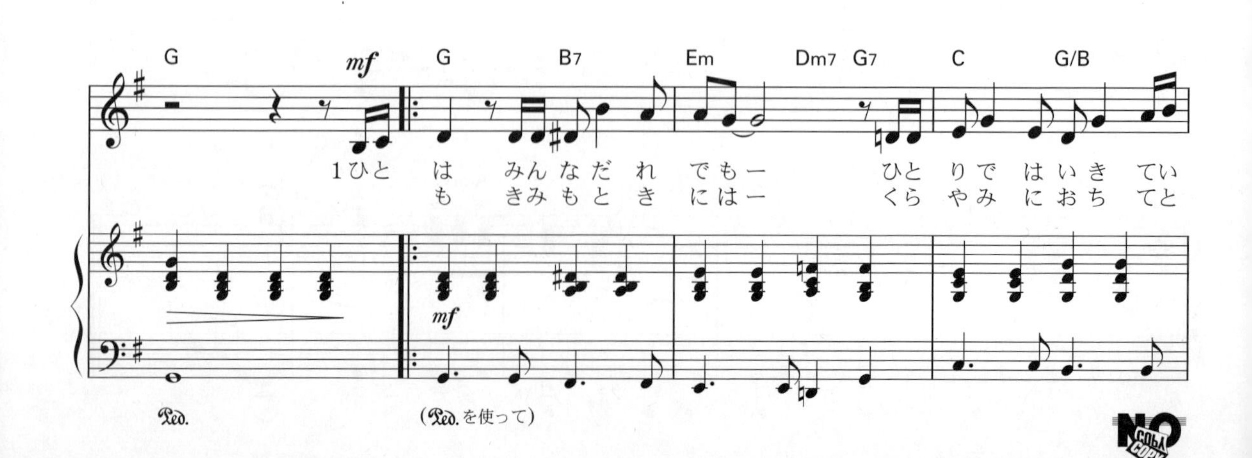

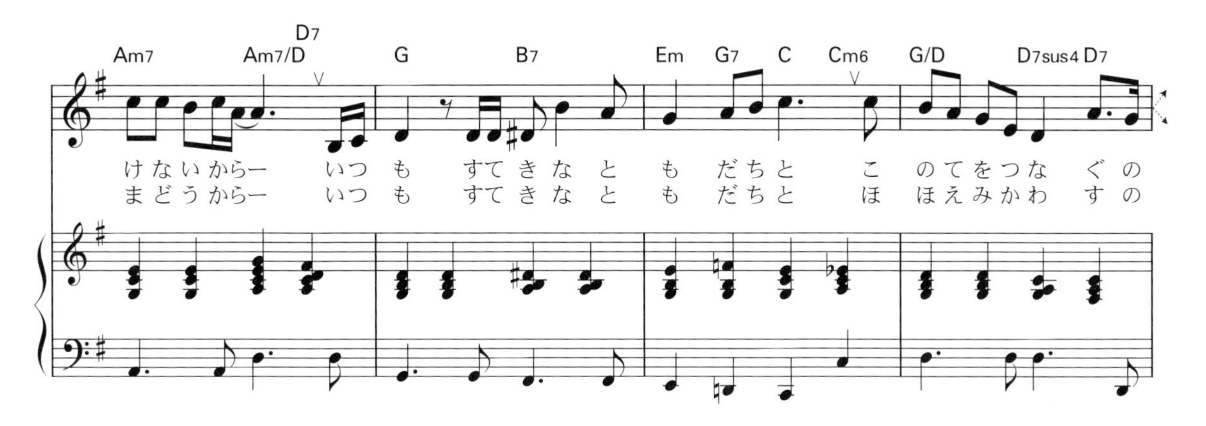
Am7 Am7/D D7 G B7 Em G7 C Cm6 G/D D7sus4 D7
けないからー いつ も すてきなと も だちと こ のてをつな ぐ の
まどうからー いつ も すてきなと も だちと ほ ほえみかわ す の

G C/D G G/F♯ G/F C/E
さ かな しい ときも なか ま が い れ ば つ
さ あい と なかま それ さ え あ れ ば つ
さ かなしい ときも な か ま が い れ
さ あい と なかま そ れ さ え あ れ

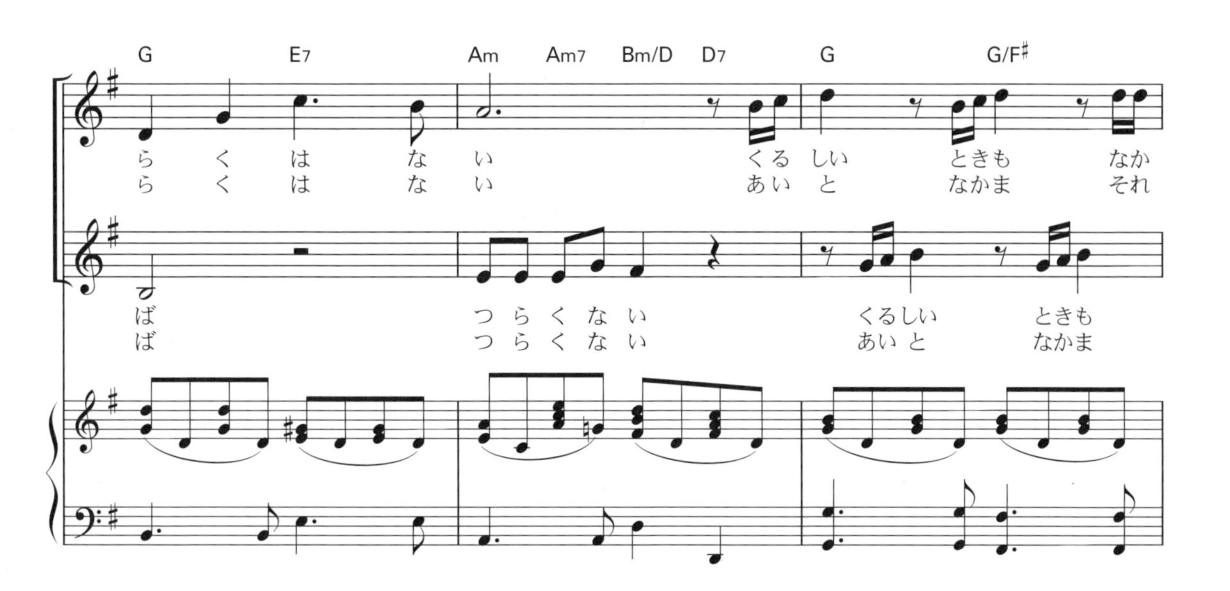
G E7 Am Am7 Bm/D D7 G G/F♯
ら く は な い くる しい ときも なか
ら く は な い あい と なかま それ
ば つ ら く な い くるしい ときも
ば つ ら く な い あい と なかま

1.
G/F C/E Am7 CM7/D D7 G
まがいれば つらくはない
さえあれば
なかまがいれば つらくない
それさえあれ
1.
2.
Am7/D D7 Am7 CM7/D D7 G G/F
mf
2ぼく つらくはない
mf
ば つらくない
2.
mf
Ped. Ped.
C/E Cm/E♭ G/D CM7/D G
rit.
ー
ー
5
rit.
dim.
p
Ped. Ped. ※ Ped. Ped. Ped. Ped.

Smile Again

⑤ 92 ページ

中山真理 作詞・作曲

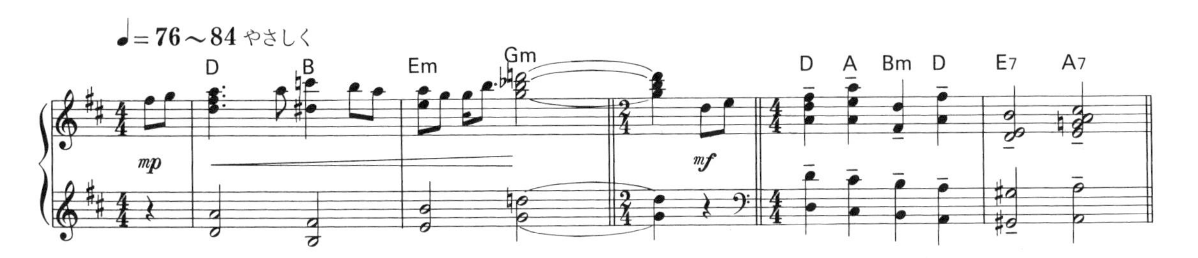

© 1995 by Mari Nakayama
© 1997 assigned to ONGAKU NO TOMO SHA CORP., Tokyo, Japan.

G A A7 F♯7 Bm Em7 A A7 F♯m Bm
なく(ワ)なるんじゃな い か と こ わくなるくらいーか な し く なる
みえてくるものが ある よ そ したらあなたはーい ま よ り きーっ
Em7 A7 D D7 G A A7 F♯m B
あしたになーっ て
mf
ことがー ーあるよ ね
とすてーきにーなーって る
あしたになーっ
Em7 A Aaug D D7 G A A7 F♯m Bm
そらがはれた ら
て そらがはれた ら じぶんをすき に なーって また
Em7 E7 Em7/A A7 D F♯m F♯dim B Em
f
あるきはじめよう よ Smile Again Smile Again うつむ ーかないで Smile Again

Em Gaug G Aaug D F♯m F♯dim B Em
Smile Again わらー ーってみせて Smile Again Smile Again どんな ーあなたも みん
Gm A7sus4 A7
1. D G/A A7
な すきだから Smile Again ら
2. D G/A A D A D D7
ら
うたうように
(D.S.後も繰り返す)
G A F♯ Bm Em A F♯m Bm Em7 A7
D.S.
D.S.
D G/A A7 D G/A A(♭9) DM7 rit. D
ら
rit.

世界がひとつになるまで

⑤ 96 ページ

松井五郎 作詞／馬飼野康二 作曲／原　由多加 編曲

© 1994 by NHK Publishing, Inc. & PONY CANYON MUSIC INC.

NO COPY

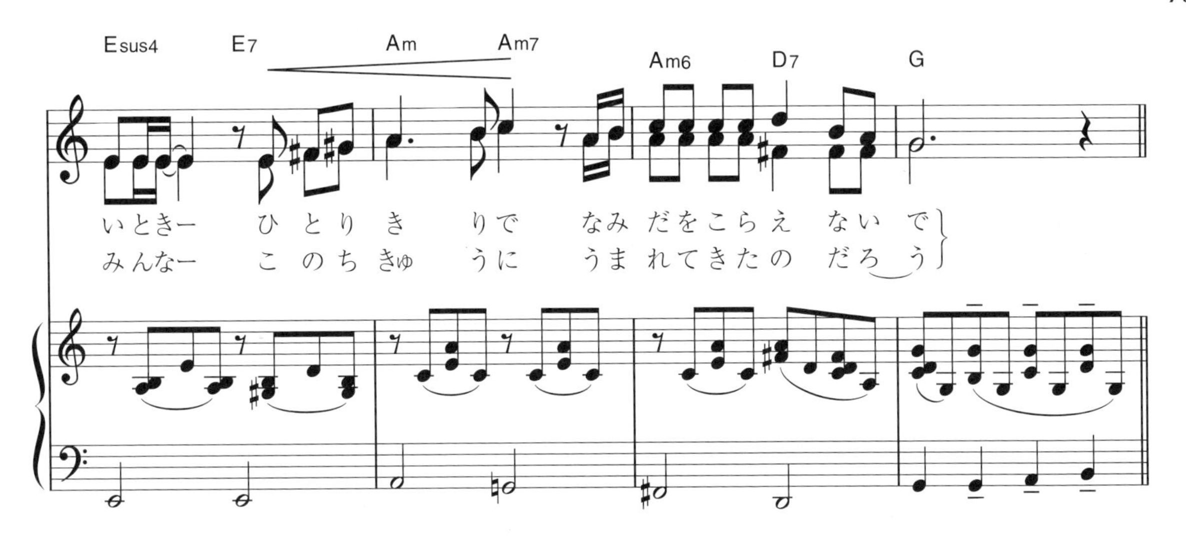
Esus4 E7 Am Am7 Am6 D7 G
いときー ひとりきりで なみだをこらえないで
みんなー このちきゅうに うまれてきたのだろう

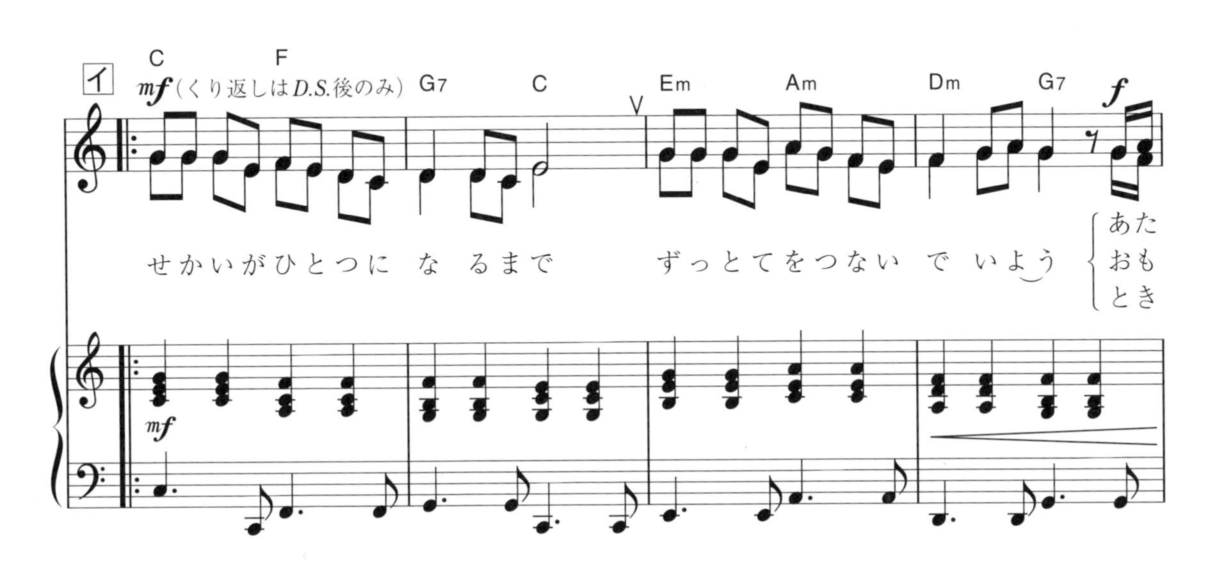
イ
C F
mf（くり返しはD.S.後のみ）
G7 C Em Am Dm G7
f
せかいがひとつになるまで ずっとてをつないでいよう
あた
おも
とき
mf

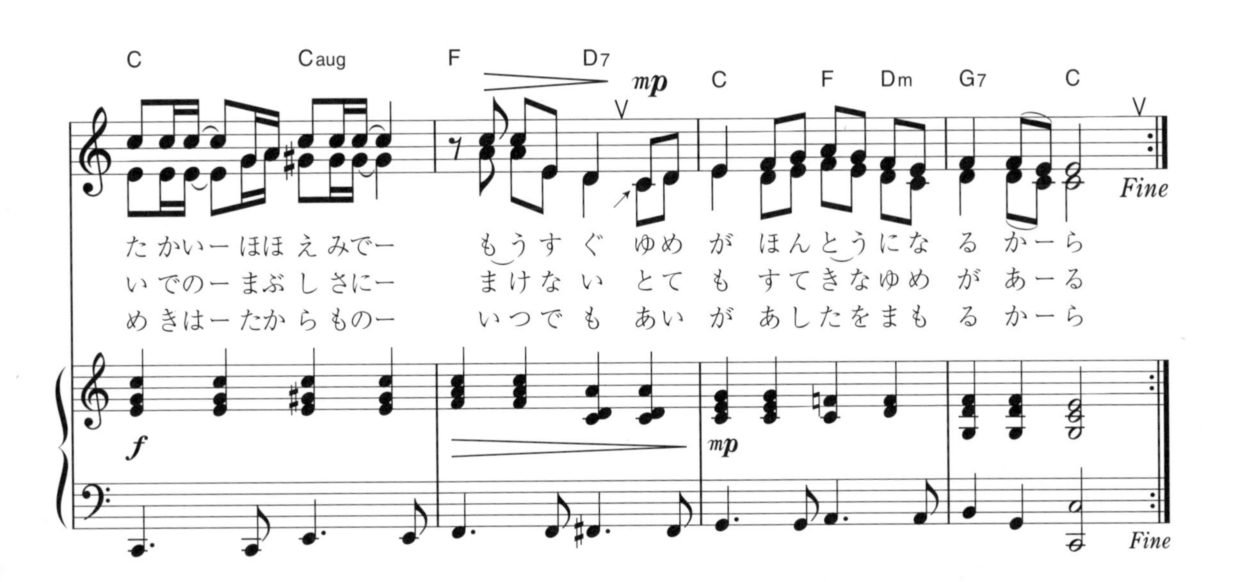
C Caug F D7
mp
C F Dm G7 C
たかいーほほえみでー もうすぐゆめがほんとうになるかーら
いでのーまぶしさにー まけないとてもすてきなゆめがあーる
めきはーたからものー いつでもあいがあしたをまもるかーら
Fine
f
mp
Fine

*演奏順序 ア→イ→ウ→ア→イ→イ

世界中のこどもたちが

⑤ 93ページ

新沢としひこ 作詞／中川ひろたか 作曲

© 1989 by CRAYONHOUSE CULTURE INSTITUTE

Am D7
ら そらも わ らう だ ろう ラララ
らら そらも な ーく だ ろう ラララ
ら そらも う たう だ ろう ラララ
1. 2.
C D7 G G B7
う みもわら うだ ろう 2 せかい う ひろげ よう ぼくらの
う みもなく だろ
う みもうた うだ
Em A D7 B7
ゆ め をとどけ よう ぼくらのこ え をさか せ よう ぼくらの
Em A D
はなをせかいに にじをか けよう 3 せかい
D.S.
gliss.
Coda
G
ろう ラララ

G
G♯dim
ラ ラ ラ ララ ラ ラ ラ ラララ ラ ラ ラ ララ ラ
Am
D7
C
D7
ラ ラララ ラ ラ ラ ラ ラ ラ ラララ ラ ララ ララ ラ ラ
1.
2.
G
G
Am
D7
(V)
ラ ラララ ラ ララ ラ ラ ラ ラ ラ ララ
G
V
C
G
ラ
ラ
ラ
ー
gliss.

世界に一つだけの花

槇原敬之 作詞・作曲

© 2002 by JOHNNY COMPANY, INC.

NO COPY

F B♭ C A7/C♯ Dm B♭ G/B C C/B♭
（小音符は２回目のとき）
のなかーでだれがーいちばんだなーんて　あらそーうことーも　しなーいで　バ
ーっとーみせーかーらー　でーてーきた　そーのーひと　がーか　か　えてーいた　い
F/A B♭ C A7/C♯ Dm B♭ C F
ケツのーなかーほこ　ら　しーげに　しゃんとーむね　をーは　ーってーいる
ろーとーりど　りーの　は　なたーばと　うーれーしそーうーな　よ　こーがお
E♭ B♭ E♭ B♭
mp
それなーのにほ　くーら　にんげーんは　どう　しーてこうもーく　らべたーがる
なまえーーもし　らなーかーったけーれど　あの　ひぼーくにえー　が　おーくーれた　だ
mp
C C/B♭ F/A F G7 G7/B Csus4
cresc.
ひとりーひとりち　がうのに　そのなーかで　い　ちばんーになりたーがー　る
れもきーづかない　いー　よ　うなばーしょで　さ　いてたーはなのよーうー　に
cresc.

C7 F B♭ C A7/C♯ Dm G7
そうさーぼくらは せかいーにひとーつ だけーのはなー ひとりーひとりち
そうさーぼくらも せかいーにひとーつ だけーのはなー ひとりーひとりち
C7(9)sus4 C7(9) F B♭ C A7/C♯ Dm G7
がうたーねをもつ そのはーなをさーか せるこーとだけに いっしょーうけんめいーに
がうたーねをーもつ そのはーなをさーか せるこーとだけに いっしょーうけんめいーに
C7sus4 F F B♭ C Dm F B♭
なればーいい
1. C Dm 2. C B♭ F B♭
こ まったーようにーわ
mp legato

C A7/C♯ Dm B♭6 G/B C C/B♭ F/A B♭
ら いなー が ら ずっとー まよっ てー る ひ とがー い る が んばーって さ いー た
C A7/C♯ Dm B♭6 C F
f
はなはどれも き れー いだ かー らし かたなー いね や
D.S.
Coda
C7sus4 F
なればー いい
Coda
F B♭/F C/F A7/E Dm G7 C7sus4 C7(9)
mf
mp
ちい さー い は なー や おお きー な は な ひ とつー と し てー おな じ ものー は な いから
F B♭ C A7/C♯ Dm G7 C7sus4 F
f
ナ ンバー ーワン にー な ら なくー て も いいー も ともー と と くべー つな On - ly___ one.
p

F
B♭
C
Dm
C
F
B♭
C
Dm
La La La La La La La La La La La
F
B♭
1.
2.
C
Dm
C
E♭6add9
La La La La La La La La La La La La
poco a poco dim.
E♭6add9
E♭6add9
rit.
Fadd9
rit.
slowly

〔伴奏編曲：吉田多満子〕

線路はつづくよどこまでも

佐木　敏 日本語詞／アメリカ民謡☆

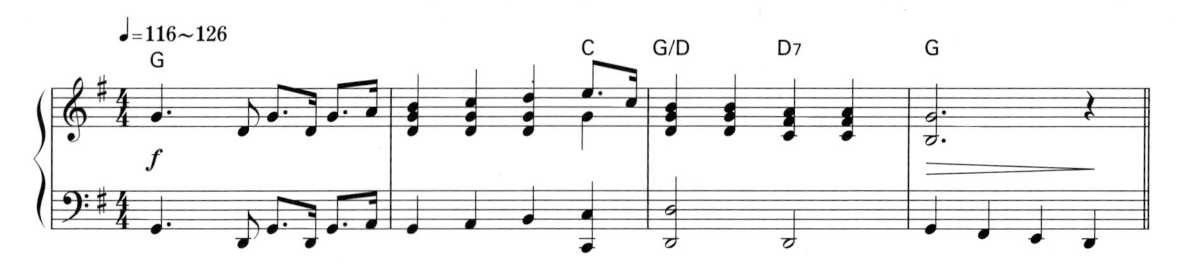

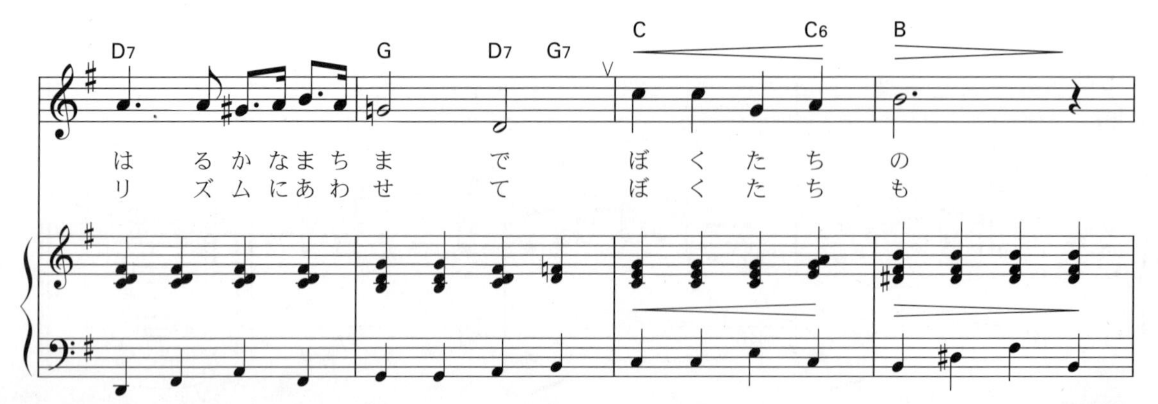

C G Em E♭7(♭5) G/D D7 G
mf f
たのしいたびのゆめ つないでる
たのしいたびのうた うたおうよ
Fine
〔間奏〕
G C Am D D7 G D7 G
(ラで歌う)
G Gaug C A7 D D7 G
D.S.

空がこんなに青いとは

④ 98ページ

岩谷時子 作詞／野田暉行 作曲

一、
知らなかったよ
空がこんなに青いとは
手をつないで歩いていって
みんなであおいだ空
ほんとに青い空
空は教えてくれた
大きい心を持つように
友だちの手をはなさぬように

二、
知らなかったよ
空がこんなに青いとは
なぜかしら悲しくなって
ひとりで見上げた空
とっても青い空
空は聞かせてくれた
風にも負けない雲の歌
ひとりでも　もうなかないように

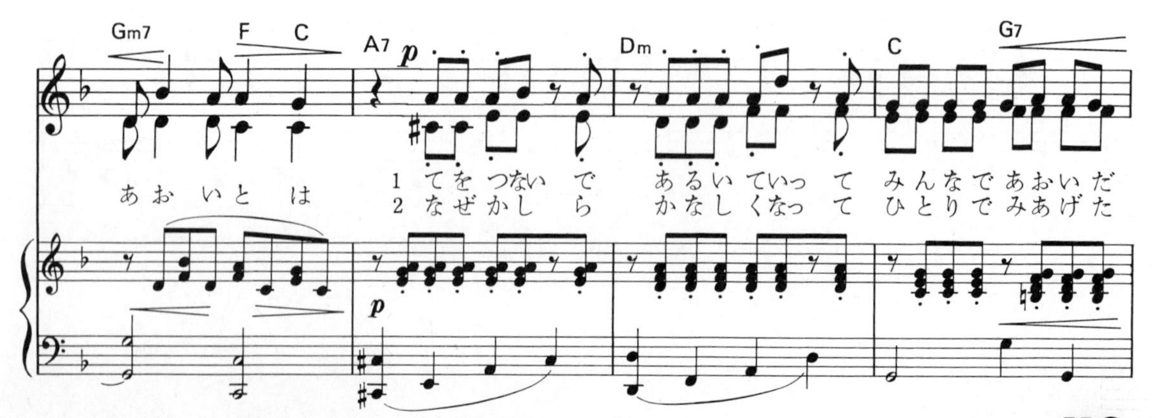

© 1970 by NHK Publishing, Inc. (words only)

C
B♭
C7
F
Dm
そらー　ほんとにあおいそら　そらはおしえて
そらー　とっ(ッ)てもあおいそら　そらはきかせて
poco rit.
a tempo
G♯dim7
Gm
Am
Dm
Gm7
くれた　おおきいこころを　もつように　ともだちの
くれた　かぜにもまけない　くものうた　ひとりでも
C7
1. F
2. F
てをはなさぬ　ように　に
もうなかない　ように　に
Dm
B♭
Gm
C7
F

空を見上げて

④ 99 ページ

峯　陽 日本語詞／スピリチュアル／小森昭宏 編曲

F(6) C7 F(6)
よ ぼ う みん な で
し ろ い く も を みん な で
F(6) C7 F(6)
4 ま ち を か ぜ に う た
4 ま ち を あ る き な ー が ら か ぜ に ふ か れ な ー が ら う た お う
F(6) C7 F(6)
お う みん な で
こ え あ わ ー せ て おお! み ん な で
D.S.
(D.S.したらテンポを速める)
F(6) C7 F
で

大切なもの

⑤ 98 ページ

山崎朋子 作詞・作曲

一、空にひかる星を　君とかぞえた夜
あの日も　今日（きょう）のような風が吹いていた

あれから　いくつもの季節こえて　時を過ごし
それでも　あの想（おも）いを　ずっと忘れることはない

大切なものに　気づかないぼくがいた
今　胸の中にある　あたたかい　この気持ち

二、くじけそうな時は　涙をこらえて
あの日　歌っていた歌を思い出す

がんばれ　負けないで　そんな声が聞こえてくる
ほんとに　強い気持ち　やさしさを教えてくれた

いつか会えたなら　ありがとうって言いたい
遠く離れてる君に　がんばる　ぼくがいると

大切なものに　気づかないぼくがいた
ひとりきりじゃないこと　君が教えてくれた
大切なものを……

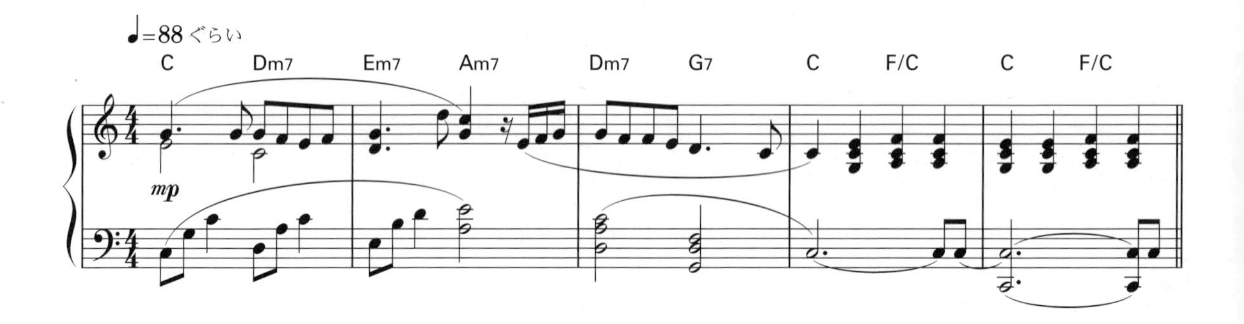

© 2006 by ONGAKU NO TOMO SHA CORP., Tokyo, Japan.

NO COPY

C G/B Am Am/G F F/G C
div.
あ が
あ の ひ も きょう の よう なー かぜ が ふ い て い た
あ の ひ う たーって い たー う た を お も い だ す

F F/G Em7 A7 Dm7 E Am Am/G
mf
れ からー い く つ も の き せ つ こ えてー と き を す ご しー そ
ん ばれー ま け な い で そ ん な こ えがー き こ え て く るー ほ
mf
あ れ からー い く つ も の こ えてー と き を す ご しー
が ん ばれー ま け な い で こ えがー き こ え て く るー
mf

F F/G Em7 A7 Dm7 Gsus4 G
cresc.
れ でもー あ の お も いをー ずーっと わ す れ る こ と は な い た い せ
ん とにー つ よ い き もちー や さ し さ を お し え て く れ た い つ か
cresc.
そ れ でもー あ の お も いー わ す れ る こ と は な い
ほ ん とにー つ よ い き も ち (𝄽) お し え て く れ た

C G/B Am Am/G F G Em7 A7
f
つ な も の に きづか な い ぼ く が い た い
あ え た な ら ありが と う って い い た い と
Dm7 G7 Em7 Cm/E♭ Dm7 F/G
1.
C
ま むねのなか に ある あ たたかいこのきも ち
おく はなれてる き みに が んばるぼくがいる
F C/E Dm7 C/E F C/E Dm7 G
mp

2.
C F/G C G/B Am Am/G F G
f
と たいせ つ な も の に きづか な い ぼ く が い
Em7 A7 Dm7 G7 Em7 Cm/E♭ Dm7 F/G
た ひ と りきりじゃな い こ と き みがおしえてくれ
Am Dm7 F/G C Fm/C C
rit.
p
pp
た たいせつなも の を ー

たきび

⑤ 100ページ

巽 聖歌 作詞／渡辺 茂 作曲
♩＝92〜100
1 かきねの かきねの まがりかど
2 さざんか さざんか さいたみち
3 こがらし こがらし さむいみち
たきびだ たきびだ おちばたき
あたろうか あたろうよ
きたかぜぴいぷう ふいている
しもやけおててが もうかゆい
そうだんしながら あるいてく
1.2.
3.
〔伴奏編曲：橋本祥路〕

たなばたさま

権藤はなよ 作詞／林　柳波 補作／下総皖一 作曲

一、ささの葉　さらさら
　のきばに　ゆれる
　お星さま　きらきら
　きん　ぎん　砂子(すなご)

二、五しきの　たんざく
　わたしが　かいた
　お星さま　きらきら
　空から　見てる

旅立ち

④ 102ページ

石井　亨 作詞・作曲

© 1982 by ONGAKU NO TOMO SHA CORP., Tokyo, Japan.

NO COPY

F B♭ C7 Am Dm G7
い さあでかけよう せいしゅんと いうなの この たびじ
C7sus4 C7 F C7 Dm F7 B♭ F6
へ ー
かなしい ときも うれしい とき
くるしい ときも たのしい とき
Gm7 C7 F FM7 F6 F B♭6 C7
も
も
たびを つづけてゆく かぎり ぼくらはともだ
F F7 B♭ C Am Dm
(動きをもって)
ラ ラララ ラ ラ ラ ラララ ラ ラ ラ ラララ
ち さあでかけ ち
ラ ラ ラ ラ
ラ ラ ラ ラ

Gm
C7
F
C7
F
B♭
C7
Am
Dm
1.Gm
C7
F
F7
1.
2.Gm
C7
F
B♭m
F
2.

旅立ちの時（Asian Dream Song）

ドリアン助川 作詞／久石　譲 作・編曲

© 1997 by WONDER CITY INC.

A♭M7 D♭M7 Cm A♭M7 A♭mM7 A♭m6
き を ち へいせんの ひか り と わ か ち あ う こ
き を に じーいろの かな た に かた り かけ る こ
E♭ Cm D♭M7 Csus4 Gsus4
f
の と き
の と き
ほほ えみながら ふり む かずに ー ゆめ
A♭M7 B♭ Cm A♭M7 B♭ Cm
を つかむもの たちよー きみ だけの はなをさか せよう
Cm A♭M7 B♭7(9) Cm Cm/B♭ A♭M7 B♭6 E♭
mp
ー
あら
D.S.

Coda
A♭M7
B♭
Cm
A♭M7
B♭
を　つかむもの　たちよー　きみ　だけの　はなをさか
Coda
Cm
A♭M7
B♭
Cm
せよう　ゆめ　を　つかむもの　たちよー　きみ
A♭M7
B♭
Cm
A♭M7
Gm7
Cm add9
だけの　はなをさか　せよう　ー

〔伴奏編曲：鹿谷美緒子〕

だれにだって おたんじょうび

一樹和美 作詞／上柴はじめ 補作詞・作曲

© 1989 by NHK Publishing, Inc.

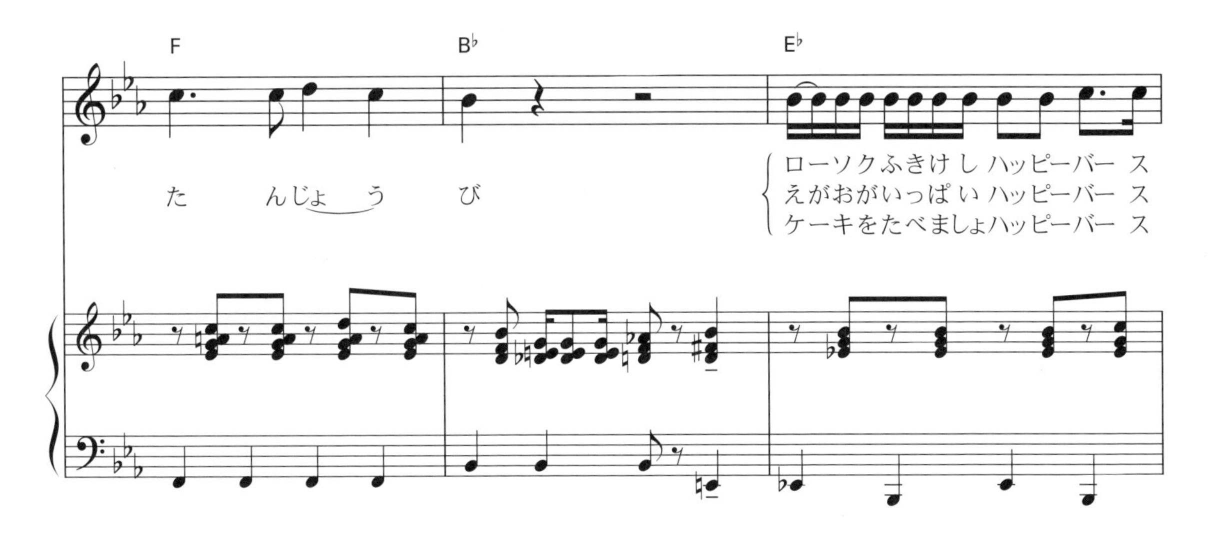
F
B♭
E♭
た　んじょう　び
ローソクふきけし ハッピーバース
えがおがいっぱい ハッピーバース
ケーキをたべましょハッピーバース

E♭M7　E♭6　E♭M7　E♭6
E♭
E♭7
A♭
C7
デー　イエー　キラキラかがやくすてきな　ひ
デー　イエー　ワククワクまってたうれしい　ひ　きょう
デー　イエー　みんなでいっしょにおいわいしま　しょう

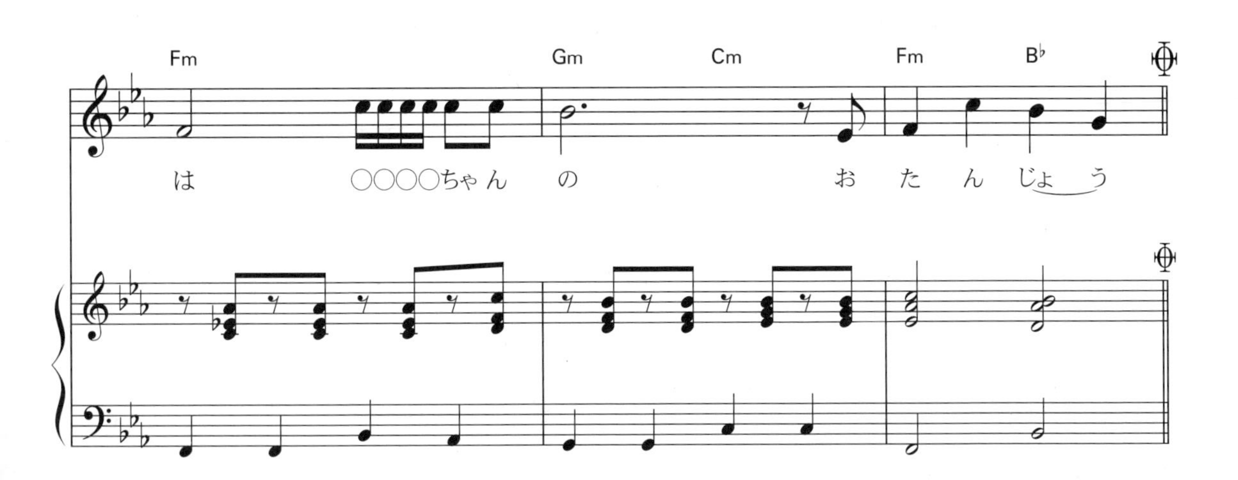
Fm
Gm
Cm
Fm
B♭
は　○○○○ちゃん　の　おたんじょう

1. E♭
2. E♭
A♭M7
び
び
(セリフ)
みんなは何月に生まれたのか

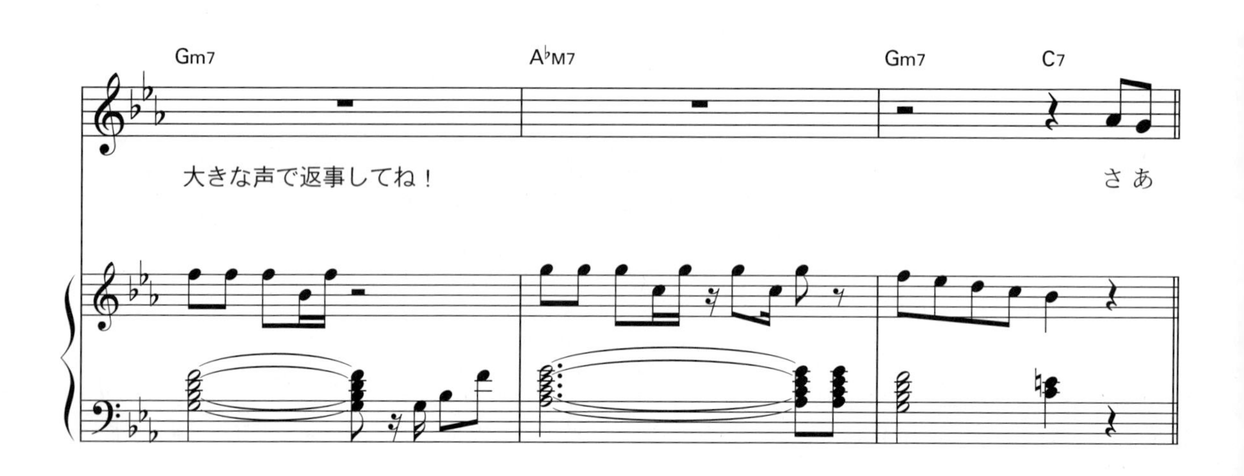
Gm7
A♭M7
Gm7
C7
大きな声で返事してね！
さ あ

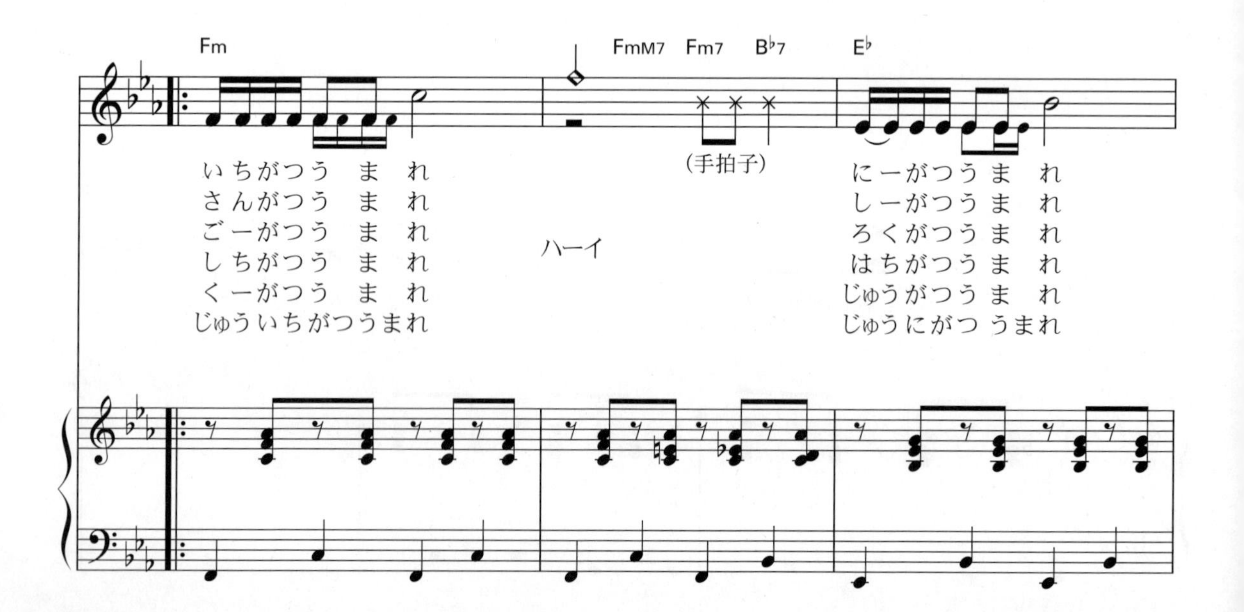
Fm
FmM7 Fm7 B♭7
E♭
いちがつうまれ
さんがつうまれ
ごーがつうまれ
しちがつうまれ
くーがつうまれ
じゅういちがつうまれ
(手拍子)
ハーイ
にーがつうまれ
しーがつうまれ
ろくがつうまれ
はちがつうまれ
じゅうがつうまれ
じゅうにがつうまれ

1.~5.
6.
E♭ E♭M7 E♭6 E♭M7
E♭ E♭M7 E♭6 Edim
Fm7
ハーイ (手拍子) ハーイ (手拍子) みんなもってるみんなもってる
Gm7 A♭ F7 B♭7
みんなもってるみんなもってる たいせつなひ
D.S.
Coda
E♭ C7 Fm Gm Cm
び だれに だーって お
Fm B♭ E♭
たんじょうびー

旅立ちの日に

⑤ 102ページ

小嶋　登 作詞／坂本浩美 作曲／松井孝夫 編曲

白い光の中に　山なみは萌(も)えて
遥(はる)かな空の果てまでも　君は飛び立つ
限り無く青い空に　心ふるわせ
自由を駆ける鳥よ　ふり返ることもせず
勇気を翼にこめて希望の風にのり
このひろい大空に夢をたくして

懐かしい友の声　ふとよみがえる
意味もないいさかいに　泣いたあのとき
心かよったうれしさに　抱き合った日よ
みんなすぎたけれど　思い出強く抱いて
勇気を翼にこめて希望の風にのり
このひろい大空に夢をたくして

※いま、別れのとき
飛び立とう未来信じて
弾む若い力信じて
このひろい
このひろい大空に
※繰り返し

© 1992 by ONGAKU NO TOMO SHA CORP., Tokyo, Japan.

NO COPY

F/A G7sus4 G7 C Am Em7
やまなみはもえて
(7)ふとよみがえる
はるかなそらの はてまでもー
いみもないーー いさかいにー
Dm7 Gsus4 G Cadd9 C G/B
div. mf
(小音符は2番のとき)
きみはとびたつ
ないたあのとき
かぎりなくあおい (7)そらに
こころかよーーった うれしさに
mf
Am C/G F Dm7 F/G G7 C C/B Am
([V]は2番のとき)
こーころふるわせ
だーきあーったひよ
じゆうをかけると りよーふり
みんなすーぎたけ れどおもい
Dm/F Dm7 G C G/B Am
f
かえることもせず
でーつよくだいて
ゆうきをつばさに こめて
f

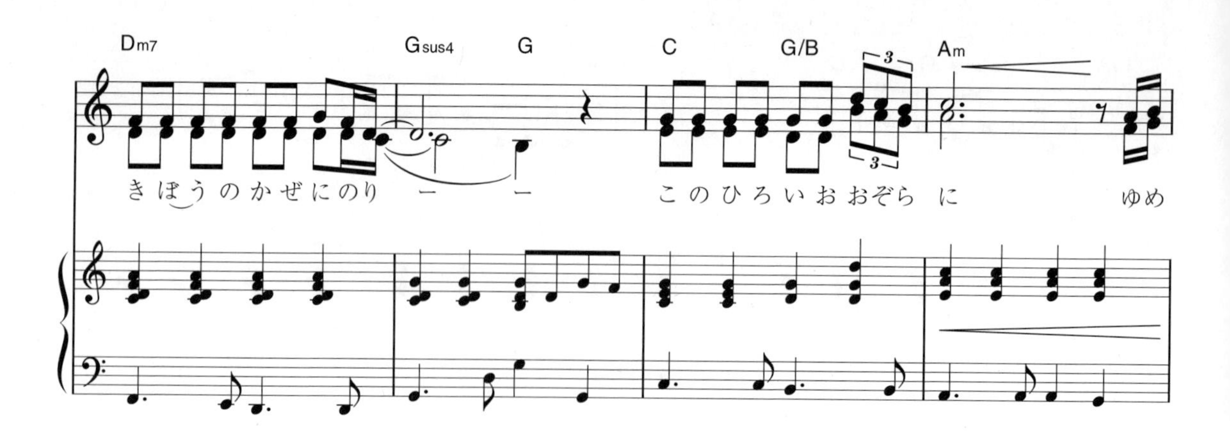
Dm7
Gsus4
G
C
G/B
3
Am
きぼうのかぜにのり ー ー
このひろいおおぞらに
ゆめ

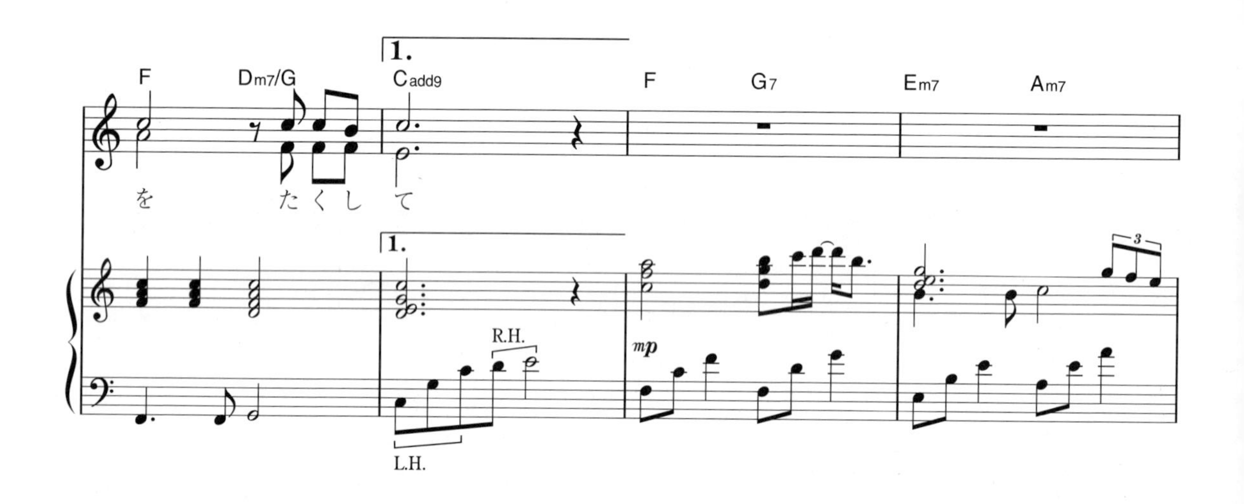
1.
F
Dm7/G
Cadd9
F
G7
Em7
Am7
を
たくして
1.
R.H.
3
mp
L.H.

Dm7
G7
3
C
G/B
Am
Em
F
C
mf

Dm7
G7sus4
G7
Cadd9
C
Cadd9
C

2.
Più mosso
C Gm/C F G/F Em7 Am
て いま わかれー の とき ー とび
いま わかれー の ー とき ー
2.
Più mosso
F Dm/G G C Gm/C F G/F
(V)
V
たとうー みら いしんじて はずむ わかい
とびたとう みら いしんじて はずむわ かい
Em7 Am F Dm7
cresc.
ちからー しんじてー このひろい ー このひろい ー お
ちからしん じてー この ひろい ー この ひろい ー お
cresc.

1.
2.
Dm7/G
G7
C
Gm/C
Dm7/G
G7
お　そらにー
お　ー　そらに
お　そらにー
お　ー　そらに
8va bassa
Tempo I
Cadd9
G
F
G7
C
ー
ー
Tempo I
R.H.
L.H.
mp
mf
Am
Em/G
F
C/E
Dm7
G7sus4
G
Cadd9
rit.
rit.

小さな木(こ)の実

海野洋司 日本語詞／ビゼー 作曲／石川皓也 編曲☆

© 1972 by NHK Publishing, Inc. (music only)

NO COPY

C F♯7 B7 Em Am Em D7
なかを ーかけてゆく ー ー
パパの ーおもいでと ー ー
mf G D7 B7
mf
パパと ーふたりでひろ ーった ーたいせつな
ぼうや ーつよくいきる んだ ーひろいこの
Em Am B7
このみ ーにぎりーしめ
せかい ーおまえのもの
B7 mp Em
mp
ー ー ことし ーまたあきの
ー ー ことし ーまたあきが

ちいさな手のひらに　ひとつ
古ぼけた木の実　にぎりしめ
ちいさなあしあとが　ひとつ
草原の中を　かけてゆく

パパとふたりで　拾った
大切な木の実　にぎりしめ
ことしまた　秋の丘を
少年はひとり　かけてゆく

ちいさな心に　いつでも
しあわせな秋は　あふれてる
風と良く晴れた空と
あたたかいパパの思い出と

坊や強く生きるんだ
広いこの世界　お前のもの
ことしまた　秋がくると
木の実はささやくパパの言葉

ちいさい秋みつけた

⑤ 108 ページ

サトウ ハチロー 作詞／中田喜直 作曲

一、誰かさんが　誰かさんが　誰かさんが　みつけた
ちいさい秋　ちいさい秋　ちいさい秋　みつけた
めかくし鬼さん　手のなる方へ
すましたお耳に　かすかにしみた
よんでる口笛　もずの声
ちいさい秋　ちいさい秋　ちいさい秋　みつけた

二、誰かさんが　誰かさんが　誰かさんが　みつけた
ちいさい秋　ちいさい秋　ちいさい秋　みつけた
お部屋は北向き　くもりのガラス
うつろな目の色　とかしたミルク
わずかなすきから　秋の風
ちいさい秋　ちいさい秋　ちいさい秋　みつけた

三、誰かさんが　誰かさんが　誰かさんが　みつけた
ちいさい秋　ちいさい秋　ちいさい秋　みつけた
むかしの　むかしの　風見の鳥の
ぼやけたとさかに　はぜの葉ひとつ
はぜの葉あかくて　入日色(いりひいろ)
ちいさい秋　ちいさい秋　ちいさい秋　みつけた

小さな勇気

⑤ 106ページ

栂野知子 作詞・作曲

一、流れるときの中で　積み重ねてきたもの
壊してしまうのは　とても簡単だけど
少しの我慢が　人を笑顔に変えられる
それを知っていることが　僕らの誇りなんだ

わけ合い　つなぎ合い　感じて動く
そんな毎日が　新しい明日(あした)をつれてくるから

この胸の中　今は小さな勇気だけど
いつか誰かを支えるために　強くなってみせる

二、目に見えないからこそ　大切にしてきたもの
傷つけてしまうのは　ほんの一瞬だけど
少しのやさしさが　人を笑顔に変えられる
それを伝えていくことが　僕らの役目なんだ

届けて　受け止めて　思いを寄せ合う
そんな毎日が　新しい明日をつれてくるから

この胸の中　今は小さな勇気だけど
いつか誰かを愛せるように　強くなってみせる
この胸の中　今は小さな勇気だけど
いつか誰かを守れるように　強くなってみせる
そして　僕らを守ってくれる勇気に　今ありがとう

© 2011 by ONGAKU NO TOMO SHA CORP., Tokyo, Japan.

Gm7/C
B♭/C
F
mp
Em7(♭5)
A
1 な がれるー ときの な かで
2 め にみえー ないか ら こそ
mp
Dm
Am
B♭
C7
(小音符は２番のとき)
Am7
Dm
つ みかさーねてき た ーものー こ わしてー し ま うのはー と
た いせつーにして き たものー き ず つけてー し ま うのはー ほ
Gm7
C7
F
Em7(♭5)
Asus4 A
てもかん たんだけど ー す こしのーがまん がーひとを
んの いーっしゅんだけど ー す こしのーやさし さがひとを
Dm
Am
B♭
C/B♭
Am7
Dm
mf
え がおにかえ られるー そ れを しー ってい る ことがー ぼ
え がおにかえ られるー そ れを つたえてい く ことがー ぼ
mf

Gm7 B♭/C C7 F B♭M7 F
mp
くらのほこりなんだー わけあい つなぎあ いー か
くらのやくめなんだー とどけ て うけとめ てー お
くらのほこりなんだー わけあい つなぎあいか
くらのやくめなんだー とどけて うけとめてお
Gm C7 Cm7/F F7 B♭ B♭m
mf
mp
ん じーてうごく
もいをーよせあう
そんなまいにちーがあた
んじーてうごくーー
もいをーよせあうーー
Uh
F C/E Dm G G7 B♭/C C7 B♭/C
f
らしいあしたをつれてくるーからー このむ
あしたをつれてくるーからー このむ

F Gm/F B♭m F B♭ C/B♭ Am D7
ちいさな ゆうきだけどー いつかだ
ね のなかー いまはー ちいさな ゆうきだけど
Gsus4 B♭m F Dm7 Gm7 B♭/C C7
れかを つよくー ー
だれかを ささえるためーに あいせるようーに まもれるようーに つよくー ー なーって みせる
1. F B♭M7 F/A
ー
mf
2. F B♭/C
D.S.
ー このむ
D.S.
Coda
F
rit. molto
mf
Meno mosso (♩=74ぐらい)
B♭add9 B♭m F C/E Dm Gm7 B♭/C B♭m/C Fadd9
rit.
ー そして ぼくらを まもーって くれーる ゆうきにーいま ありがとう
Coda
rit. molto
Meno mosso (♩=74ぐらい)
mf
rit.

ちびっこカウボーイ

阪田寛夫 日本語詞／アレクシス 作曲☆

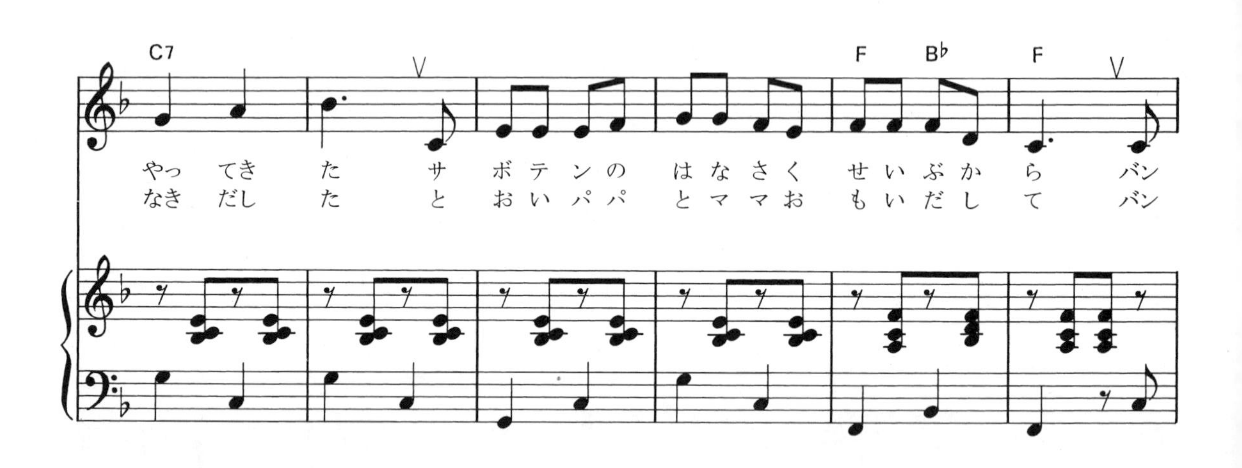

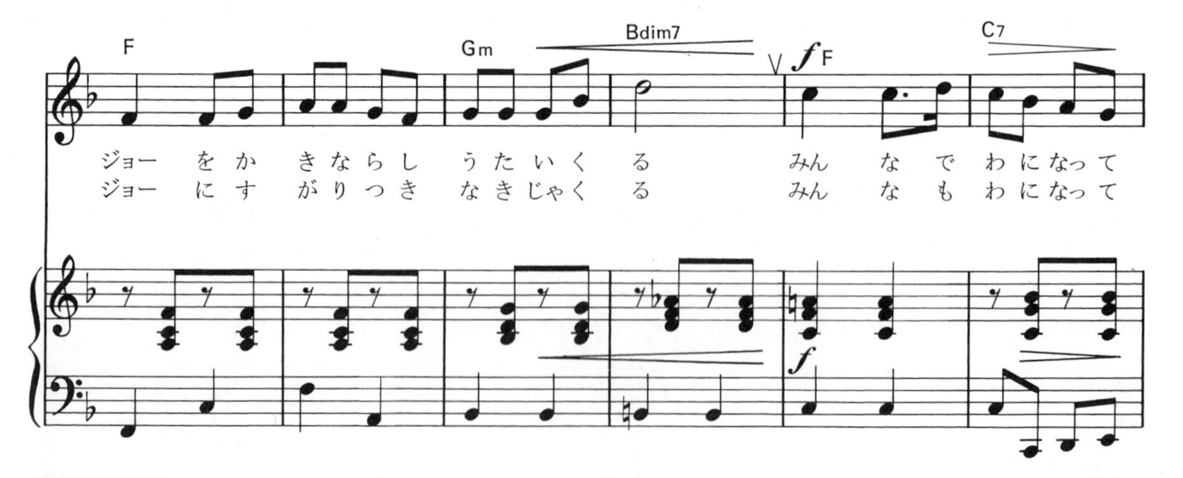

TOM TIRILIN TOM
Music by Antonietts Alexi CALDERONI Lyrics by Vincenzo VERDUCI
© 2004 assigned to EDIZIONI SOUTHERN MUSIC srl.
- Piazza del Liberty 2-20121 Milano, Italy
Rights for Japan assigned to SUISEISHA Music Publishers, Tokyo.

mf
F B♭ F
f
B♭ F
きい たん だ
ない たん だ
ラ ララ ラ ララ ラ ラ ラ
F B♭ F C F B♭
ゆう ひの お かは は る か
こ えを あ わせ う た え
ラ ララ ラ ララ
F C7 F B♭ F
ラ ラ ラ
いさましい ぼくは カウボーイ
げんきだせ ぼくは カウボーイ

チム チム チェリー

あらかわ ひろし 日本語詞／R.M.シャーマン，R.B.シャーマン 作曲☆

CHIM CHIM CHER-EE
Words and Music by Richard M. Sherman and Robert B. Sherman
© 1963 WONDERLAND MUSIC COMPANY, INC.
Copyright Renewed.
All Rights Reserved.
Print rights for Japan administered by Yamaha Music Entertainment Holdings, Inc.

Dm Dm#7 Dm7 G7 Gm
1 けむりと はいを ともとして いちにちはたー
2 あしのさ きから あたまま でー すーすをかー
3 わたしの すまいは くものな か けーむりうー
Dm E7 A7 Dm Dm#7
ル(2·3番のみ) ル
らきつ づけて も ひろいひ ろいよ
ぶーって まっくろ け それでも ゆくさき
ずまく えんとつ の ほしにま ぢかい
Dm7 G7 Gm Dm A7 1.2. Dm
ル ル ル ル ル ル
のなか に こ んなのん きなこ とはな い
ゆくさき で え んとつー そうじは だいかん げい
てっぺん は ロン ドンとう よりま だたか
1.2.
3. Dm Gm Dm A7 Dm
ル
い なんてすてきな そのながめ ー
3.

茶つみ
⑤ 110 ページ
文部省唱歌
♩=100～108
G G D G C G G D G C6 G D7 G D7 G
p mf p mf
1 なつも ち かづく は ちじゅう はちや のにも やまにも わかばが しげる あれに みえるは ちゃ つみじゃ ないか あかね だ すきに すげ の かさ
2 ひより つ づきの きょうこの ごろを こころ の どかに つ みつつ うたう つめよ つ めつめ つ まねば ならぬ つまにゃ に ほんの ちゃに な らぬ
poco a poco rit. e dim.
NO COPY

茶つみ

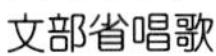

文部省唱歌

〔伴奏編曲：川崎祥悦〕

NO COPY

翼をください

⑤ 111 ページ

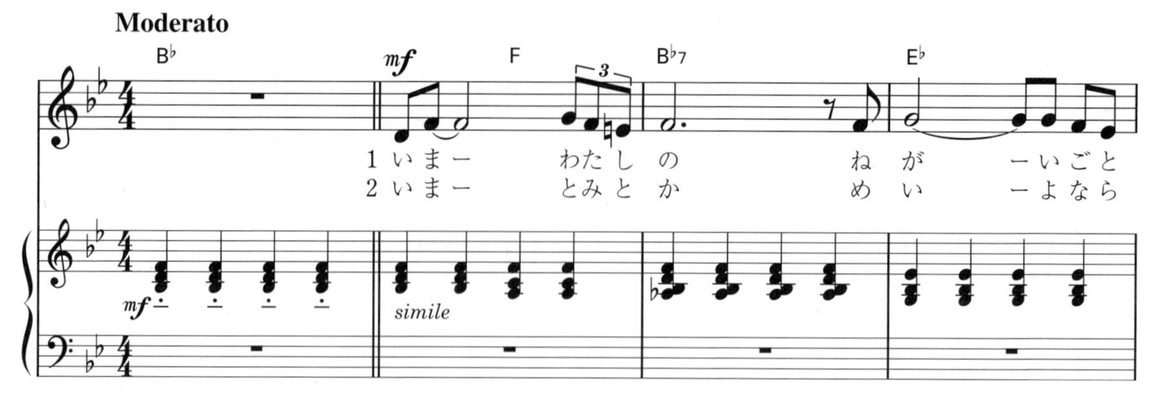

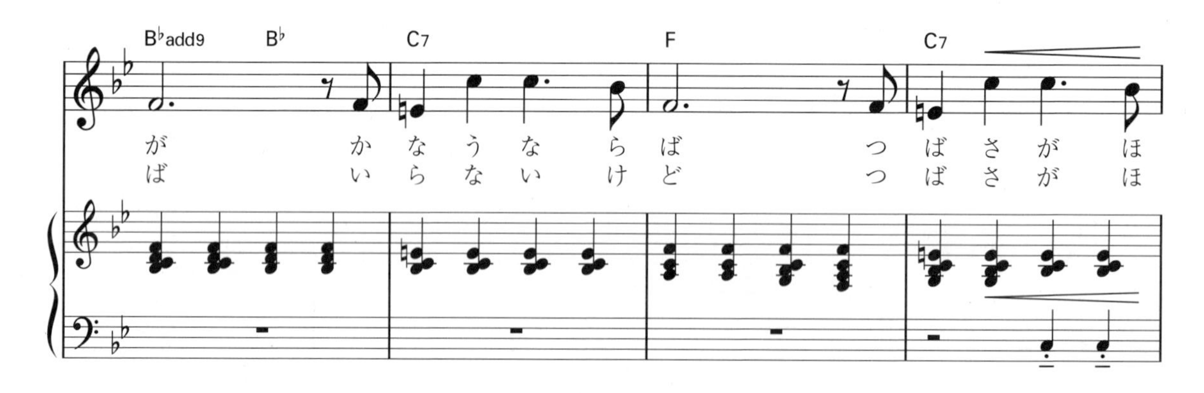

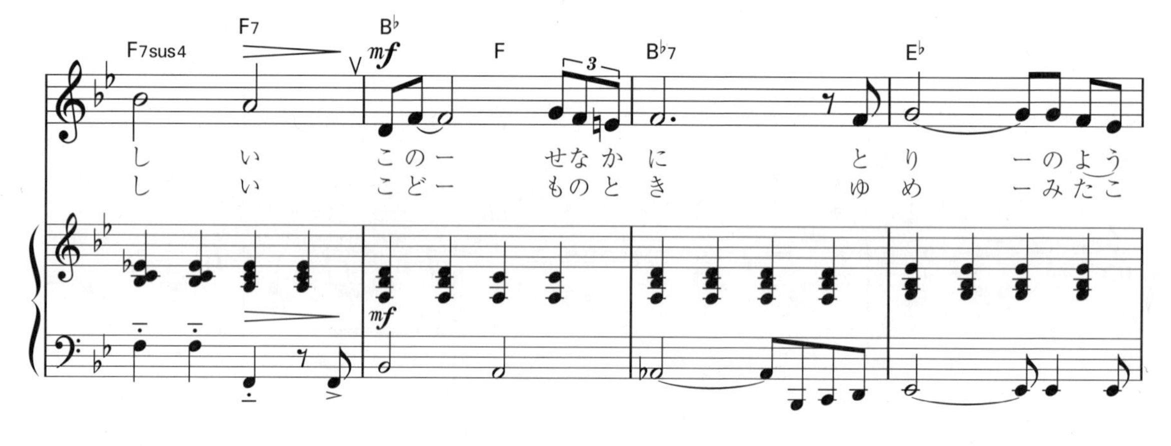

© 1970 by ALFA MUSIC, INC.

F7sus4
F7
B♭
F
さ い
い る
このおおぞらにー つば
Gm
Dm
E♭
B♭
A♭
F
さをひろげー とんで ゆきたい よ ー かな
しみのないー じゆうなそらへー つばさはためかせ
ゆきた
Cm7
E♭m6
rit.
い
cresc.
1.
2.

つばめのように

④ 114 ページ

松井孝夫 作詞・作曲

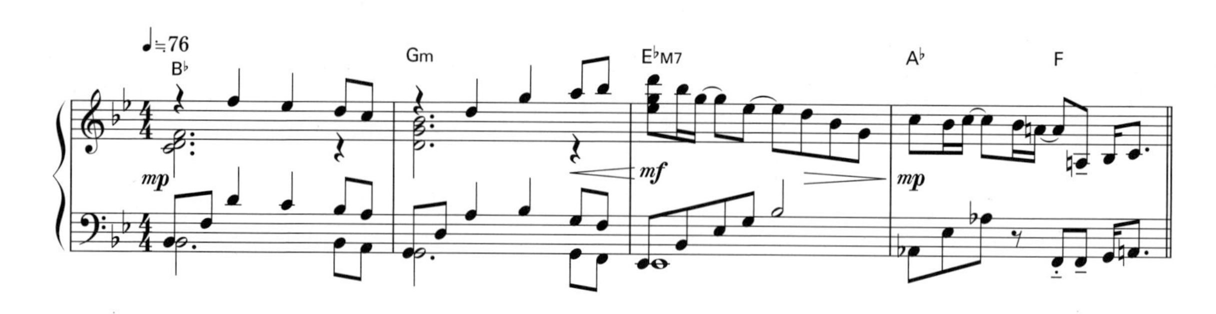

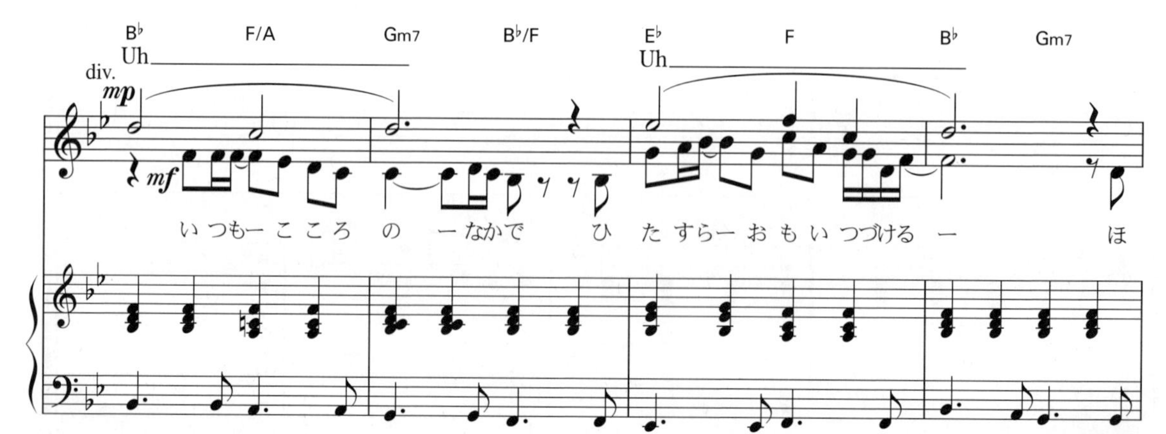

© 2003 by KYOGEI Music Publishers.

NO COPY

Cm7 F B♭ G7 Cm F7 B♭ F
Uh
Uh
んきでたちむかってい けばー と びらがひらいてゆくー か
B♭ Dm Gm E♭ C7/E F
ぜをきーーって ひ たすらにー とぶ つばめのよう に た
B♭ Gm G/F Cm/E♭ Cm F
かくつよーく た くましくーそ ら を めざし て い
B♭ Gm G/F Cm/E♭ F7 B♭
つのひにーか か がやけるーあした を さがしに ゆこうー

E♭M7 Dm7 Cm A♭ Fsus4 F
B♭ F/A Gm7 B♭/F E♭ F B♭ Gm7
unis. mf
2 あるきーつかれ た ーならー た ちどまーってふりかえろう ー お
Cm7 F B♭ G7 Cm A♭ F Faug
なじときをーすごし て きたー な かまをおもいだして ー
B♭ F/A Gm7 B♭/F E♭ F B♭ Gm7
div.
mp
Uh
Uh
mf
とものー ことば の ー いみー も う いちーどかみしめる ー き

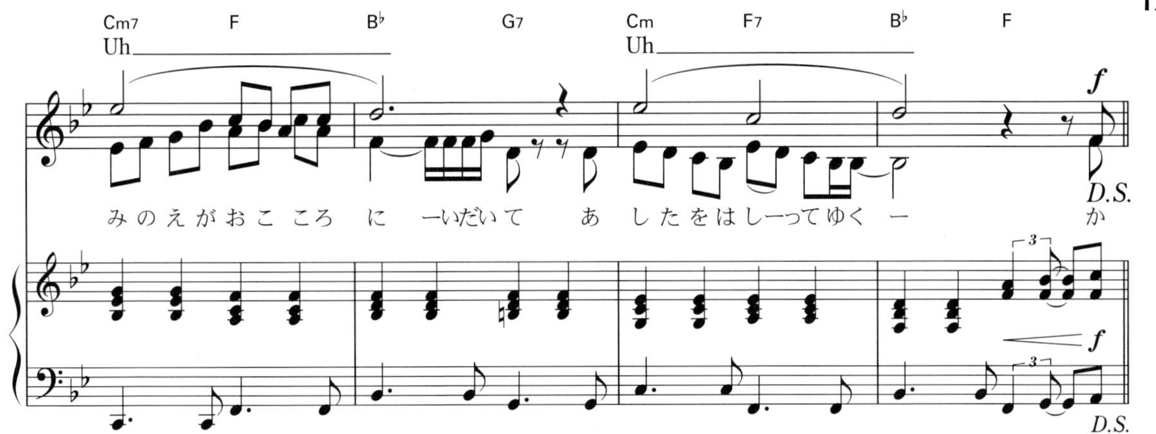
Cm7 F B♭ G7 Cm F7 B♭ F
Uh
Uh
f
D.S.
みのえがおこころに一いだいて あしたをはし一ってゆく一 か
f
D.S.

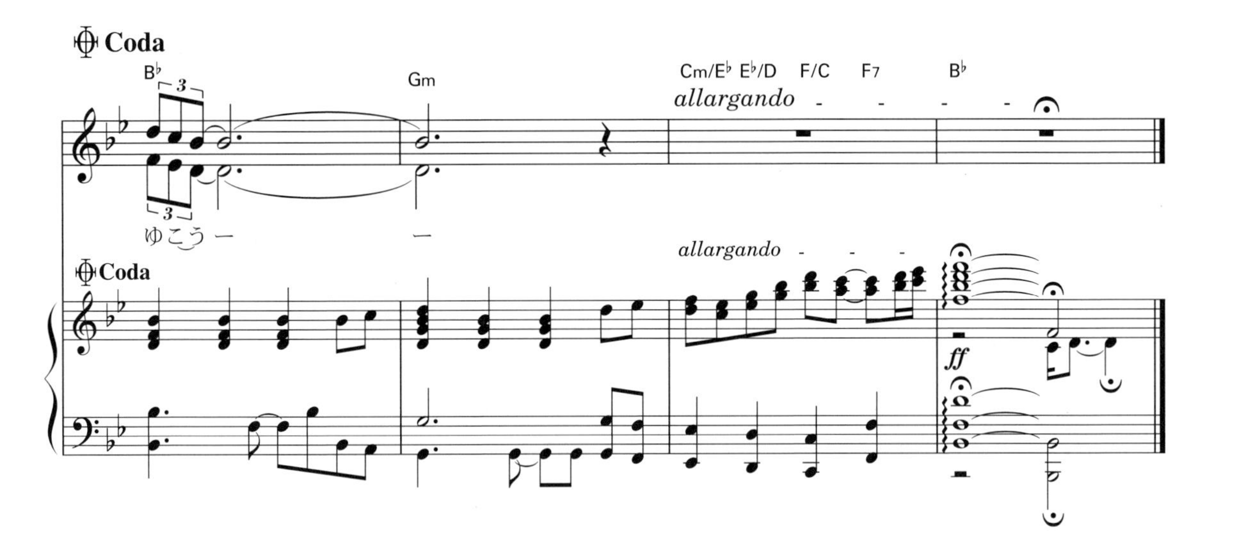
Coda
B♭ Gm Cm/E♭ E♭/D F/C F7 B♭
allargando
ゆこう一 一
allargando
Coda
ff

手のひらを太陽に

⑤ 112 ページ

やなせ たかし 作詞／いずみ たく 作曲

© Copyright 1965 by ALL STAFF MUSIC Co., Ltd.

NO COPY

Dm
F
G
C7
まーっ　かに　ながれる　ぼくのちしおー
みみず
とんぼ
すずめ
F
C
F
D7
だーって　おけら　だーって　あめんぼだーって
だーって　かえる　だーって　みつばちだーって
だーって　いなご　だーって　かげろうだーって
Gm
F
C7
F
C7
F
みんなみんな　いきているんだ　ともだちなんだ

てぃんさぐぬ花

沖縄県民謡

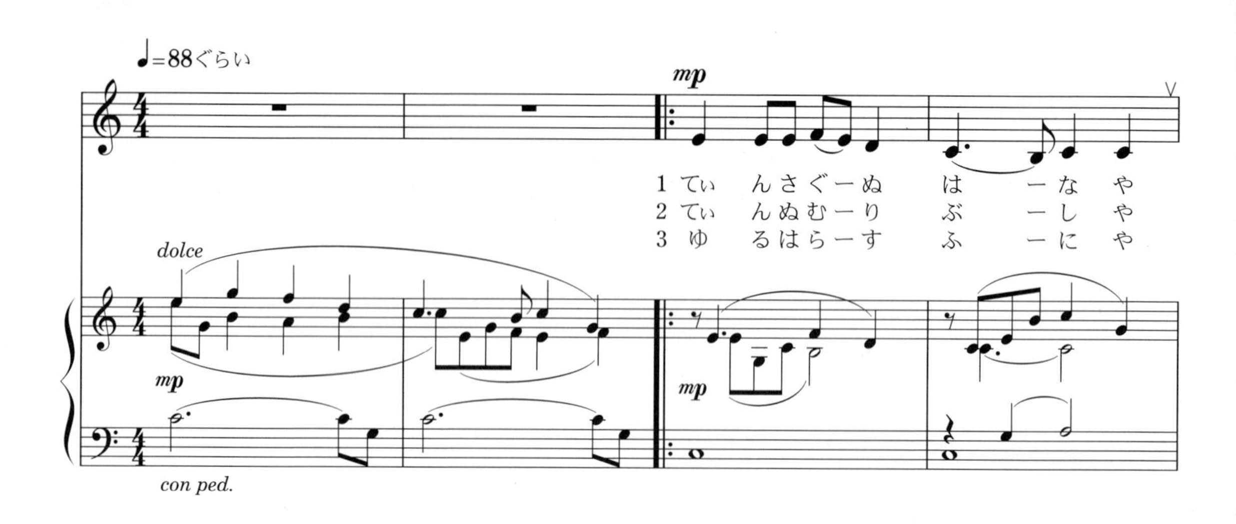

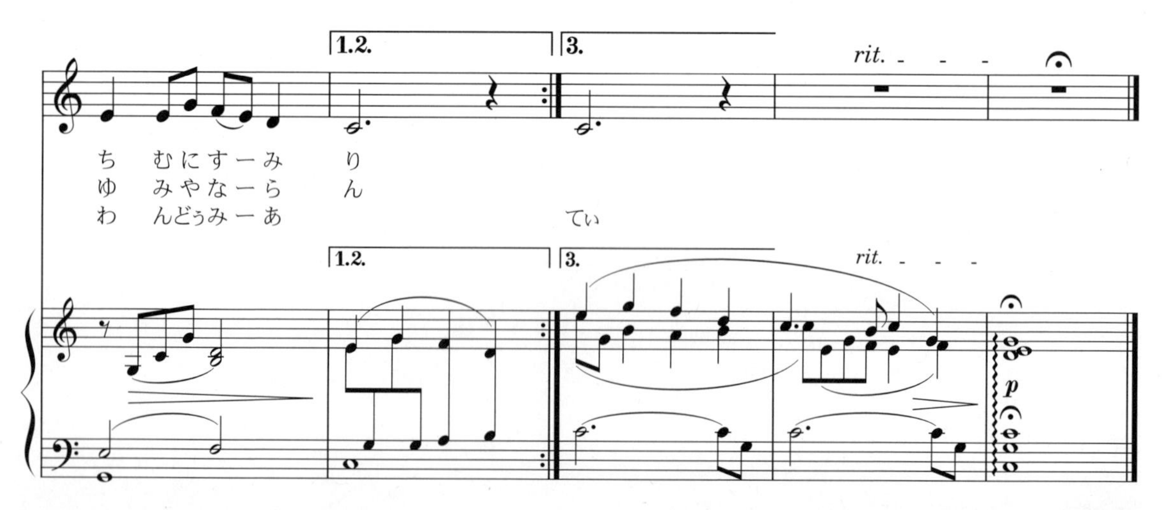

〔伴奏編曲：三宅悠太〕

【参考譜】

※中ˋ, 老ˋは，右手を使わずに左手の指で絃を打って音を出す奏法を表し，打音と呼ぶ。

一、てぃんさぐぬ花や爪先に染みてぃ
親ぬゆしぐとぅや肝に染みり

二、てぃんぬ群り星やゆみばゆまりしが
親ぬゆしぐとぅやゆみやならん

三、夜走らす船やにぬふぁ星目あてぃ
わん生ちぇる親やわんどぅ目あてぃ

《歌詞大意》

一、鳳仙花の花で爪を染めるように、
親の教えを肝に銘じよう。

二、天に群れひろがる星は数えようと思えば数えることもできようが、
親の教えは数えることができない。

三、夜に航行する船が北極星を頼りにするように、
私を生んでくださった親は私を頼りにしている。

1集索引

あ

アイタタ ホイタタ …… 4
あおげばとうとし ……〔二合〕…… 6
青空に深呼吸 ……〔二合〕…… 8
青空へのぼろう ……〔二合〕…… 12
赤いやねの家 ……〔二合〕…… 14
赤とんぼ …… 17
赤鼻のトナカイ …… 18
秋の子 …… 20
あすという日が ……〔二合〕…… 22
あの青い空のように ……〔二合〕…… 26
アリラン …… 27
ありがとう さようなら …… 28
ありがとうの花 …… 30
あわてんぼうのサンタクロース …… 32
アルプス一万尺 ……〔二合〕…… 34

い

いるかはざんぶらこ ……〔遊び歌〕…… 35
いつだって！ …… 36
一年生になったら …… 40
いのちの歌 ……〔二合〕…… 42

う

With You Smile ……〔二合〕…… 47
Wish ～夢を信じて ……〔二合〕…… 52
上を向いて歩こう ……〔二合〕…… 56
うたえバンバン ……〔二合〕…… 59
歌は友だち ……〔二合〕…… 64
うたいましょう ……〔四輪〕…… 68
歌よ ありがとう ……〔三合〕…… 69
うれしいひなまつり ……72・73

え

永遠のキャンバス ……〔二合〕…… 74
エーデルワイス(Edelweiss) ……〔二合〕…… 78
YELL(エール) ……〔二合〕…… 80

お

大きなうた ……〔二合〕…… 86
大きな古時計 ……〔二合〕…… 88
大空賛歌 ……〔二合〕…… 90
おお ブレネリ ……〔二合〕…… 93
おお 牧場はみどり ……〔二合〕…… 94
お正月 …… 95
おちゃらか ほい ……〔遊び歌〕…… 96
オバケなんてないさ …… 97
思い出のアルバム …… 98
おもちゃのチャチャチャ ……100

か

風になりたい ……〔二合〕……103
帰り道 ……106
学校坂道 ……108
変わらないもの ……〔二合〕……110
カントリー ロード ……114

き

気球にのってどこまでも ……〔二合〕……118
絆 ……〔二合〕……121
北風小僧の寒太郎 ……124
君をのせて ……〔二合〕……126
今日(きょう)の日はさようなら ……〔二合〕……130
きよしこの夜 ……〔三合〕……132

二合：二部合唱　三合：三部合唱　四輪：四部輪唱　R：リコーダー

3集索引

と

Tomorrow …… 〔二合〕 …… 4
遠き山に日は落ちて(家路) …… 〔二合〕 …… 7
どこかで春が …… 〔二合〕 …… 8
となりのトトロ …… 10
友だちだから …… 〔二合〕 …… 15
ともだち讃歌 …… 〔二合〕 …… 20
友だちはいいもんだ …… 〔二合〕 …… 22
ドレミの歌 …… 〔二合〕 …… 24
友達だから …… 〔二合〕 …… 28
とんぼのめがね …… 31

な

夏の思い出 …… 〔二合〕 …… 32
夏の日の贈りもの …… 〔二合〕 …… 34
夏は来ぬ …… 36
七つの子 …… 37

に

に　じ …… 38
にんげんっていいな …… 40

は

はじめの一歩 …… 42
バスごっこ …… 45
花咲く時をこえて …… 〔二合〕 …… 46
春の風 …… 〔二合〕 …… 50
ハロー ハロー …… 51
Happy Birthday To You …… 52

ひ

ビクトリー …… 〔二合〕 …… 53
ピクニック …… 〔二合〕 …… 62
Bingo …… 63
Believe …… 〔二合〕 …… 64
ひろい世界へ …… 〔三合〕 …… 67

ふ

ふるさと …… 〔三合〕 …… 72
ふるさと〈参考曲〉 …… 〔二合〕 …… 74

へ

Head, Shoulders, Knees And Toes …… 〔遊び歌〕 …… 79
Best Friend …… 80

ほ

The Hokey-Pokey …… 〔遊び歌〕 …… 84
星かげさやかに(一日の終わり) …… 〔歌詞〕 …… 114
ほたるの光 …… 〔二合〕 …… 85
ホルディリディア …… 〔二合〕 …… 86

ま

マイ バラード …… 〔二合〕 …… 87
Michael, Row The Boat Ashore (こげよ マイケル) …… 〔三合〕 …… 90
マーチング・マーチ …… 〔二合〕 …… 91
まっかな秋 …… 〔二合〕 …… 94
まつり花 …… 96

み

南風にのって …… 〔二合〕 …… 97
見上げてごらん夜の星を …… 〔二合+R〕 …… 100
みかんの花さくおか …… 102
ミッキーマウス・マーチ …… 104
みどりのそよ風 …… 106
南の島のハメハメハ大王 …… 108

も

もみじ …… 〔二合〕 …… 110
森のくまさん …… 〔二合〕 …… 112
燃えろよ燃えろ …… 〔二合〕 …… 114

や

やおやのお店 …… 〔遊び歌〕 …… 115
山のごちそう …… 〔二合〕 …… 116
やまびこごっこ …… 〔二合〕 …… 117

ゆ

U & I …… 〔二合〕 …… 120
勇気100% …… 〔二合〕 …… 123
勇気一つを友にして …… 〔二合〕 …… 128
夕日が背中を押してくる …… 〔二合〕 …… 130
ゆかいな牧場 …… 〔二合〕 …… 132
ゆかいに歩けば …… 〔二合+R〕 …… 133
夢の世界を …… 〔二合〕 …… 136
夢をのせて …… 〔二合〕 …… 138
雪 …… 140
ゆりかごの歌 …… 141

よ

喜びの歌 …… 〔二合〕 …… 142

ろ

London Bridge(ロンドン橋) …… 143

わ

WAになっておどろう(イレ アイエ) …… 〔二合〕 …… 144
われは海の子 …… 148

細字の曲は，４訂版にのみ掲載されている曲，もしくは参考曲です。

5訂版
歌はともだち　指導用伴奏集 2

2016年 2月26日　第1刷　発行
2020年 3月31日　第6刷　発行

編集者　教芸音楽研究グループ

発行者　株式会社 教育芸術社（代表者　市川かおり）
〒171-0051　東京都豊島区長崎1-12-15
電話　03-3957-1175（代表）
03-3957-1177（販売部直通）

印　刷　光栄印刷
製　本　小島製本

表紙・ケース装丁　八木孝枝（スタジオダンク）

JASRAC 出 1601374-006

© 2016 by KYOGEI Music Publishers.

●本書を無断で複写・複製することは著作権法で禁じられています。

●☆印の著作物は，教芸音楽研究グループによる編曲です。
●歌集本体に付けられているコードは，使用目的を考慮し簡略化している場合がありますので，本書のものとは異なるところがあります。

5訂版

歌はともだち

指導用伴奏集

3

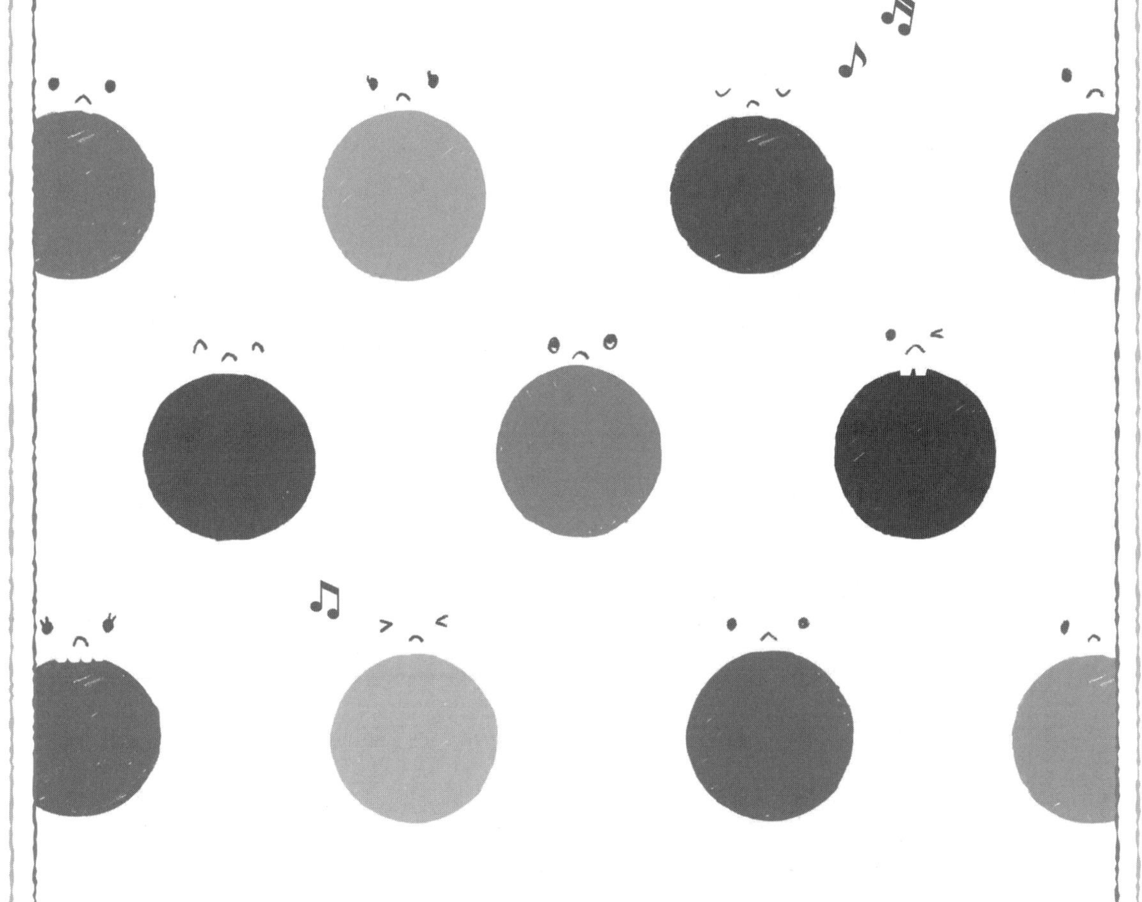

教育芸術社

Contents

と

Tomorrow ……〔二合〕…… 4
遠き山に日は落ちて(家路) ……〔二合〕…… 7
どこかで春が ……〔二合〕…… 8
となりのトトロ …… 10
友だちだから ……〔二合〕…… 15
ともだち讃歌 ……〔二合〕…… 20
友だちはいいもんだ ……〔二合〕…… 22
ドレミの歌 ……〔二合〕…… 24
友達だから ……〔二合〕…… 28
とんぼのめがね …… 31

な

夏の思い出 ……〔二合〕…… 32
夏の日の贈りもの ……〔二合〕…… 34
夏は来ぬ …… 36
七つの子 …… 37

に

に じ …… 38
にんげんっていいな …… 40

は

はじめの一歩 …… 42
バスごっこ …… 45
花咲く時をこえて ……〔二合〕…… 46
春の風 ……〔二合〕…… 50
ハロー ハロー …… 51
Happy Birthday To You …… 52

ひ

ビクトリー ……〔二合〕…… 53
ピクニック ……〔二合〕…… 62
Bingo …… 63
Believe ……〔二合〕…… 64
ひろい世界へ ……〔三合〕…… 67

ふ

ふるさと ……〔三合〕…… 72
ふるさと〈参考曲〉 ……〔二合〕…… 74

へ

Head, Shoulders, Knees And Toes …〔遊び歌〕…… 79
Best Friend …… 80

ほ

The Hokey-Pokey ……〔遊び歌〕…… 84
星かげさやかに(一日の終わり) ……〔歌詞〕…… 114

・細字の曲は，４訂版にのみ掲載されている曲，もしくは参考曲です。
・１，２集の索引は，巻末に掲載しています。

ほたるの光 〔二合〕 85
ホルディリディア 〔二合〕 86

ま
マイ バラード 〔二合〕 87
Michael, Row The Boat Ashore（こげよ マイケル） 〔三合〕 90
マーチング・マーチ 〔二合〕 91
まっかな秋 〔二合〕 94
まつり花 96

み
南風にのって 〔二合〕 97
見上げてごらん夜の星を 〔二合＋R〕 100
みかんの花さくおか 102
ミッキーマウス・マーチ 104
みどりのそよ風 106
南の島のハメハメハ大王 108

も
もみじ 〔二合〕 110
森のくまさん 〔二合〕 112
燃えろよ燃えろ 〔二合〕 114

や
やおやのお店 〔遊び歌〕 115
山のごちそう 〔二合〕 116
やまびこごっこ 〔二合〕 117

ゆ
U & I 〔二合〕 120
勇気100% 〔二合〕 123
勇気一つを友にして 〔二合〕 128
夕日が背中を押してくる 〔二合〕 130
ゆかいな牧場 〔二合〕 132
ゆかいに歩けば 〔二合＋R〕 133
夢の世界を 〔二合〕 136
夢をのせて 〔二合〕 138
雪 140
ゆりかごの歌 141

よ
喜びの歌 〔二合〕 142

ろ
London Bridge（ロンドン橋） 143

わ
WA（わ）になっておどろう（イレ アイエ） 〔二合〕 144
われは海の子 148

・楽譜ページにあるアイコンは，『歌はともだち』歌集本体の掲載ページを示しています。

〈例〉 ⑤ 10ページ …5 訂版の 10 ページ　　④ 10ページ …4 訂版の 10 ページ

⑤ 114 ページ

杉本竜一 作詞・作曲

一、時間(とき)の流れ　いつでも
駆けぬけて行(ゆ)くから
やさしさだけ　忘れずに
抱きしめていよう

大空を　自由に鳥たちが
光の中　飛びかうように
夜空から　こぼれた星屑(くず)が
波の上を　すべるだろう

※
Tomorrow　Tomorrow
また明日(あした)が　すばらしい夢と
すてきなメロディー
運んできてくれるだろう
Tomorrow　Tomorrow
明日を信じて
翼ひろげ　翔(と)んでみよう

二、風の中で　聞こえる
かすかな叫びが
誰(だれ)かから　あなたへの
真実(ほんとう)の気持ち

旅立つあなたに　伝えたい
とまどいや　悲しみを越えること
木(こ)もれ陽(び)が　空にクロスして
虹(にじ)のかけらに　なることを

※繰り返し

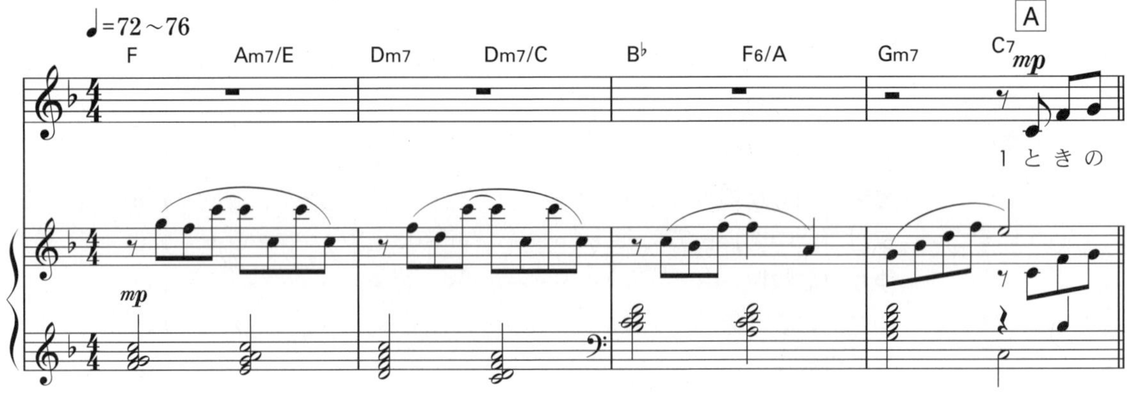

© 1993 by Sound Project K.K.

NO COPY

F Am7/E Dm7 Dm7/C B♭ B♭/C F F7
B
mf
さ だけー わすれ ずにー だきしめてー いようー おお
か らーー あなたへのー ほーんとうのー きもちー たー
B♭ C7 Am7 Dm7 Gm E♭ C7
(小音符は2番のとき)
そらをーー じゆうに とりたちがー ひかりの なかとーび かうよー うーに よぞ
びーだつー あなたに つたえたいー とまどいやー かなしみをーこ える こと こも
mf
B♭ C7(9) C7 Am7 Dm Gm7 C7sus4 F Gm7/C
C
f
らからー こぼれた ほしくずがー なみの うえをすべーるだーーろう
れびがー そーらに クロスしてー にじの かけらになーるこーとをー
To-
F Am7 Dm Am7
Uh
mf
morrow To-mor-row また ーあしたが す
f

Gm7 Gm7(♭5) F Dm7 Gm7 C7
f
ばらしいゆめと す てきなーメロディー は こんでーきてくれーる だ ーーろう To-
mf
F Am7 Dm Am7
Uh
morrow To - mor - row あ したをー ーしん じ て つ
f
Gm7 1. C C7 F Am7/E Dm7 Dm7/C
ff
ばさひろげーとんで み よ う ー
1.
ff
mp
B♭ F6/A Gm7 C7 2. C C7 F
mp
ff
2かぜの み よ う ー
2.
mp
ff
右手

遠き山に日は落ちて（家路）

⑤ 113 ページ

どこかで春が

⑤ 115ページ

百田宗治 作詞／草川　信 作曲☆

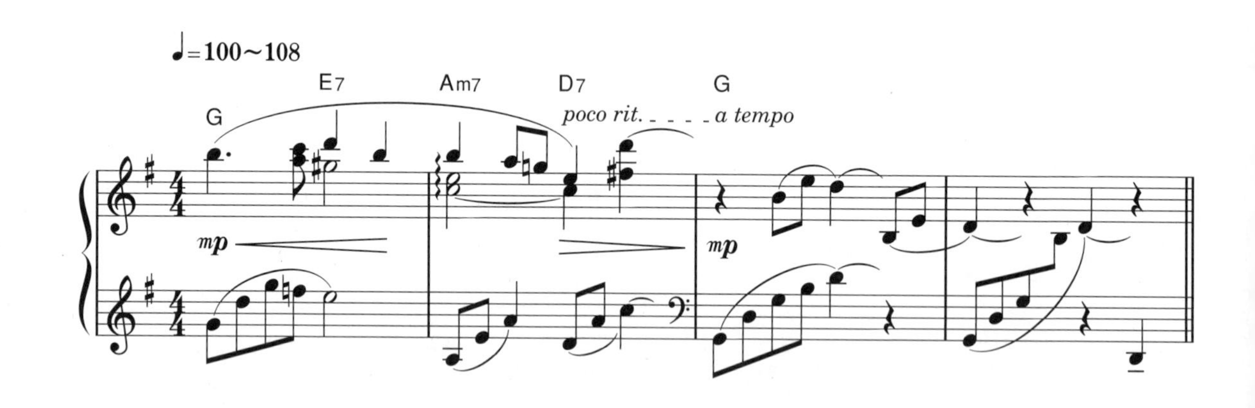

〔伴奏編曲：平吉毅州〕

どこかで　春が生まれてる
どこかで　水が流れ出す

どこかで　ひばりが鳴いている
どこかで　芽の出る音がする

山の三月　東風(こち)吹いて
どこかで　春が生まれてる

© 1988 by STUDIO GHIBLI

B♭/C C F C/E
ずめて ちっさなめー
いたら あなたのー
Dm Cm D7 Gm7 B♭m
はえたらー ひみつのあんごうー もりへ
あまガサー さしてーあげましょう もりへ
F D7 B♭
のパスポートー すてきなぼーうけん はじまる
のパスポートー まほうのとーびら あきます
B♭/C F C
ー ー
ー ー
となりの ト トロ ト トーロ
V

C A7/C# Dm B♭m Am Dm
(小音符は2番のとき)
ト トロ ト ト ーロ
もりの なかにー む
つきよ のばんにー オ
Gm Gm/C C F C
かしからすんでる
カリナふーいてる
となりの ト トロ ト ト ーロ
C A7/C# Dm B♭ C7/B♭ Am7 Dm
ト トロ ト ト ーロ
こどものときに だけ あ
もしもあえたな ら す
B♭ B♭/C C B♭/C 1. F
なたにおとずれる ー ふしぎなであ い
てきなしあわせが ー あなたにくる
1.

F
C/E
Dm(7)
F/C
B♭
C7/B♭
Am
Dm
Gm
Gm7/C
2. F
D♭
G♭
わ
ト　トロ　ト　ト
D♭
B♭7/D
E♭m
1. C♭m
ーロ
ト　トロ　ト　ト　ーロ
もりの

B♭m E♭m A♭m A♭m/D♭ D♭ 2. C♭ D♭7/C♭
なかにー むかしからすんでる となりの こどものとき
B♭m7 E♭m C♭ C♭/D♭ D♭ C♭/D♭
にだけ あなたにおとずれるー ふしぎなであ
G♭ D♭(7) B♭7/D E♭m
(い)
トトロトトーロ トトロトトーロ
G♭ D♭ B♭7/D E♭m
トトロトトーロ トトロトトーロ
F.O.

友だちだから

桑原永江 作詞／若松 歓 作曲

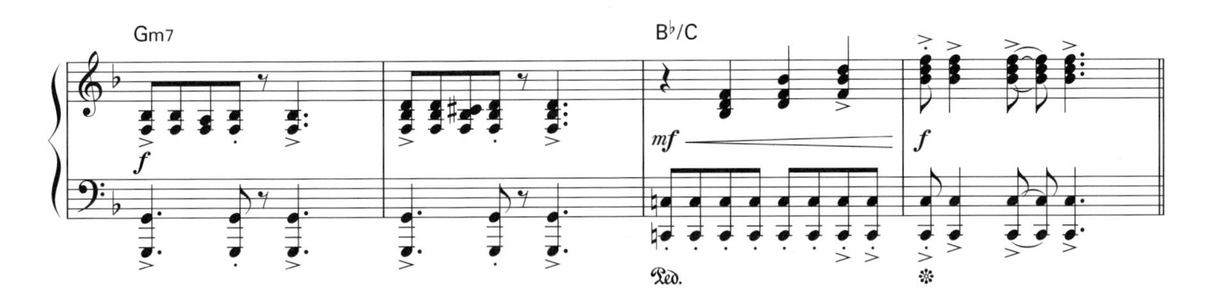

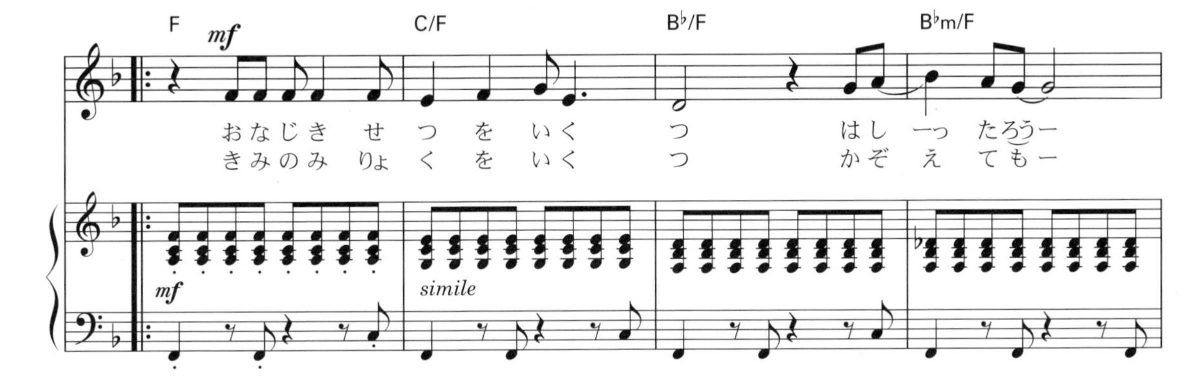

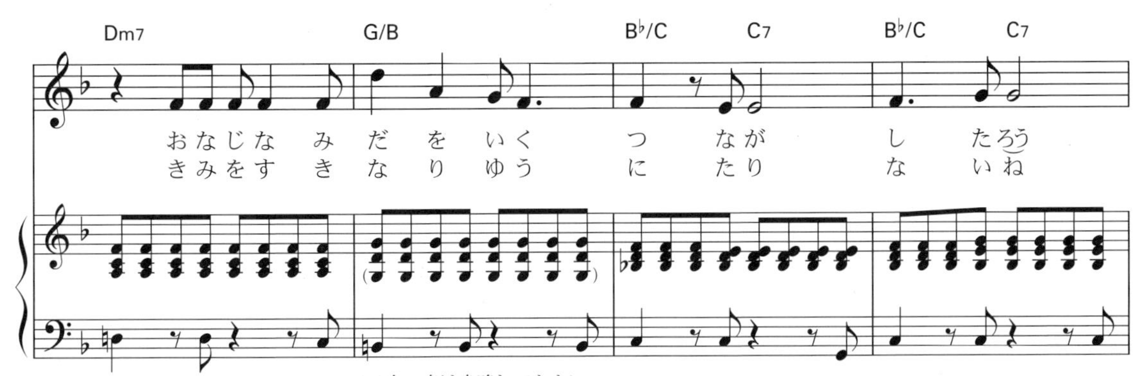

( )内の音は省略してもよい

© 2013 by KYOGEI Music Publishers.

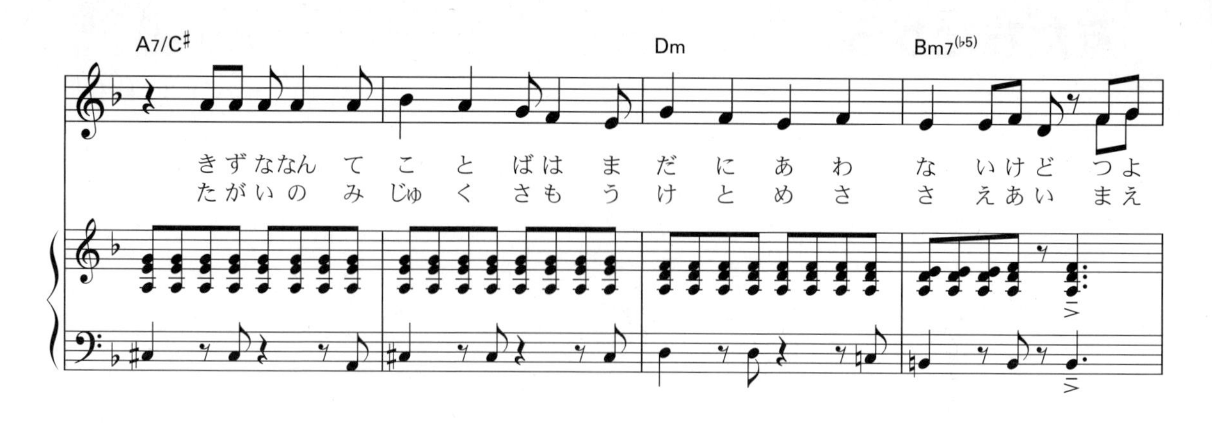
A7/C♯
Dm
Bm7(♭5)
きずななんて ことばは まだにあわ ないけど つよ
たがいの みじゅくさも うけとめさ さえあい まえ

F/C
G/B
B♭/C
C7(9)
B♭/C
C
いきもちかんじてる きみと
へゆめへあるいてく きみと
いきもちかんじてる
へゆめへあるいてく

F/A
B♭
C
A7/C♯
Dsus4
Dm
*ー ぼくらのこころがひきあうーのは
ー ぼくらのこころがよびあうーたび
*きみとーぼくらのこころがひきあうーのは
きみとーぼくらのこころがよびあうーたび

Gm7 B♭/C B♭dim/F F Gm7 C
ちいさなき せ き だね し ーっ てる みつめ
すくみかけ た ゆ うき わ き たつ とおく
ちいさなき せ き だね し ーっ てる
すくみかけ た ゆ うき わ き たつ
F/A B♭ A7/C♯ A7 Dm Dm/C
ー あうだ け で ほら ね えがおがつ ー な がる
ー あえな い と きに も きーっとかわ ー ら ない
みつめーあうだ け で ほら ね えがおがつ ー な がる
とおくーあえな い と きに も きーっとかわ ー ら ない
Gm7 B♭/C B♭dim/F F B♭/C
1.
Ah それはともだ ーーち だ から ー
Ah それはともだ ーーち だ から ー
1.
mf
f
Ped. (Ped.) ＊

パート全員で歌ってもよいし，
１人または数人で歌ってもよい。
だ　から　ー
て れ て　い え な い お も　い
だ　から　ー
さらに人数を増やして
全員で歌う
を
い ち ど　だ け つ た　え　たい　きみと（＊へ）
Uh
Ah　つ た　え　たい（＊へ）
D.S.
Coda
だ　から　ぼ く ら　は　い つもともだ ーーち
だ　から　ぼ く ら　は　い つもともだ ーーち
Coda

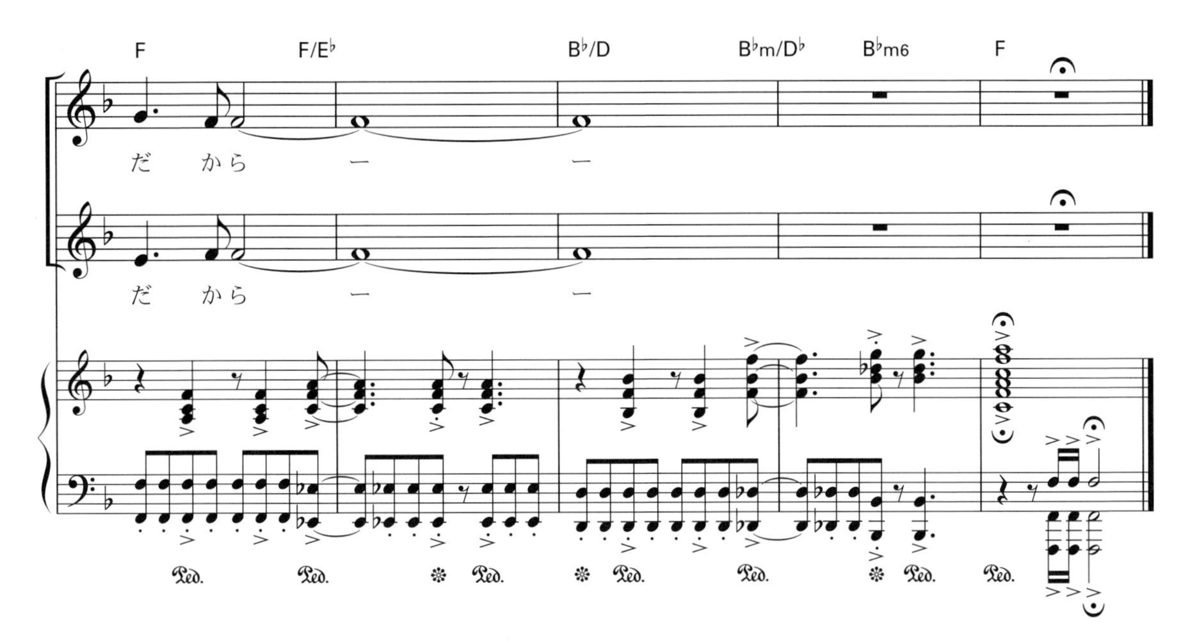

同じ季節をいくつ　走ったろう
同じ涙をいくつ　流したろう
“絆”なんて言葉は　まだ似合わないけど
強い　気持ち　感じてる

きみと　ぼくらの心が　ひきあうのは
ちいさな奇跡だね　知ってる
見つめあうだけで　ほらね　笑顔がつながる
それは　友だちだから

きみの魅力をいくつ　数えても
きみを好きな理由に　足りないね
互いの未熟さも　受けとめ支えあい
前へ　夢へ　歩いてく

きみと　ぼくらの心が　呼びあうたび
すくみかけた勇気　わきたつ
遠く　会えない時にも　きっと変わらない
それは　友だちだから

てれて言えない思いを　一度だけ伝えたい

きみと　ぼくらの心が　ひきあうのは
ちいさな奇跡だね　知ってる
見つめあうだけで　ほらね　笑顔がつながる
それは　友だちだから
ぼくらは
いつも　友だちだから

ともだち讃歌（さんか）

⑤ 120ページ

阪田寛夫 日本語詞／アメリカ民謡／加賀清孝 編曲

C
E7 Am Am7
D
Dm7/G G7
1.2. C
みんなみんなあつまーれみんなでうたえ
1.2.
3.（3回くり返す）
C
Dm
Dm7/G G7
C
Am
えイチニッみんなでうた
えワントゥみんなでうた
えアインツバイみんなでうたえウノドスみん
3.（3回くり返す）
Dm
Dm7/G G7
C
G7 C
なでうたえー

友だちはいいもんだ

⑤ 121 ページ

岩谷時子 作詞／三木たかし 作曲☆

© 1978 by EMI Music Publishing Japan Ltd. & Shiki Theatre Music, inc.

A♭ Cm7 D♭ F7 B♭m E♭7 A♭ D♭
を こころにー きみと あるこうー ー
を だいじにー きみと すすもうー ー
A♭ D♭/E♭ E♭7 A♭ B♭m7 E♭7
ー ー
みんなはひとりの ために ひとりはみんなの
A♭ Cm7(♭5) F7 B♭m7 B♭m7(♭5) E♭7
ために みんなはひとりの ために ひとりのため
A♭ D♭ B♭m7/E♭ E♭7 A♭
に

ドレミの歌

⑤ 122ページ

ペギー葉山 日本語詞／リチャード ロジャーズ 作曲

DO-RE-MI Lyrics by Oscar Hammerstein II Music by Richard Rodgers
© 1959 by Richard Rodgers and Oscar Hammerstein II
Copyright Renewed
WILLIAMSON MUSIC owner of publication and allied rights throughout the world
International Copyright Secured All Rights Reserved

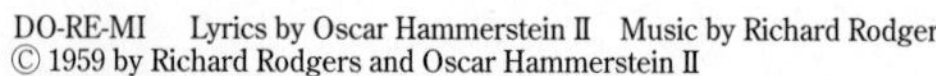

F D D7 G E
ら ー ラ は ラーッパ の ラ ー シ は
あ お ー い そ ら ラ ラ ラ ラ ラ ラ
E7 Am C7 F G7 C
し あ わ せ よ ー
ラ ラ ラ さ あ う た い ま しょ う
C
ド レ ミ ファ ソ ラ シ ド ド シ ラ ソ ファ ミ レ
C G7
ド ミ ミ レ ファ ファ
ミ ソ ソ ラ シ

G7 C G7 C
mpド ミ ミ
レファファ
mfソ ド
シ ミ ソ ソ ラ シ シ ドミミ ミソ ソ
mp
mf
G7 C G7 C
ラ ファ ミ ド レ ー ソ
レファファ ラシ シ ド ミ ミ ミソ ソ レファファ ラシ シ ド ミ ミ
C G7 C G7 C
ド ラ シ
f
ミ ソ ソ レ ファファ ラ シ シ ド レ ド ー
f
mf C G7
ど ん な と き に も れ つ を ー く ん で
mf

G7 C G7
ー みんなたのしく ファイトをもーっ
G7 C F D7
そらをあおいでー ランラ
てー あおーいーで
D7 G E7 Am C7
ラララララーしあわせのうたー
ラララララ ラ ララ ラ さあ
F G7 C C7 F G7 C G7 C
うたいましょう ドレミファソラシドソド

〔伴奏編曲：明石潤祐〕

友達(ともだち)だから

④ 120ページ

石井　亨 作詞・作曲／橋本祥路 編曲

© 1980 by ONGAKU NO TOMO SHA CORP., Tokyo, Japan.

Gm Dm A7 Dm
いてゆこう　てをとりあーって
いてゆこう　どこどこまでも
Dm f C C7 F
ー しあわせはいつでも
F C C7 F
ー むこうからくるのさ
F mp Gm Dm
ー しろく ー つづくみちのはる
f
mp

E7
A
A7
f
D
かとおくから ー そのひま
D
Gm
1.Dm
A7
Bm7(♭5)
A
できみと ー あるいてゆこ
Dm
mf
2.Dm
Gm6/D
Ddim7
A7
う ー 2きみ いてゆこ
Dm
う ー ー ー ー

とんぼのめがね

額賀誠志 作詞／平井康三郎 作曲

夏の思い出

⑤ 125ページ

江間章子 作詞／中田喜直 作曲

一、夏がくれば　思い出す
はるかな尾瀬(おぜ)　遠い空
霧のなかに　うかびくる
やさしい影　野の小径(こみち)
水芭蕉(みずばしょう)の花が　咲いている
夢みて咲いている　水の辺り(ほとり)
石楠花(しゃくなげ)色に　たそがれる
はるかな尾瀬　遠い空

二、夏がくれば　思い出す
はるかな尾瀬　野の旅よ
花のなかに　そよそよと
ゆれゆれる　浮き島よ
水芭蕉の花が　におっている
夢みてにおっている　水の辺り
まなこつぶれば　懐かしい
はるかな尾瀬　遠い空

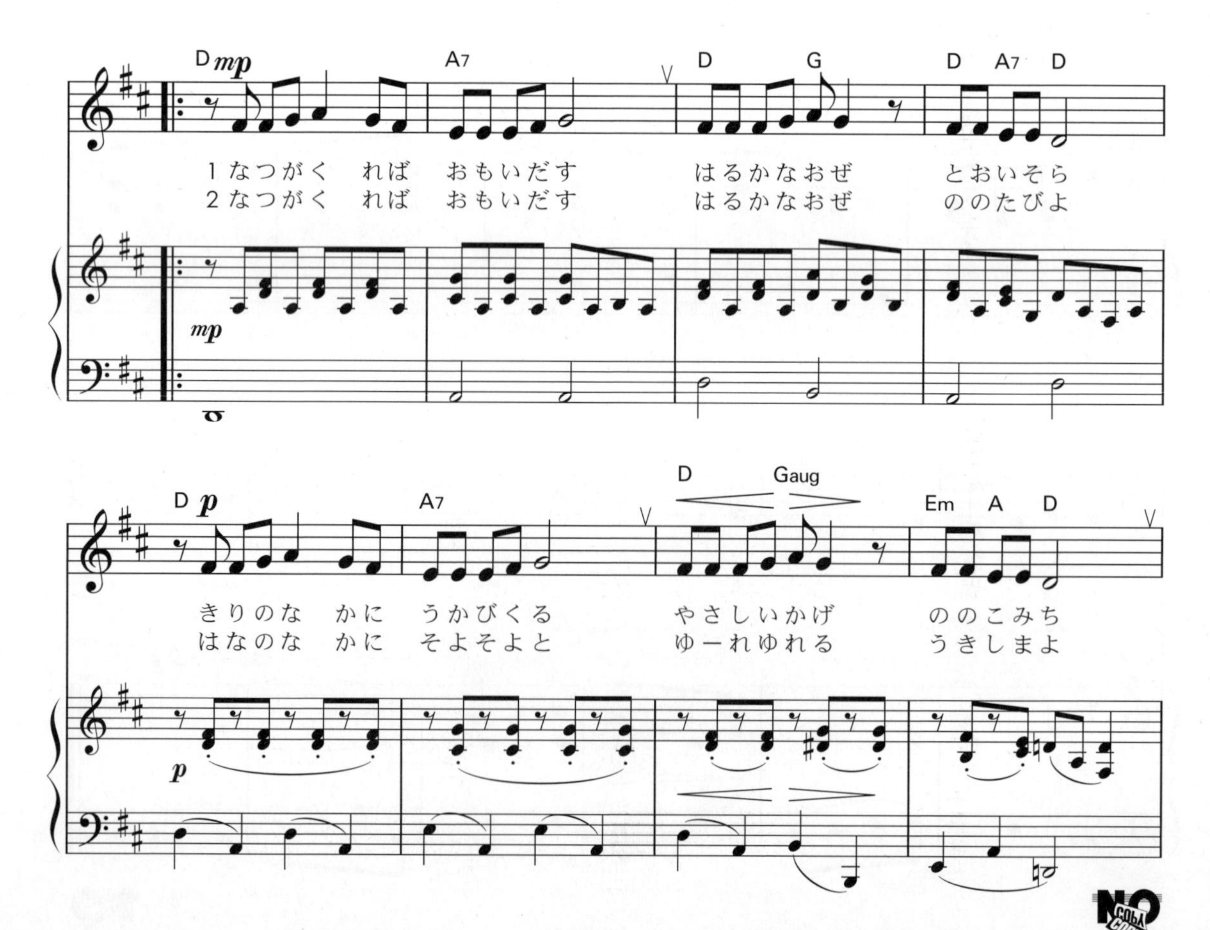

NO COPY

2番のとき
G
F♯m
G
D
A7
mp
pp
dim.
みずばしょう のは なが さいている
みずばしょう のは なが におっている
ゆめみてさいている み ずのほとり
ゆめみてにおっている み ずのほとり
D
A7
B7
Em
p
mf
しゃくなげいーろに たそがれる
まーなこつぶれば なつかしい
はるかなおぜ とおいそら
はるかなおぜ とおいそら
1.
2.

夏の日の贈りもの

高木あきこ 作詞／加賀清孝 作曲

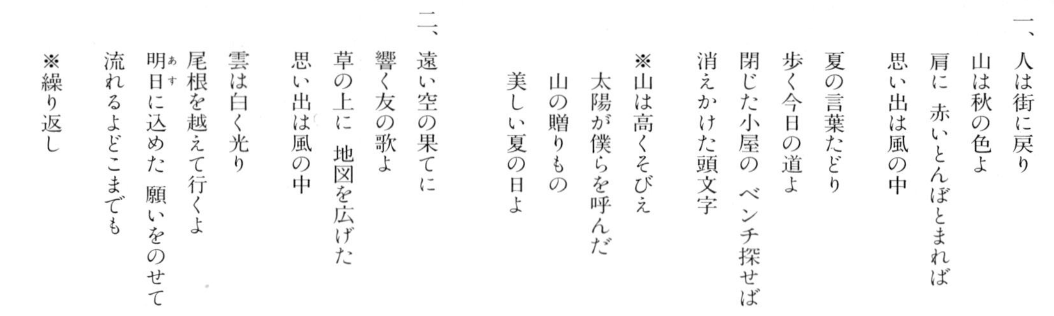

一、人は街に戻り
山は秋の色よ
肩に 赤いとんぼとまれば
思い出は風の中
夏の言葉たどり
歩く今日の道よ
閉じた小屋の ベンチ探せば
消えかけた頭文字
※山は高くそびえ
太陽が僕らを呼んだ
山の贈りもの
美しい夏の日よ

二、遠い空の果てに
響く友の歌よ
草の上に 地図を広げた
思い出は風の中
雲は白く光り
尾根を越えて行くよ
明日（あす）に込めた 願いをのせて
流れるよどこまでも
※繰り返し

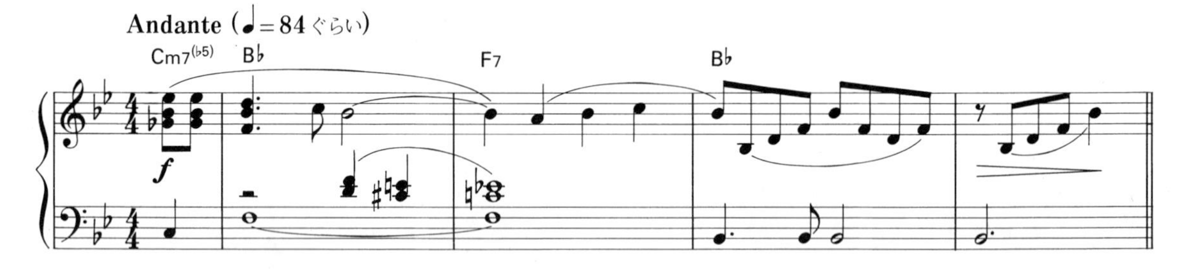

© 1989 by KYOGEI Music Publishers.

2.
C7 F7 B♭ Am7 D7(♭9)
かけた かしらもじ
れるよ どこまでも
やまは ーたかく そびえ たい
かけた かしらもじ
れるよ どこまでも
やまは そびえ
Gm Gm6 F C7 F7 B♭ Bdim7 Cm G7 Cm Cm7(♭5)
ようが ぼくらを よんだ やまの おくりもの うつ
たいようが よんだ やまの おくりもの うつ
B♭ F7 B♭
くしい なつのひよー
くしい なつのひよー
dim.

夏は来ぬ

⑤ 124 ページ

佐佐木信綱 作詞／小山作之助 作曲

一、卯の花の匂う垣根に、時鳥
早も来鳴きて、忍音もらす　夏は来ぬ。

二、さみだれの注ぐ山田に、早乙女が
裳裾ぬらして、玉苗植うる　夏は来ぬ。

三、橘の薫る軒端の窓近く
蛍飛びかい、おこたり諫むる　夏は来ぬ。

四、楝ちる川べの宿の門遠く、
水鶏声して、夕月すずしき　夏は来ぬ。

五、五月やみ、蛍飛びかい、水鶏なき、
卯の花咲きて、早苗植えわたす　夏は来ぬ。

七つの子

⑤ 127 ページ

野口雨情 作詞／本居長世 作曲

にじ

⑤ 128ページ

新沢としひこ 作詞／中川ひろたか 作曲

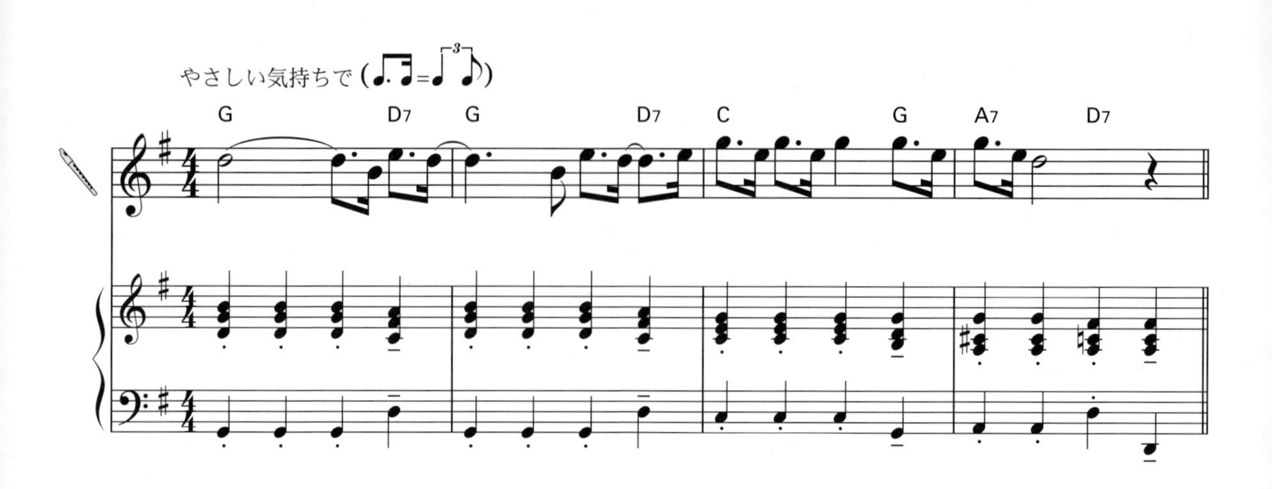

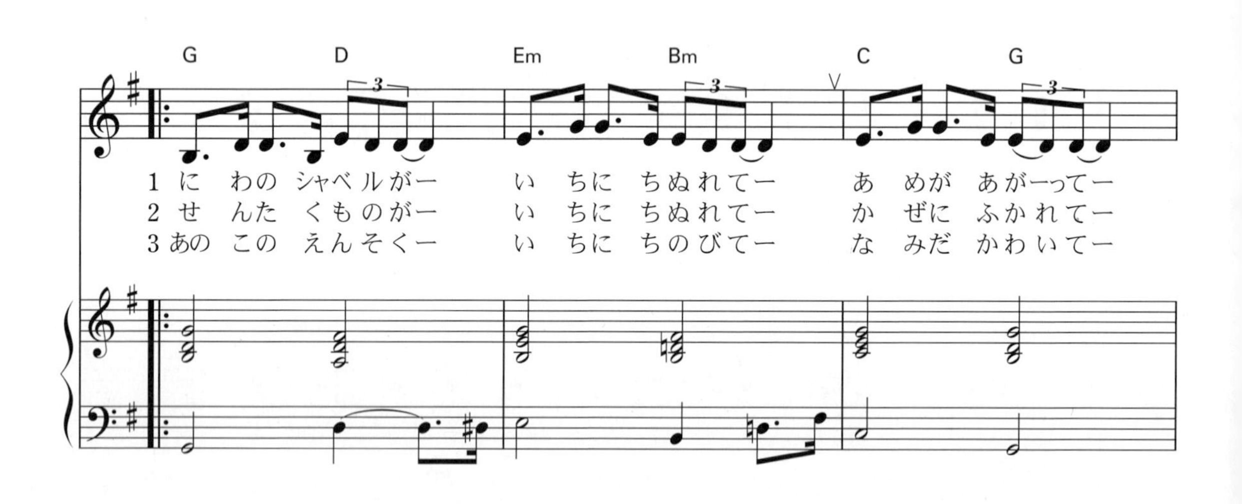

© 1991 by CRAYONHOUSE CULTURE INSTITUTE.

D7 G D7 Em Bm
ラ ラ ラ にじが にじが ー そらに かかーってー
C G A7 D7 G D7
きみの きみの ー きぶん もはれてー きっと あしたはー
Em Bm C G A7 D7 G
いい てんきー きーっと あした は いいてん き
G D7 G D7 G

にんげんっていいな

山口あかり 作詞／小林亜星 作曲☆

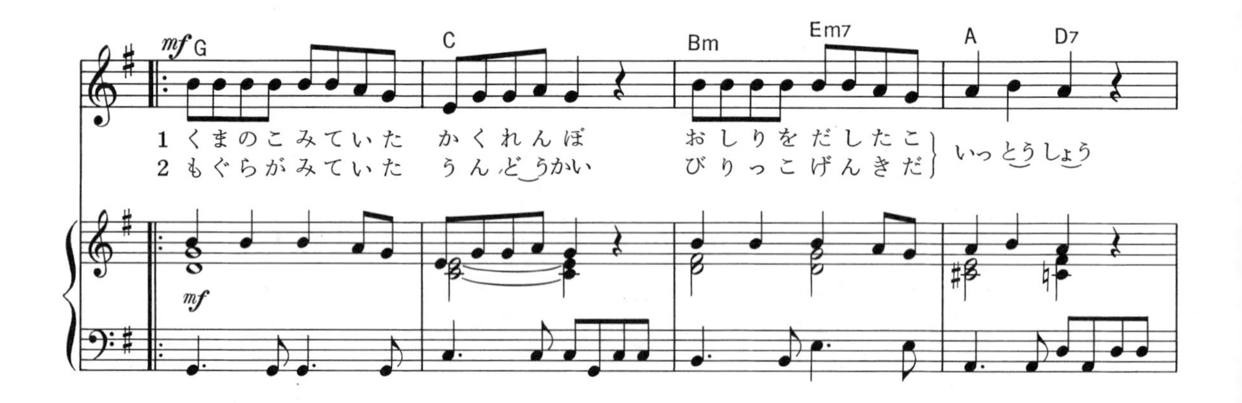

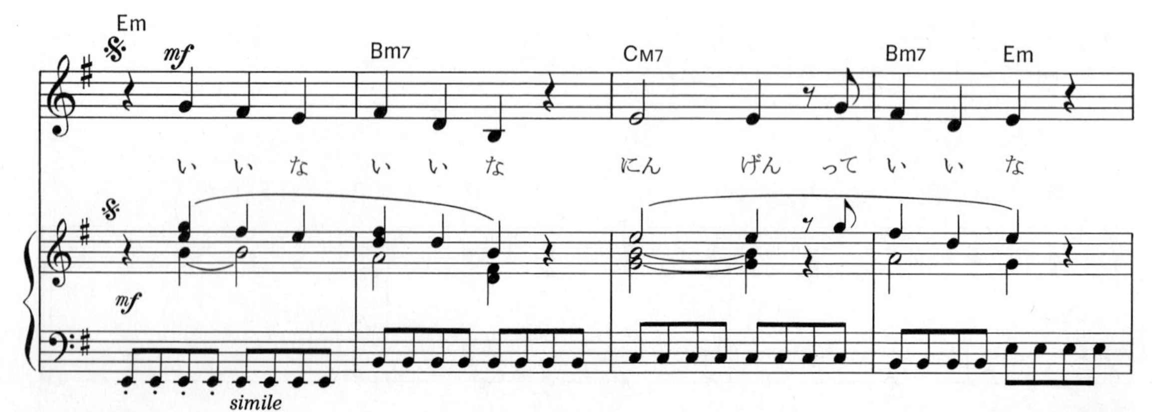

© 1984 by Ai music Inc.

C G A7 D D7
(小音符は2番のとき)
おいしいおやつに ほかほかごはん こど ものかえりを まってるだろな
みんなでなかよく ポチャポチャおふろ あったかいふとんで ねむるんだろな
G B7 C C♯dim7 G/D Am7/D
1. D7 Am/D G
ぼくもかえろ おうちへかえろ でんでんでんぐりがえって バイバイバイ
G C Bm Em7 A D7 G
Em Am7 D7(13) G Daug
2. D7 Am/D G B7
バイバイバイ D.S.
D7 Am/D G
バイバイバイ

はじめの一歩

⑤ 132 ページ

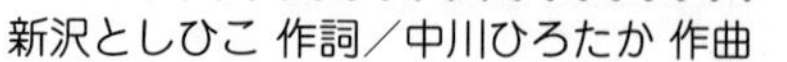

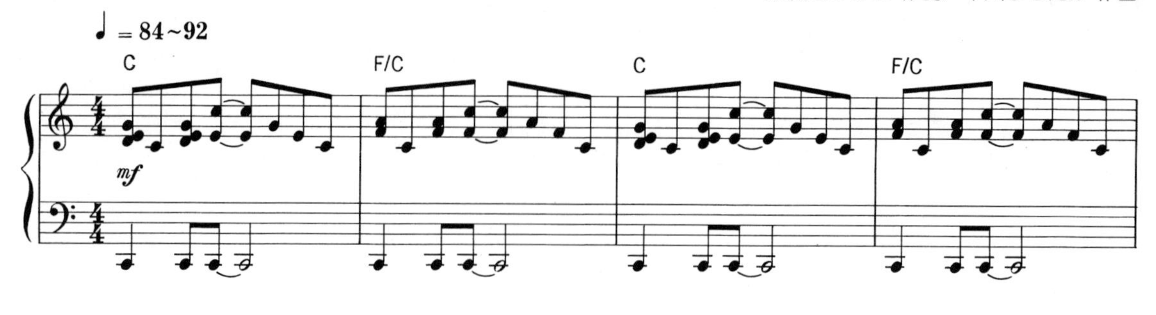

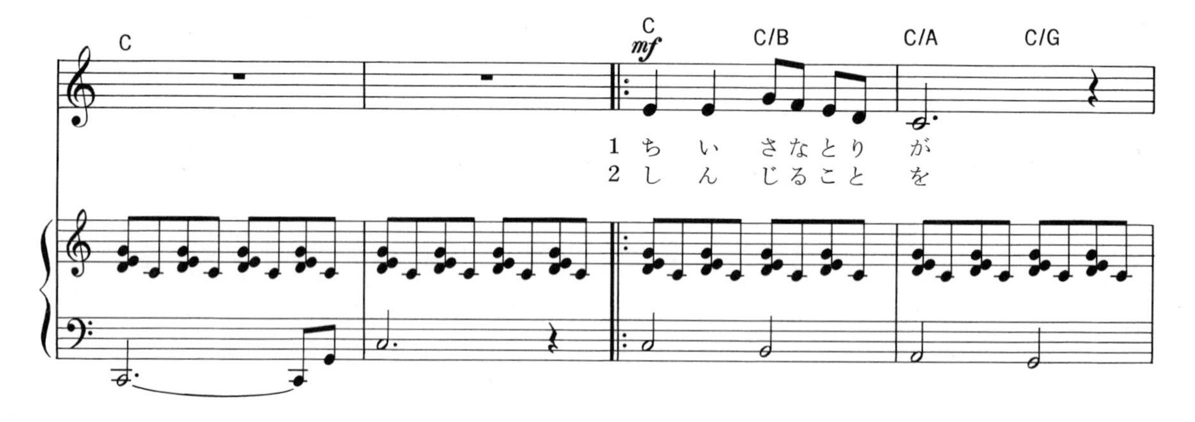

© 1989 by CRAYONHOUSE CULTURE INSTITUTE.

F G7 C C7 F G7 C Em Am
あ さ ひがのぼ る かわの ー な ー が れ も
な く しちゃいけ ない き 一っ と ー い ー つ か は
Dm G7 C F G7 C
かがやいて ー い る
かなーうはず だ よ
はじめ の い 一っ ぽ あした
F G7 C F G7 C Em Am
に い 一っ ぽ きょうから な ー にもかもが
D G7 C F G7 C
あたら ー しい はじめの い 一っ ぽ あした

F G7 C F G7 C Em Am
に い ーっ ぽ
ゆうきを もーっておおきく
うまれか わーっておおきく
F G7 C F/C C
いーっぽあるきだせ
F/C
1. C
2. rit.
C

⑤ 130ページ

バスごっこ

香山美子 作詞／湯山　昭 作曲

花咲く時をこえて

⑤ 134 ページ

山本瓔子 作詞／大田桜子 作曲

すぐそこに　大切な人がいる
心の中を　片づけてみたら
気がつかなかった　ことが
見えてくる
いま見つけても　おそすぎないよ
ぼくたちの　友情は
続いているよ　いまも
そして　これからも
さくらの花咲く　時をこえて

すぐそこに　大切なものがある
まわりのものを　片づけてみたら
忘れてしまった　ことが
輝いた
後悔なんて　したくはないよ
過ぎた日の　つながりは
消えてはいない　いまも
そして　これからも
さくらの花散る　時をこえて

© 2014 by KYOGEI Music Publishers.

NO COPY

D A Bm7 F♯m
つかなかったー ーことが みえてくる
れてしまったー ーことが かがやいた
いま
こう
GM7(9) D Em7 G♯m7(♭5) A7sus4
いま みつけても おそすぎないよ
こう かいなんて したくはないよ
みつけても
かいなんて
A7sus4 A7 D C♯m7(♭5) F♯ Bm
mf
ぼくたちの ゆうじょうは つづいているー
すぎたひの つながりは きえてはいなー
mf
mf

D
GM7
D
Em7
よ
い
これから
も
いまも
そして
これから
いまも
そして
これから
も
A7sus4
D
G
D
Em7
も
さくらの
はな
さく
とき
をこえ
さくらの
はな
ちる
とき
をこえ
D
G
1.
D
Em7
A7
D
て
さくらの
はな
さく
とき
をこえ
て
て
さくらの
はな
1.
mp
mp

G
D
Em7
A7
D
mp
C♯m7(♭5)
F♯
Bm7
Bm7/A
Gadd9
GM7/A
A7
mp
2.
rit.
p
ちる　とき　を　こえ　て
a tempo
Dsus4
8va

春の風

⑤ 133 ページ

和田徹三 作詞／広瀬量平 作曲

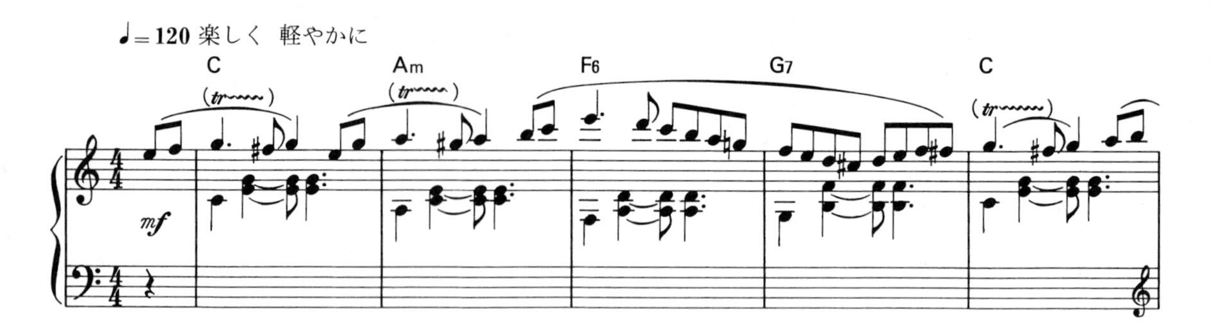

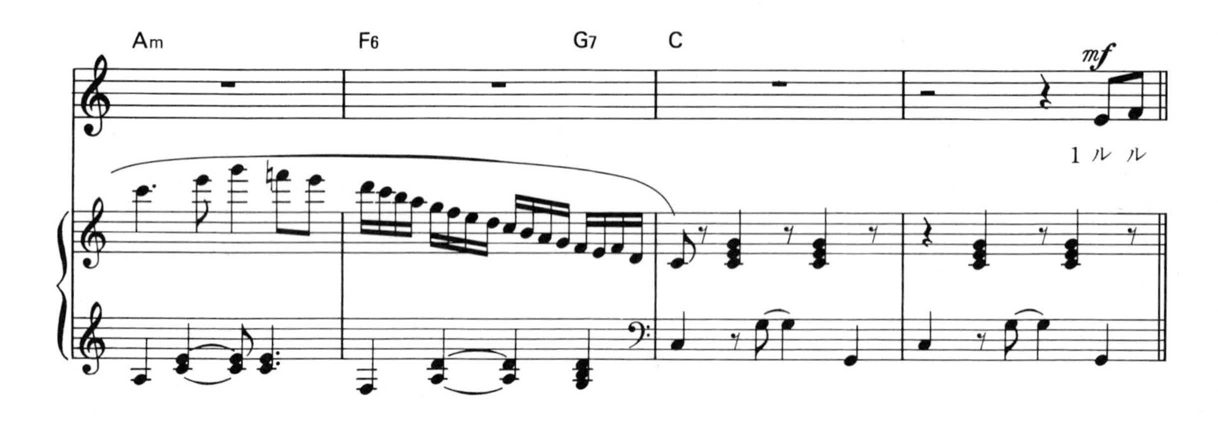

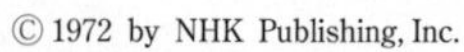
© 1972 by NHK Publishing, Inc.

F Em Dm G7
ぷ くふとった きぎのめを すいー すいー と なでながら おは
わ のはしゃいだ せせらぎに シャパ シャパ シャパッ と うたわせて おど
げ にたんぽぽ つくしんぼ こちょ こちょ こちょっ と くすぐーって あそ
C Am Dm G7 1.2. C 3. C
ようおはよう おは ようおはよう はるだ よはるだ よ 2ルル
ろうおどろう おど ろうおどろう はるだ よはるだ よ 3ルル
ぼうあそぼう あそ ぼうあそぼう はるだ よはるだ
よ
ハロー ハロー
⑤ 131 ページ
中 明子 日本語詞／アメリカ曲
Moderato
ハロー ー ー ー
C G C
ハロー ー ハロー ー やあ こんにちは
ハロー
G C
ハロー
ごきげん いかが ハロー ハロー ー ー
ハロー ー ー ー

Happy Birthday To You

P.S.ヒル，M.J.ヒル 作詞·作曲

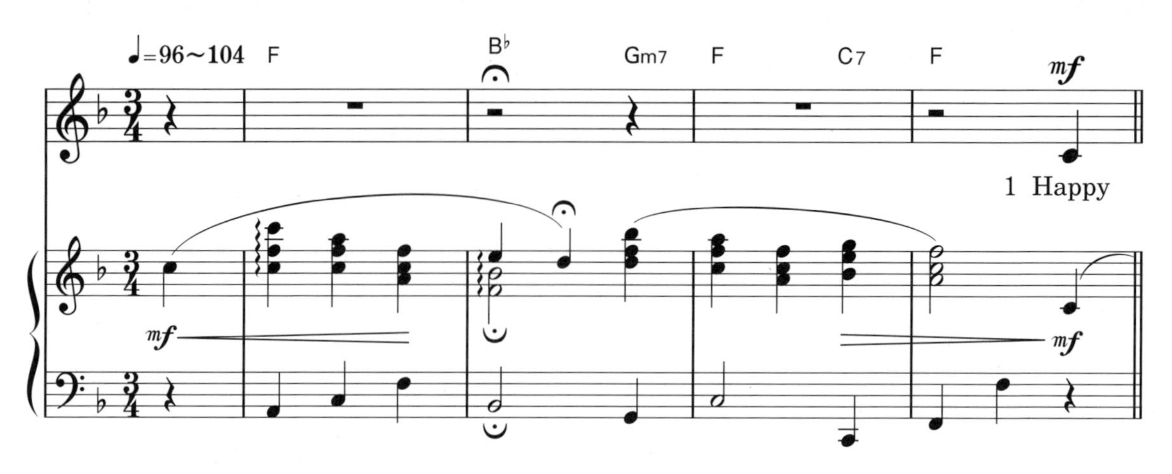

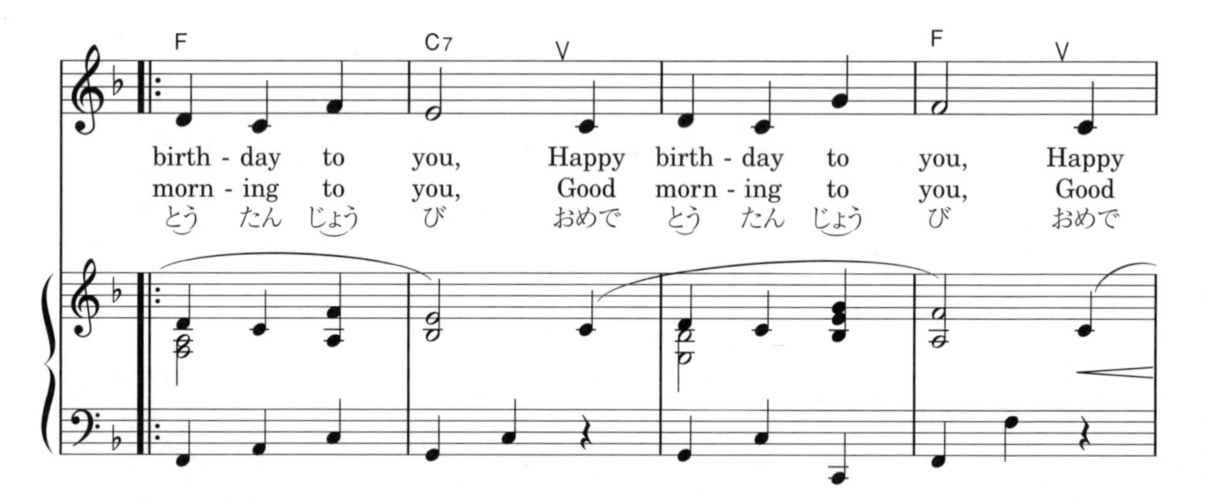

〔伴奏編曲：加賀清孝〕

ビクトリー

⑤ 136ページ

里乃塚玲央 作詞／横山裕美子 作曲

それはある日の　野球の試合
勝っていたのは　Aチーム
だけど　最後の最後になって
まさかの　逆転ホームラン

喜んだのは　Bチーム
上を下への　大騒ぎ
だけど　ボクらが　見つめてたのは
後ろに　並んだ　Aチーム

くちびるかんで　帽子を取って
「ありがとうございました」って
おじぎをしたんだ

勝った人だけが　勝ったんじゃない
勝った人だけが　勝ったんじゃない
その日　ボクらは　初めて知った
誇り高き　気持ち　ビクトリー

それは昨日(きのう)の　テストの結果
いつもは満点の　C君が
たった1問　まちがえたのは
D君がそれだけ　できたやつ

えらかったのは　C君で
どうやったのと　質問してさ
それにD君も　えらかったのは
真剣に　解き方　教えてさ

ボクらはみんな　黙っていたけど
「2人ともカッコいい」って
感動したんだ

勝った人だけが　勝ったんじゃない
勝った人だけが　勝ったんじゃない
あの日　ボクらは　大人になった
いっしょに　目指していく　ビクトリー

♩≒120

D　Em7　D　Em　A7　D　Em7　D　GM7　G/A

mp

それ　は

mp

それ　は

♩≒120

mf

© 2014 by KYOGEI Music Publishers.

NO COPY

D Em/D F♯m/D Em/D Em/A D Em/D F♯m/D F♯m7(♭5)
あるひ のや きゅう の し あい かっ て い たの はA チー ム だけ ど
あるひ のや きゅう の し あい かっ て い たの はA チー ム だけ ど
p
B7 Em B7 Em E7 A Adim7 A7
mf
さ いご のさ いご に なっ て ま さか の ぎゃ くて んホー ム ラ ン
mf
さ いご のさ いご に なっ て ま さか の ぎゃ くて んホー ム ラ ン よろ こ
mp
mf
D Em/D F♯m/D Em/D Em/A D Em/D F♯m/D
mp
mf
ラ ラ ラ うえ を し たへ のお おさ わ ぎ だけ ど
mp
mf
ん だの はB チー ム ラ ラ ラ だけ ど

G#m7(♭5) C#7(♭9) F#m Bm7(♭5) A E7sus4 E7 A7
ボ クら がみ つめ て た のは う しろ に な らん だA チー ム
ボ クら がみ つめ て た のは う しろ に な らん だA チー ム
mf
A7 Gm7 C7 FM7
mp
ー く ち び る か ん で ぼ う し を とっ
mp
ー く ち び る ぼ う し
p
B♭M7 Em7(♭5) Gm/A A7 D
て あ り が とうー ござ いま し た ってお じぎ を し たん だー
を あ り が とうー ござ いま し た ってお じぎ を し たん だー
mp

C/D mf D7 GM7 A/G F♯m7
かっ た ひと だ け が かっ た んじゃ な い
mf
かっ た ひと だ け が かっ た ひと だ
mf
Bm7 f D/E E7 A7
かっ た ひと だ け が かっ た んじゃ な い
f
け が かっ た ひと だ け かっ た んじゃ な い
f
A7 mf D Em/D F♯m/D Em/D Em/A D Em/C
ー そ の ひ ボ ク ら は は じ め て しっ た ほ こ り た か ー き き も
mf
ー そ の ひ ボ ク ら は は じ め て しっ た ほ こ り た か ー き き も
mf

B7 Em7 Fdim7 F♯m7 B7(♭9) Em7
ち ビ クト リー Wow Wow Wow
ち ビ ク ト リー Wow Wow Wow
G/A A7 D Em7 D Em A7 D Em7 D GM7 G/A
Wow ビ クト リ ー ー それ は
Wow ビ クト リ ー ー それ は
D Em/D F♯m/D Em/D Em/A D Em/D F♯m/D F♯m7(♭5)
き のうー のテ スト の けっ か い つも は まんてん のC く ん が たっ た
き のうー のテ スト の けっ か い つも は まんてん のC く ん が たっ た

B7 Em B7 Em E7 A Adim7 A7
いちもんまちがえたのは Dくんがそれだけできたやつ
いちもんまちがえたのは Dくんがそれだけできたやつ えらかっ
D Em/D F♯m/D Em/D Em/A D Em/D F♯m/D
ララ ラ どうやったのと しつもんしてさ それに
たのは Cくんで ララ ラ それに
G♯m7(♭5) C♯7(♭9) F♯m Bm7(♭5) A E7sus4 E7 A7
Dくんもえらかったのは しんけんにときかたおしえてさ
Dくんもえらかったのは しんけんにときかたおしえてさ

A7
mp
Gm7
C7
FM7
ーボクらは みんな だまーっていたけど
mp
ー ボクらは だまーっ
p
B♭M7
Em7(♭5)
Gm/A
A7
D
ー ふたりとも カッコいい ってかんどう したんだー
て ふたりとも カッコいい ってかんどう したんだー
mp
C/D
mf
D7
GM7
A/G
F♯m7
かった ひとだけ が かった んじゃない
mf
かった ひとだけ が かった ひとだ
mf

Bm7 D/E E7 A7
かっ た ひと だ け が かっ た んじゃ な い
け が かっ た ひと だ け かっ た んじゃ な い
A7 D Em/D F♯m/D Em/D Em/A D Em/C
ー あ の ひ ボ ク ら はお とな に なっ た いっ しょ にめ ざし て一 い
ー あ の ひ ボ ク ら はお とな に なっ た いっ しょ にめ ざし て一 い
B7 Em7 Fdim7 F♯m7 B7(♭9) Em7
く ビ ク ト リー Wow Wow Wow
く ビ ク ト リー Wow Wow Wow

G/A
A7
D
Em7
D
Fdim7
Em7
Wow ビ クト リ ー ー Wow Wow Wow
Wow ビ クト リ ー ー Wow Wow Wow
G/A
A7
B♭M7
E♭M7
Dadd9
poco rit.
Wow ビ クト リ ー ー
Wow ビ クト リ ー ー
poco rit.
mf
f

ピクニック

⑤ 139 ページ

萩原英一 日本語詞／イギリス民謡☆

♩＝120 軽快に 楽しく

おかをこえ いこうよ くちぶえ ふきつつ
そらはすみ あおぞら

まきばをさして ー うたおう ーほがらに ーともに てをとり

ラ ラララララララララ ラ ガガガガア ララ ラララララやぎさん も
ラララララララ ラララララあひるさん ー メーーエ ララ

うたごえあわせよ あしなみそろえよ きょうはゆかいだ

前奏

Bingo

⑤ 141 ページ

作詞者不明／アメリカの遊び歌

〔伴奏編曲：橋本祥路〕

Believe

⑤ 140 ページ

杉本竜一 作詞・作曲

© 1998 by Sound Project K.K.

Dm f B♭6 C Fsus4 F C
せかいじゅうの きぼうのせて
せかいじゅうの やさしさーで
simile
D7 Gm B♭/C C7 mf
このちきゅうは まわーってる い
このちきゅうを つつみたい い
F C/E C Dm B♭
まーみらいのーーとびらをーあけるとき
まーすなおなーーきもちにーなれるなら
mf
F B♭/F Gm C7sus4 C
かなしみーやくるしみーが い
あこがれーやいとしさーが お

F C/E C Dm B♭
つ のひかー ーよろこ びに ーかわる だーろう
お ぞらにー ーはじけ て ーひかる だーろう
F Gsus4 Gm7 Gm7(9)/C C7 1. F
I believe in fu - ture しんじ てる
1.
2. F C7 F C/E C Dm
る いま ーみらいのー ーとびら を ーあける
2.
B♭ F Gsus4 Gm7 Gm7(9)/C C7
I believe in fu - ture しんじ て
と き

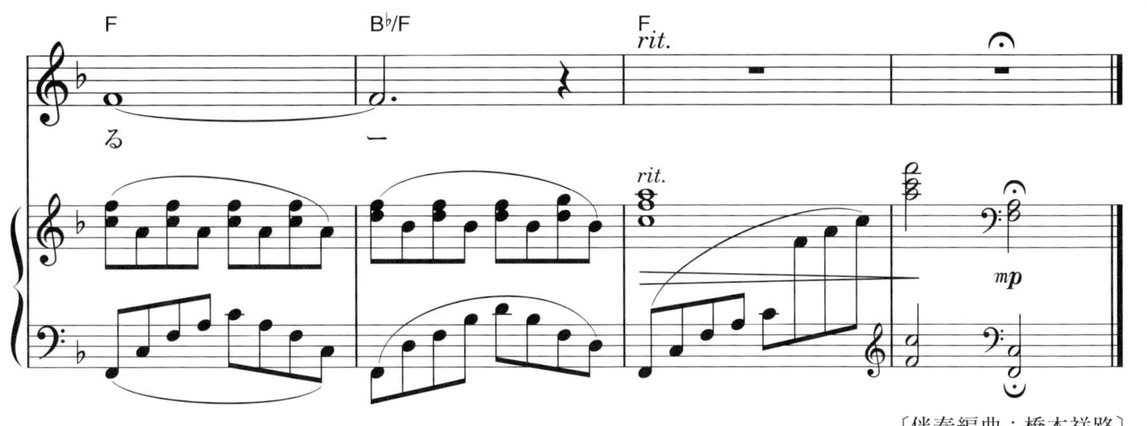

〔伴奏編曲：橋本祥路〕

⑤ 142ページ

高木あきこ 作詞／橋本祥路 作曲

© 1987 by KYOGEI Music Publishers.

NO COPY

E♭ Cm A♭ A♭/G F♯dim7 E♭/G Ddim/A♭ E♭/B♭ B♭7(9) B♭7
ドアをおおきくー あけはなそう ひろいせかいへー でて いこ
う
E♭
B
mp
B♭/D Cm E♭/B♭ A♭ Am7(♭5)
ル ル ル ル ル
B♭sus4 B♭7/A♭ E♭/G B♭/F C7/E Fm A♭/E♭ B♭7/D B♭7
ル ル ル ル ル ル ル ル ル

C
E♭ B♭ E♭ B♭ Cm Cm/B♭ A♭ E♭/G
mf
ル　ドアのむこうのー　かがやきをー　じぶんのものにー
F7 B♭sus4 B♭ E♭ Cm A♭ A♭/G F♯dim7 E♭/G Ddim/A♭ E♭/B♭
するためにー　ドアのむこうのー　かがやきをー　みんなのものにー　す
D
B♭7(9) B♭7 E♭ A♭ E♭
cresc.
f
るために　ぼくら あおいみー　ぼくら あかいひー　あ

Fm
F♯dim7
Gm
A♭
E♭
mp
めにうたれー　かぜにふかれー　てと　てをつなぎー　こころ　をつなぎー　う
mp
mp
Fm
poco a poco cresc.
Gm7
f
Fm7/A♭
F7/A
F7(9)
B♭7sus4
た　を　　う　た　を　　う　た　い　な　が　ら
poco a poco cresc.
f
小音符は省略してもよい。
poco a poco cresc.
f
E
B♭
E♭
mf
B♭
Cm
Cm/B♭
A♭
E♭/G
ー　ル　ル　ル　ルル　ル　ルル　ル
mf
ぼくらの　まえには　ドアがあるー　いろんなドアがー
mf

F7 B♭sus4 B♭ E♭ Cm A♭ A♭/G F♯dim7 E♭/G Ddim/A♭ E♭/B♭
ル ル ル ル ドアをおおきくー あけはなそう ひろ いせかいへー で
いつもあるー
1.
B♭7(9) B♭7 E♭ f
て い こ う ぼ く
2.
B♭7(9) f B♭7
て い こ
い こ
1.
2.
f
E♭ A♭ E♭ A♭ E♭
う ー ー
う Oh Oh Oh Oh
ff

ふるさと

⑤ 144 ページ

文部省唱歌／高野辰之 作詞／岡野貞一 作曲／浦田健次郎 編曲

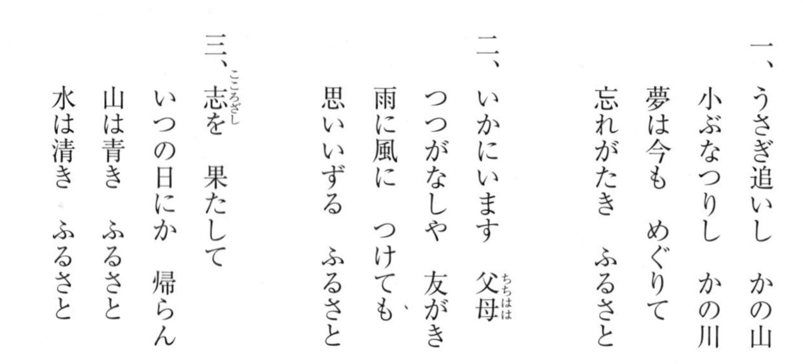

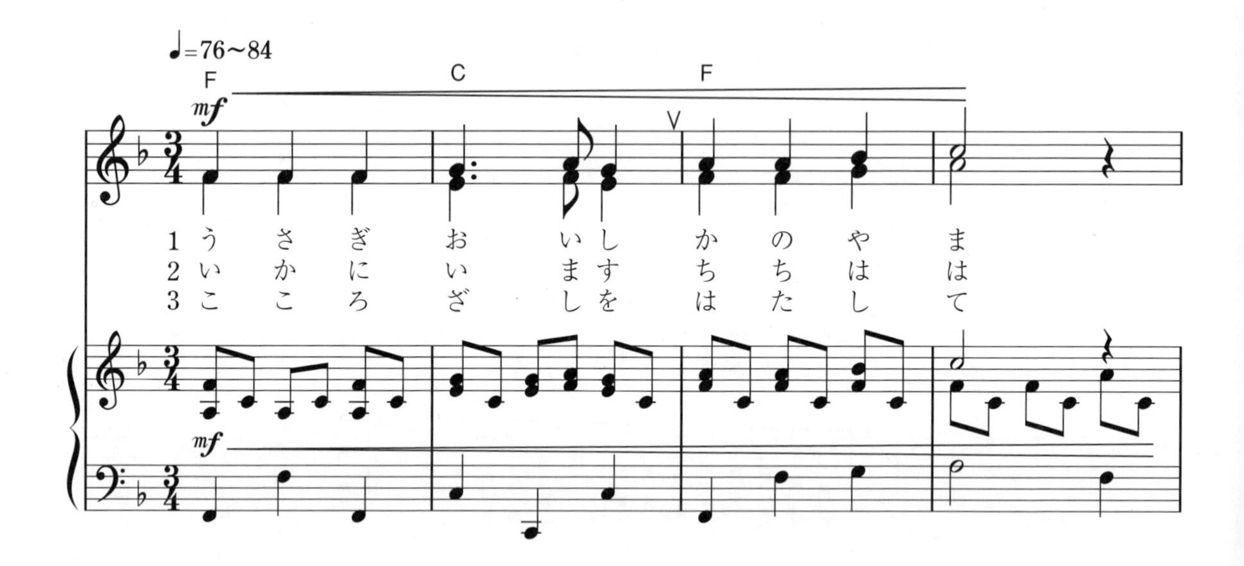

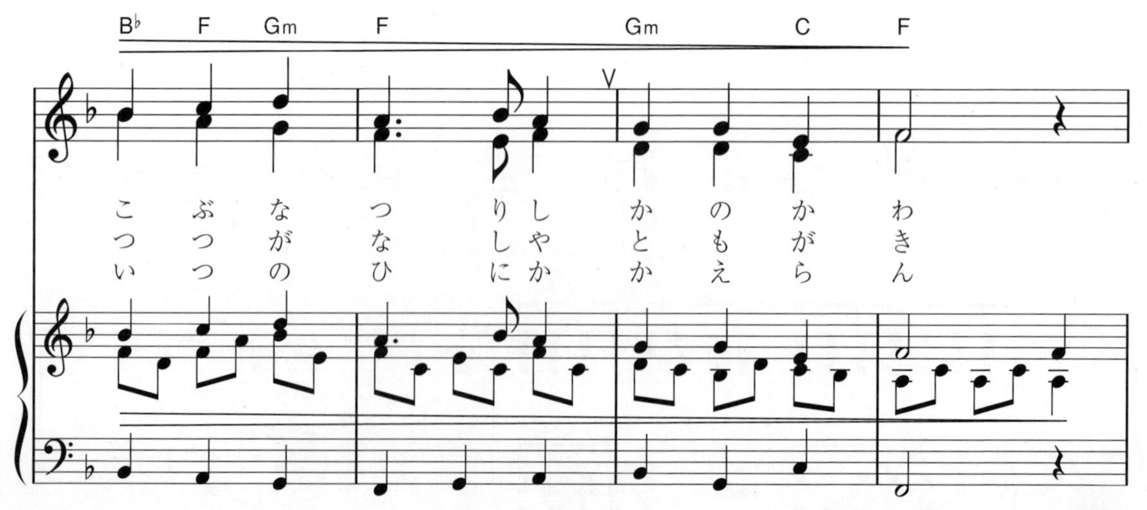

p
C F C7 F
ゆ ー め は い ー ま も め ー ぐ ー り ー て
あ ー め に か ー ぜ に つ ー け ー て ー も
や ー ま は あ ー お き ふ ー る ー さ ー と
p
ゆ め は い ー ま も め ー ぐ ー り ー て
あ め に か ー ぜ に つ ー け ー て ー も
や ま は あ ー お き ふ ー る ー さ ー と
p
C F C F Gm C F
mf
わ す れ が た き ふ る さ と
お も い い ず る ふ る さ と
み ず は き よ き ふ る さ と
mf
mf
前奏

ふるさと

〈参考曲〉

文部省唱歌／高野辰之 作詞／岡野貞一 作曲／横山潤子 編曲

一、うさぎ追いし　かの山
小ぶなつりし　かの川
夢は今も　めぐりて
忘れがたき　ふるさと

二、いかにいます　父母
つつがなしや　友がき
雨に風に　つけても
思いいずる　ふるさと

三、志を　果たして
いつの日にか　帰らん
山は青き　ふるさと
水は清き　ふるさと

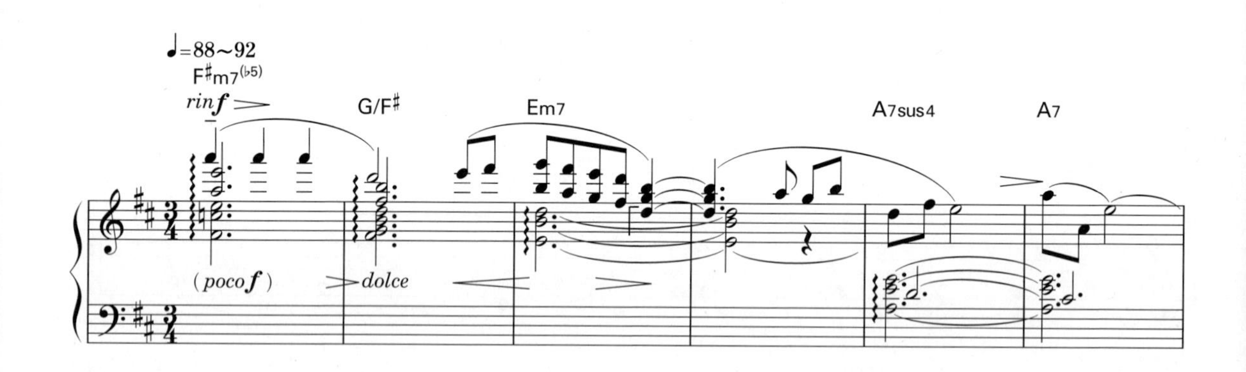

© 2012 by ONGAKU NO TOMO SHA CORP., Tokyo, Japan.

D G/E D/F♯ G D/F♯ Em7 D/A
かのやま こぶなつりし
A7 D A D/A
かのかわ ゆーめはいーまも
G/A D F♯m7 Bm
めーぐーりーて わすれがたき
Em7 A7 D G A7/G F♯m7 Bm Em7
ふるさと

B
dolce
A7sus4 D A
2 い か に い ま す
(mp)
dolce semplice※
(col ped. sempre)
※ ライアーをつまびくイメージで。
D G/B D/F♯ G/B D/A G D/A A7
div.
ち ち は は つ つ が な ー し や と も が
D A7/G D/F♯ A7/E D
き あ ー め に か ー ぜ に つ ー け ー て ー も
rit. poco
D/A Bm Em7 A D B♭7(♯5)
お も い い ず る ふ る さ と
mf sosten. e rit. poco

C
a tempo
E♭
poco f (soliでもよい)
B♭/E♭
E♭7
A♭/E♭
E♭
ah（または la la…）
poco f
3 こ こ ろ ざ し を は た し て
a tempo
poco f
可能であれば小音符を歌う。
A♭
E♭/B♭
B♭7
E♭
ah（ la la…）
い つ の ひ に か か え ら ん
(tutti)
B♭7/A♭
dolce
E♭/G
Fm7
B♭7/F
E♭
や ー ま は あ ー お き ふ ー る ー さ ー と
dolce
uh
ふ る さ ー と
dolce

Gm
poco f
Cm
E♭/G
A♭
Fm7
B♭7
E♭
みずはき よき ふるさと
poco f
みずはき よき ふるさと
poco f
riten.
a tempo
rit.
A♭
B♭7(♭9)
E♭
ふるさと ー
ふるさと ー
a tempo
colla voce
dim. e rit.

Head, Shoulders, Knees And Toes

作詞・作曲者不明

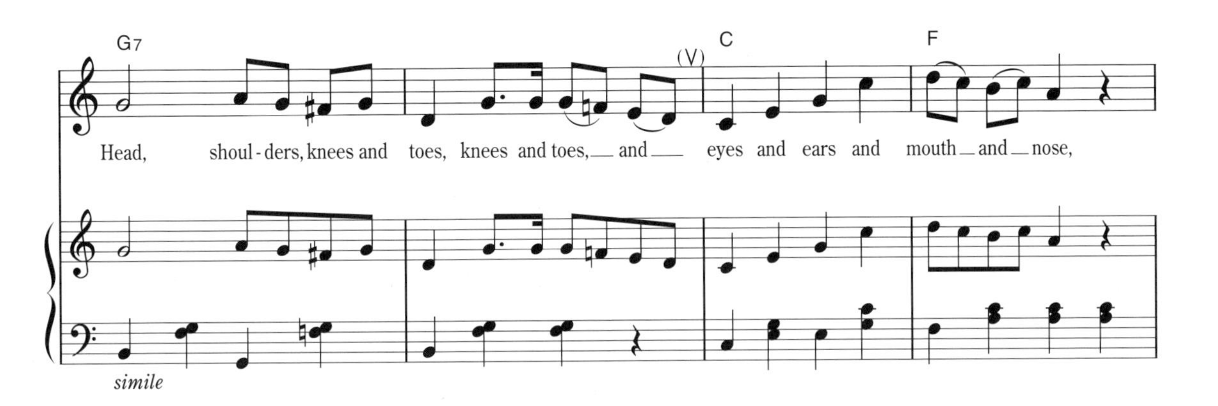

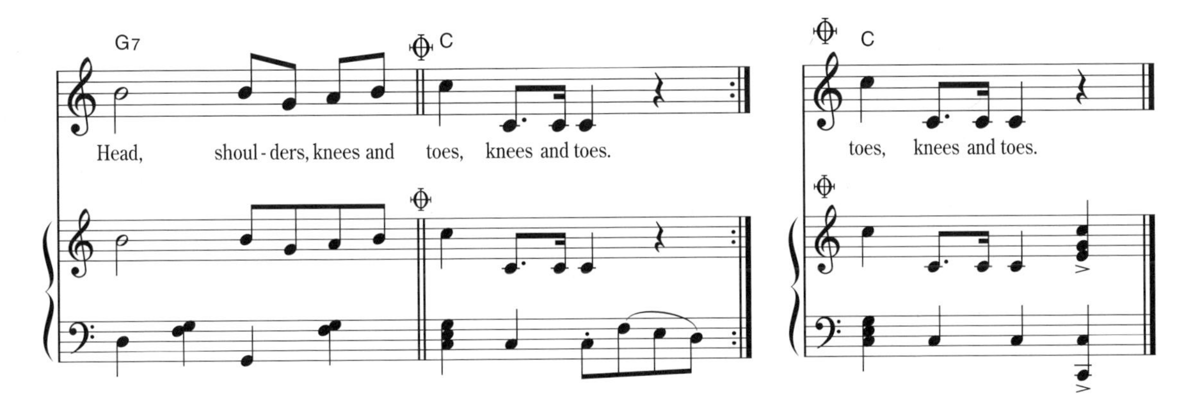

〔伴奏編曲：加賀清孝〕

Best Friend

⑤ 146 ページ

玉城千春 作詞・作曲

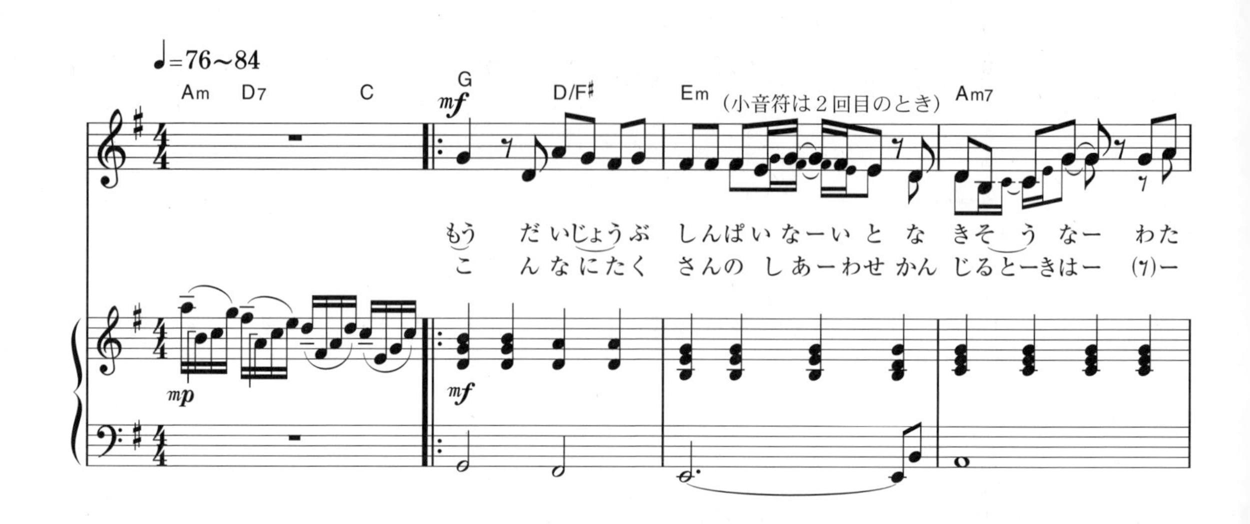

© 2001 by Victor Music Arts, Inc.

Em/C♯ Am7/D D Em7 D G CM7
がやいーてるー
んなそばにいるー
＊ときにはーいそぎ
きっといまーここーでや
D D7 B7/D♯ Em Em/D Em/C♯ CM7 D G CM7
すぎてーみうしなーう ことも あるよ しかたなーい ずっとみまーもーってい
りとげーられるこーと どんな ことも ちからにかわーる ずっとみまーもーってい
D D7 B7/D♯ Em Em/D CM7 D CM7 D
るからーって えがおーで いつも のように だきしめーた あなたのえがおにー なんど
るからーって えがおーで いつも のように だきしめーた みんなのえがおにー なんど
B7/D♯ Em CM7 C/D C/E D G/B Am/C
たすけられただろうー ありがとう ありがとう
たすけられただろうー ありがとう ありがとう
Best_ Friend
1.
cresc.

Bm/D B7/D♯ Em Em/C♯ C/D D Am D7 C
legato
dim.
mp
2.
Em C D Em7 D
Friend
D.S.
(*へ)
D.S.
Coda
CM7 D
だきしめ ーた
D CM7 D B7/D♯ Em CM7 C/D
ー
あなたのえがおにー なんど たすけられただろうー ありが とう ありがとう
C/E D G CM7 D
Best_ Friend ずっとー ずーっと ずっ と Best___Friend_

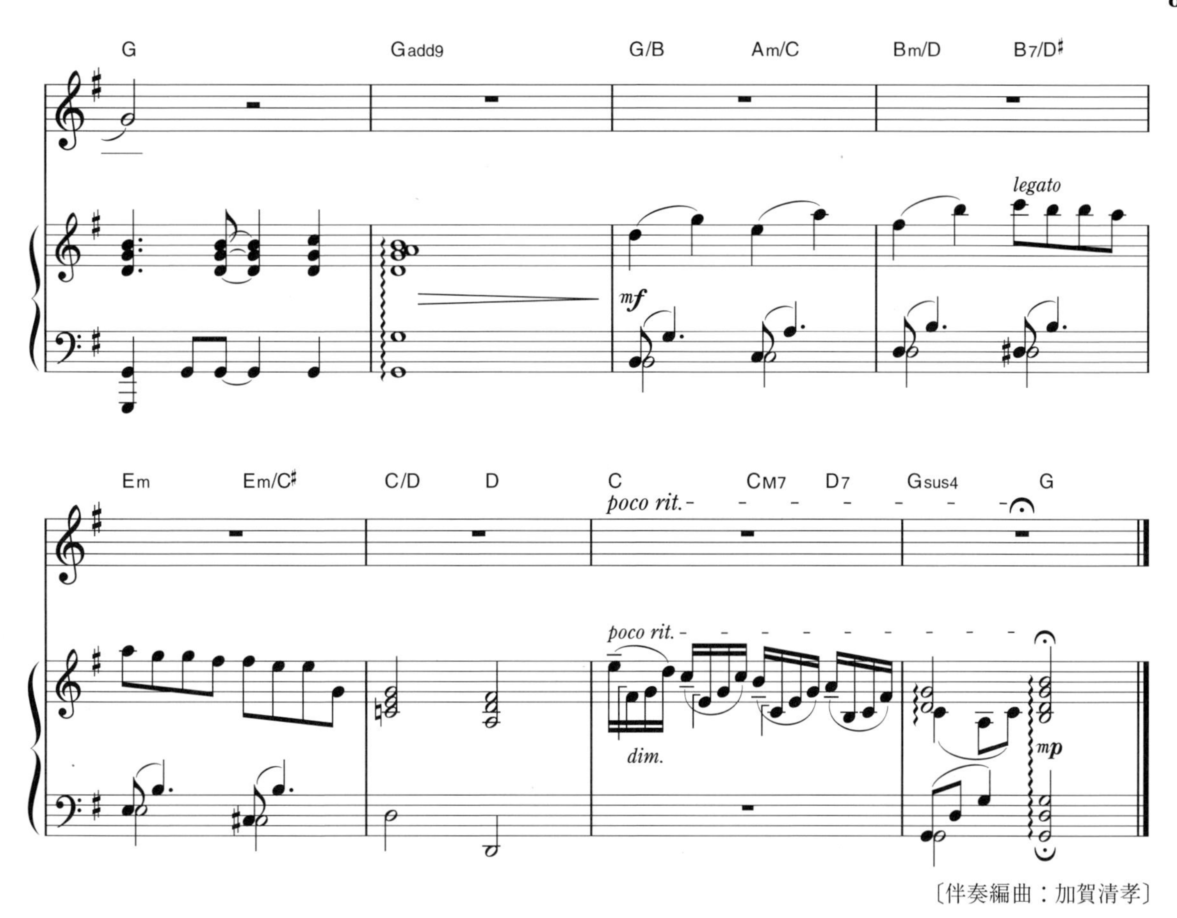

〔伴奏編曲：加賀清孝〕

もう大丈夫心配ないと　泣きそうな私の側で
いつも変わらない笑顔で　ささやいてくれた
まだ　まだ　やれるよ　だっていつでも輝いてる
※時には急ぎすぎて　見失う事もあるよ　仕方ない
ずっと見守っているからって笑顔で
いつものように抱きしめた
あなたの笑顔に　何度助けられただろう
ありがとう　ありがとう　Best Friend

こんなにたくさんの幸せ感じる時間は　瞬間で
ここにいるすべての仲間から　最高のプレゼント
まだ　まだ　やれるよ　だっていつでもみんな側にいる
きっと今ここでやりとげられること　どんなことも力に変わる
ずっと見守っているからって笑顔で
いつものように抱きしめた
みんなの笑顔に　何度助けられただろう
ありがとう　ありがとう　Best Friend

※繰り返し

ずっと　ずっと　ずっと　Best Friend

The Hokey-Pokey

作詞・作曲者不明

＊上記以外の体の部分でもやってみましょう。

〔伴奏編曲：加賀清孝〕

ほたるの光

⑤ 148 ページ

稲垣千頴 日本語詞／スコットランド民謡☆

〔伴奏編曲：明石潤祐〕

NO COPY

ホルディリディア

⑤ 148ページ

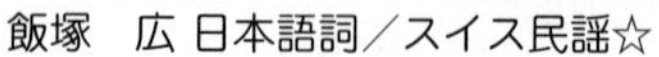
飯塚　広 日本語詞／スイス民謡☆

© 2003 by NHK Publishing, Inc. (words only)

NO COPY

マイ バラード

⑤ 152 ページ

松井孝夫 作詞・作曲

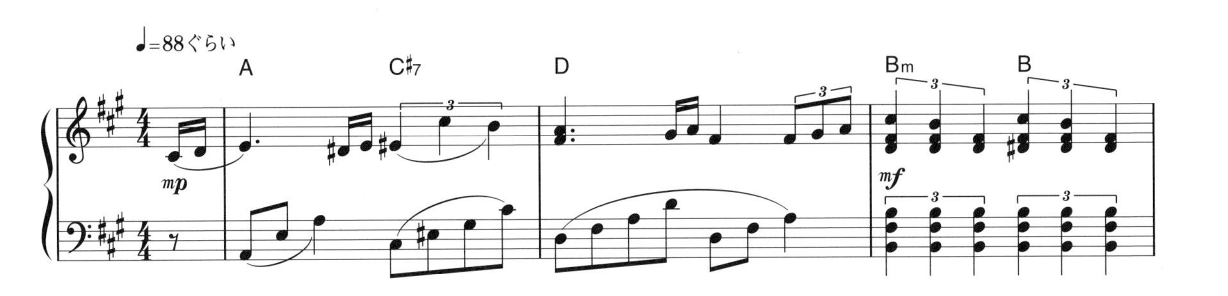

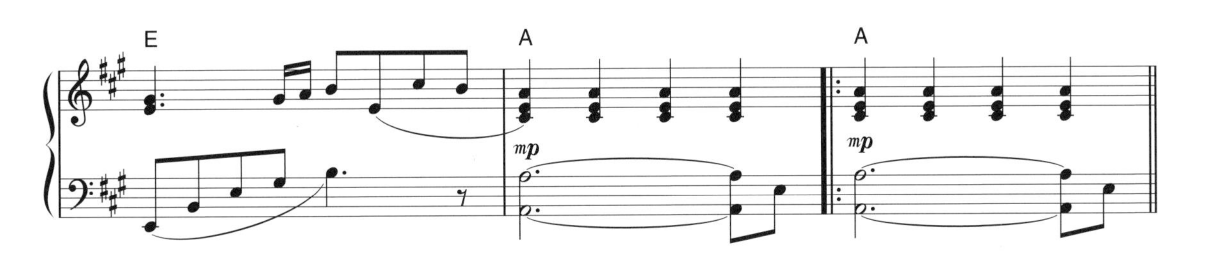

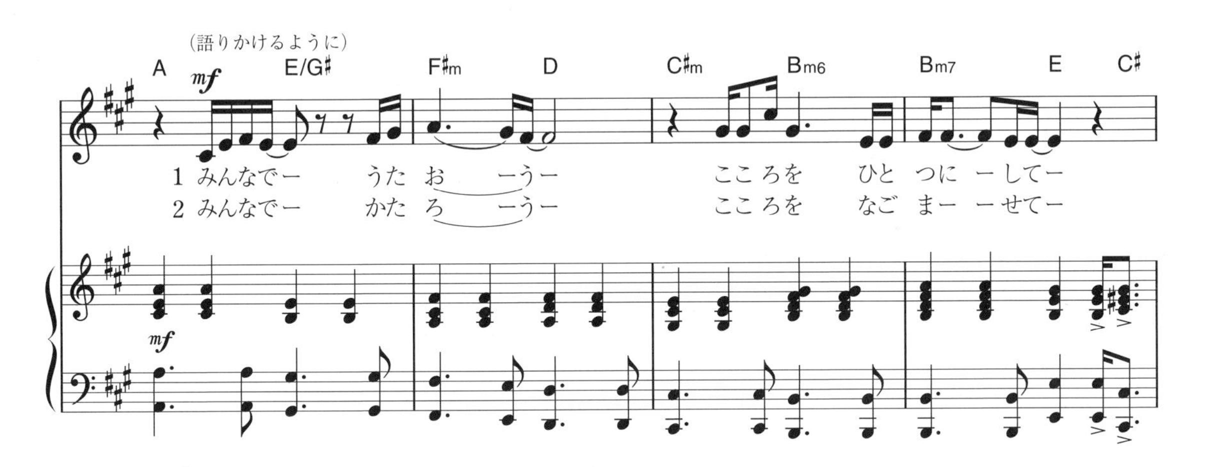

© 1987 by ONGAKU NO TOMO SHA CORP., Tokyo, Japan.

NO COPY

A E/G♯ F♯m D C♯m Bm6 Bm7 E C♯
ル ル ルル ル ルルー ル ル ル ルルー
(小音符は２番のとき)
みんなでー うたお ーうー おおきな こえを だして
みんなでー かたろ ーうー すなおに こころ ひらいて
F♯m F♯m/E D C♯m Bm E7 A A7
はずかーしがらずー ー うたおーうよー
どんなーちいさなー ー なやみごともー
(リズムにのって)
D C♯ F♯m DM7 Bm B E
(広がりをもって)
*こころもえる うたが うたが きーっときみのもとへ きらめ
こころいたむ おもい たとえきみをくるしめても なかま

A D Bm Bm7 E
けーせかい じゅうに ぼくの ーうたを のせてー きらめ
がーここに いるよ いつも ーきみを みてるー ぼくら
きらめ けせかい じゅうに ぼくのうたを のせてー
なかま がここに いるよ いつもきみを みてるー
A D Bm E7 A A A7
1. 2.
けーせかい じゅうに とどけ あいのメーッセー ジ
はーたすけ あーって いきて ゆこういつまで も（＊へ）
きらめ けせかい じゅうに
ぼくら はたすけ あーって
D.S.
Coda
rit.
（意志をもって）Lento（♩=60ぐらい）
A F♯7 Bm E7 A F A
mf
p
ジ とどけ あいのメーッセー ジ Hum.
rf

Michael, Row The Boat Ashore（こげよ マイケル）

長崎一男 日本語詞／スピリチュアル／長谷部匡俊 編曲

© 1987 by KYOGEI Music Publishers.

マーチング・マーチ
④ 148 ページ
阪田寛夫 作詞／服部公一 作曲
♩＝112～120 マーチ気分で
8va
Em B7 Em
1～3 マーチたらチッタカタア こうしんだ
Em B7 Em Am6
マーチたらチッタカタア こうしんだ
1 みぎあしくん ひだりあしくん
2 バスみちくん どろみちくん
3 ふるぐつくん ぼろぐつくん
Em D7 C#dim Am/C Em D7 C#dim Am/C Em D7 C#dim Am/C B7
かわり ばんこ かわり ばんこ ぼくをはこんで
ザック ザック ボッコ ボッコ ザック ザックボッコ ボッコ いいおとならして
ひだり みぎ ひだり みぎ 1 2 3 4 ぼくをはこんで
チッ タ カタッタッタア

Em
1.B7
Em
2.B7
Em
D7
のっ　ぱら　へ　つれていけ
チッ　タ カ タッ タッ タア
チッ　タ カ タッ タッ タア
1.
2.
mf G
D7
か　か　かえるの　お　へ　そ
み　み　みみずの　め　だ　ま
mf
か　か　かえるのお　へ　そ　み　み　みみずのめ　だ
mf
D7
B7
Am6
f B7
あ　るのか
な　いのか
み　に　い　こ　う
ま　な　いのか　あ るのか　み　に　い　こ　う
f
f

マーチったら チッタカタァ
行進だ
マーチったら チッタカタァ
行進だ
右足くん
左足くん
かわり ばんこ
かわり ばんこ
ぼくをはこんで
チッタカ タッタッタァ
野っ原（ぱら）へつれていけ
チッタカ タッタッタァ

マーチったら チッタカタァ
行進だ
マーチったら チッタカタァ
行進だ
バス道くん
どろ道くん
ざっく ざっく
ぼっこ ぼっこ
ざっく ざっく
ぼっこ ぼっこ
いい音ならして
チッタカ タッタッタァ
野っ原へつれていけ
チッタカ タッタッタァ

かか
かえるのおへそ
みみ
みみずのめだま
あるのか ないのか
ないのか あるのか
みにいこう

マーチったら チッタカタァ
行進だ
マーチったら チッタカタァ
行進だ
ふる靴（ぐつ）くん
ぼろ靴くん
ひだり みぎ
ひだり みぎ
1 2
3 4
ぼくをはこんで
チッタカ タッタッタァ
野っ原へつれていけ
チッタカ タッタッタァ

まっかな秋

⑤ 151 ページ

薩摩　忠 作詞／小林秀雄 作曲

一、まっかだな　まっかだな
つたの葉っぱが　まっかだな
もみじの葉っぱも　まっかだな
しずむ夕日に　照らされて
まっかなほっぺたの　君とぼく
まっかな秋に　囲まれている

二、まっかだな　まっかだな
からすうりって　まっかだな
とんぼのせなかも　まっかだな
夕焼け雲を　指さして
まっかなほっぺたの　君とぼく
まっかな秋に　よびかけている

三、まっかだな　まっかだな
ひがん花って　まっかだな
遠くのたき火も　まっかだな
お宮の鳥居を　くぐりぬけ
まっかなほっぺたの　君とぼく
まっかな秋を　たずねてまわる

♩=112~120

F　B♭6　C7　F

F　C　F　C　F　Gm　C

1 まっ か だ な　まっ か だ な　つ た ー の は っ ぱ が　まっ か だ な
2 まっ か だ な　まっ か だ な　か ら ー す う り ーって　まっ か だ な
3 まっ か だ な　まっ か だ な　ひ が ー ん ば な ーって　まっ か だ な

F Bb Gm F C7 F C7
mf
もみじのはっぱも まっかだな しーずむゆうひに
とんぼのせなかも まっかだな ゆーうやけぐもを
とおくのたきびも まっかだな おーみやのとりいを
mf

てーらされて
ゆーびさして
くーぐりぬけ
F D7 Gm Bb G7
f
てらされーて
ゆびさしーて
くぐりぬーけ
まーっかなほっぺたの きーみとぼ
mf
f

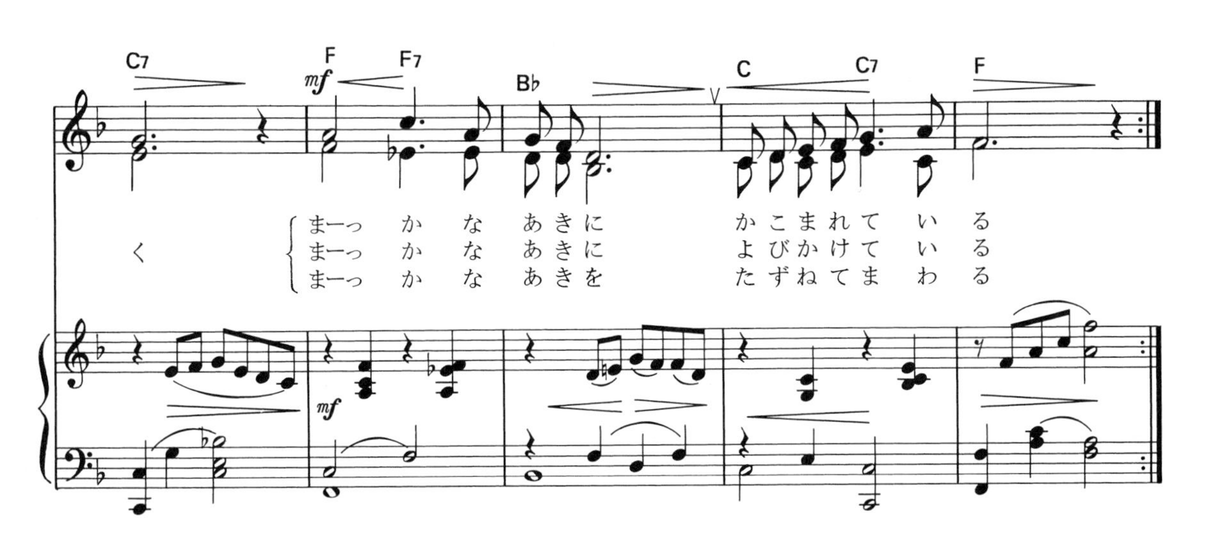
C7 F F7 Bb C C7 F
mf
く
まーっかなあきに かこまれている
まーっかなあきに よびかけている
まーっかなあきを たずねてまわる
mf

まつり花

④ 147ページ

花岡　恵 日本語詞／中国民謡／小原光一 採譜

♩=84～92

mf

かぜにゆれてるまつりか　えだいっぱい
ハオ イー トゥオ メイ リー ティー モー リー ホワ　フェン ファン メイ リー
好一朵美一丽的茉莉一花　芬芳美丽一

前奏

さいて　あたーりにーかおーる
マン チー ヤー　ヨウ シャン ヨウ パイ レン レン クワ
满枝桠　又香一又白一人人一夸

こーのーはなつんーで　おくーりーまー
ラン ウォー ライ チャン ニー チャイ シア　ソン ケイ ピエ レン
让一我一来将你摘一下　送给一别一人一

すやさしいあのひとにー
チア　モー リー ホワ　モー リー ホワ
家　茉莉花一茉一莉一花一

© 2004 by KYOGEI Music Publishers.

〔伴奏編曲：橋本祥路〕

南風にのって

若松　歓 作詞・作曲

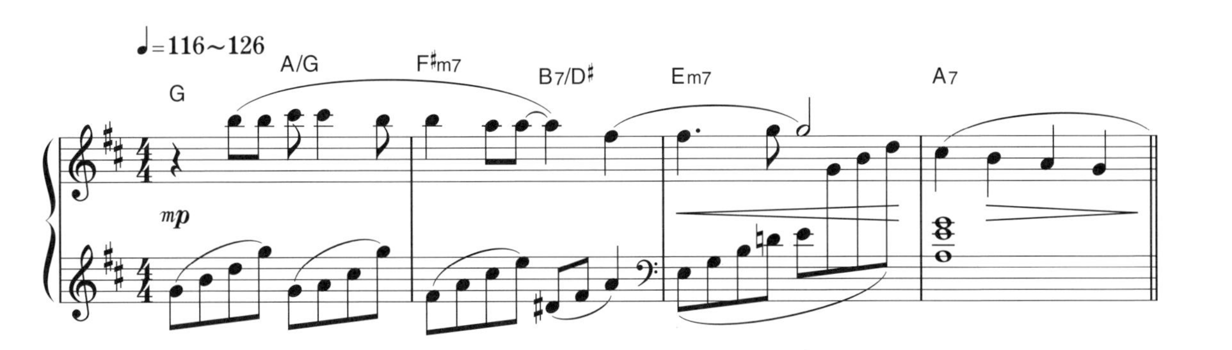

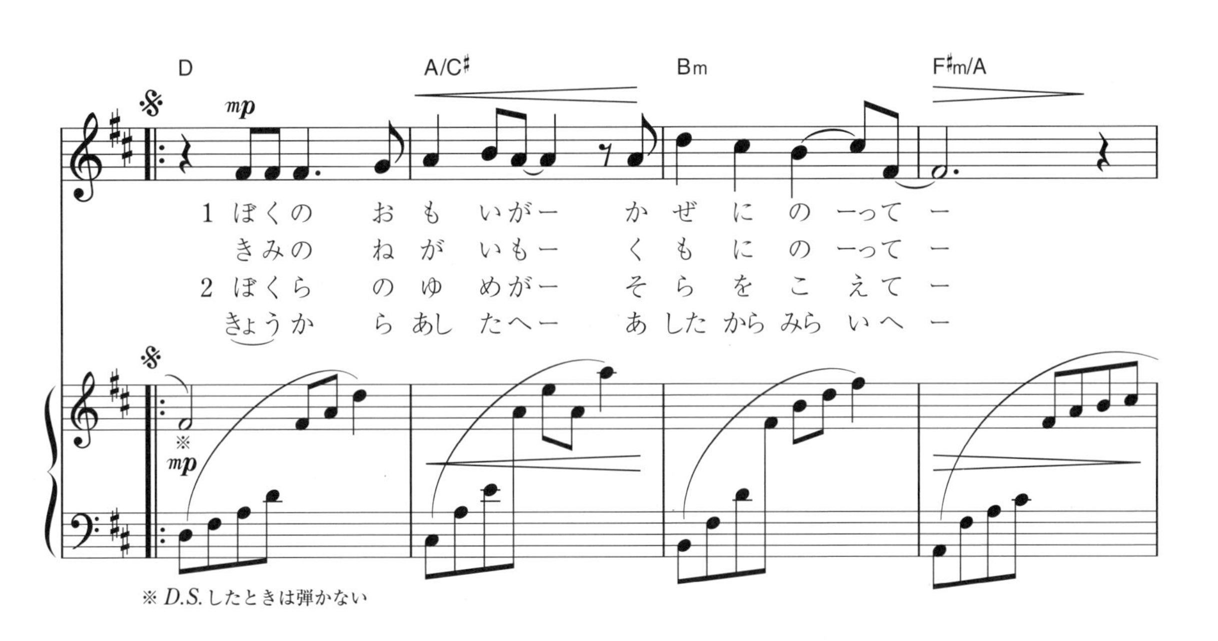

※ *D.S.* したときは弾かない

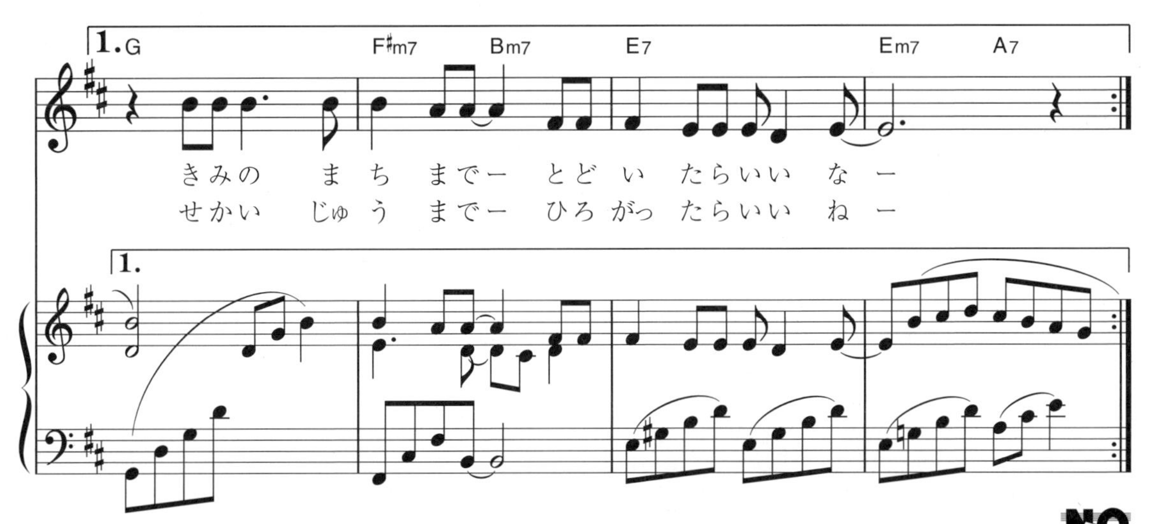

© 2003 by KYOGEI Music Publishers.

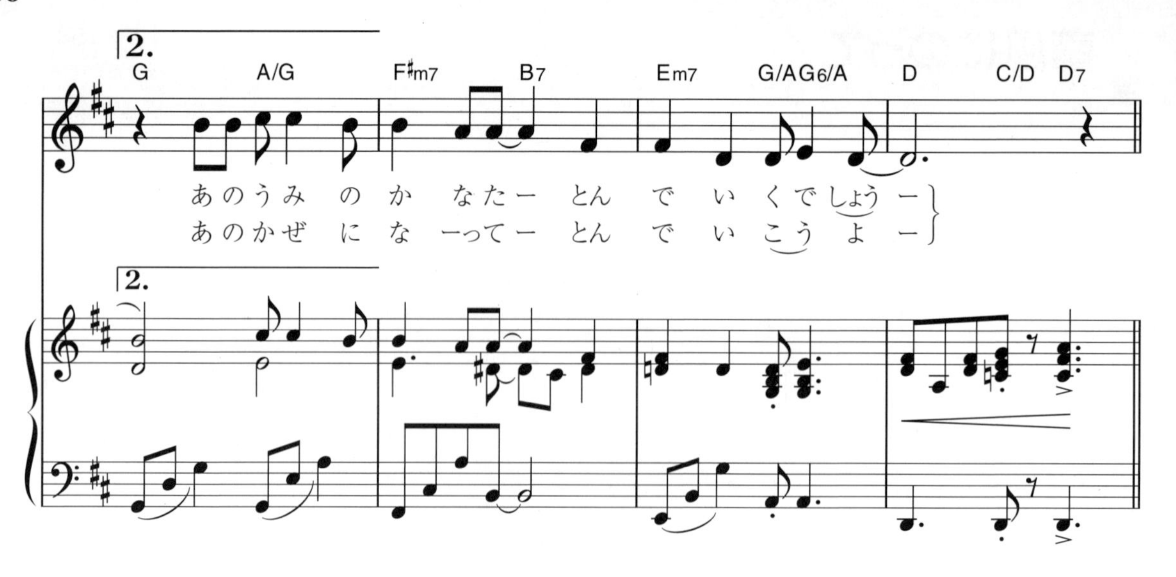
2.
G A/G F♯m7 B7 Em7 G/AG6/A D C/D D7
あのうみ の か なたー とん で い くでしょうー
あのかぜ に な ーってー とん で い こう よ ー
2.

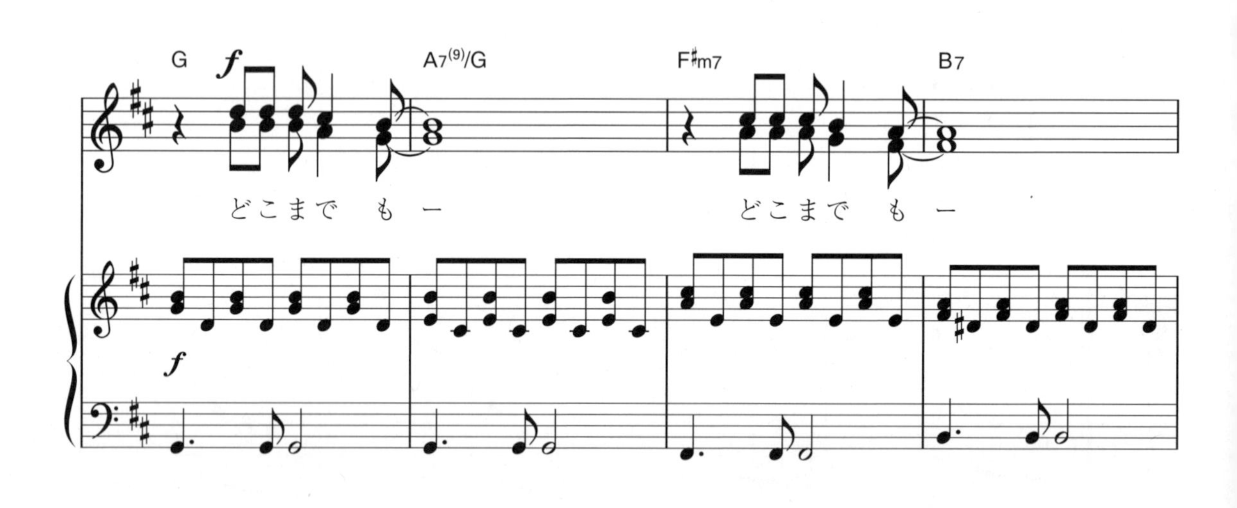
G A7(9)/G F♯m7 B7
f
どこまで も ー どこまで も ー
f

Em7 A7 Dsus4 D C/D D7 C/D D7
mf
おいかけ て ー み た い よね
mf

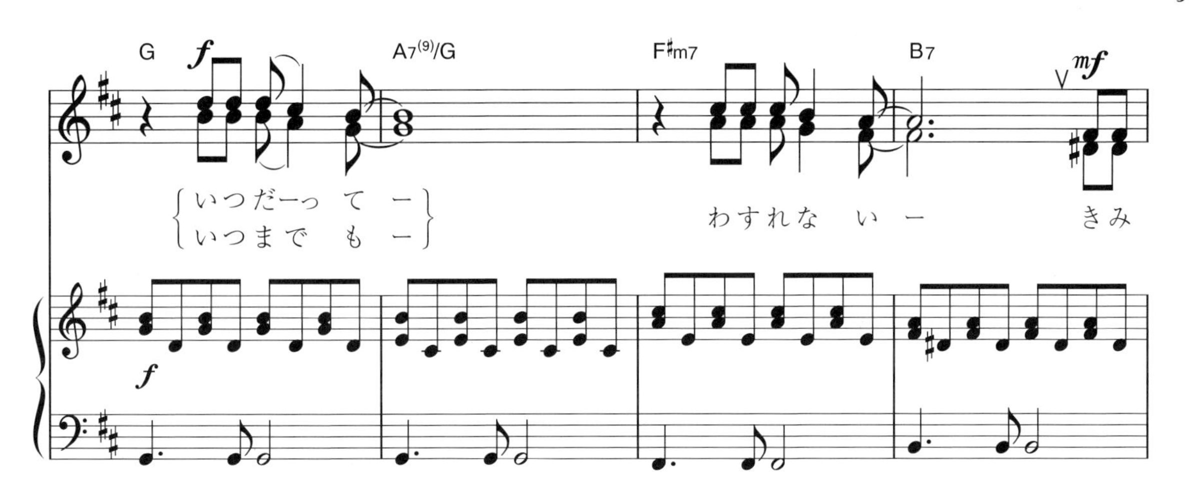

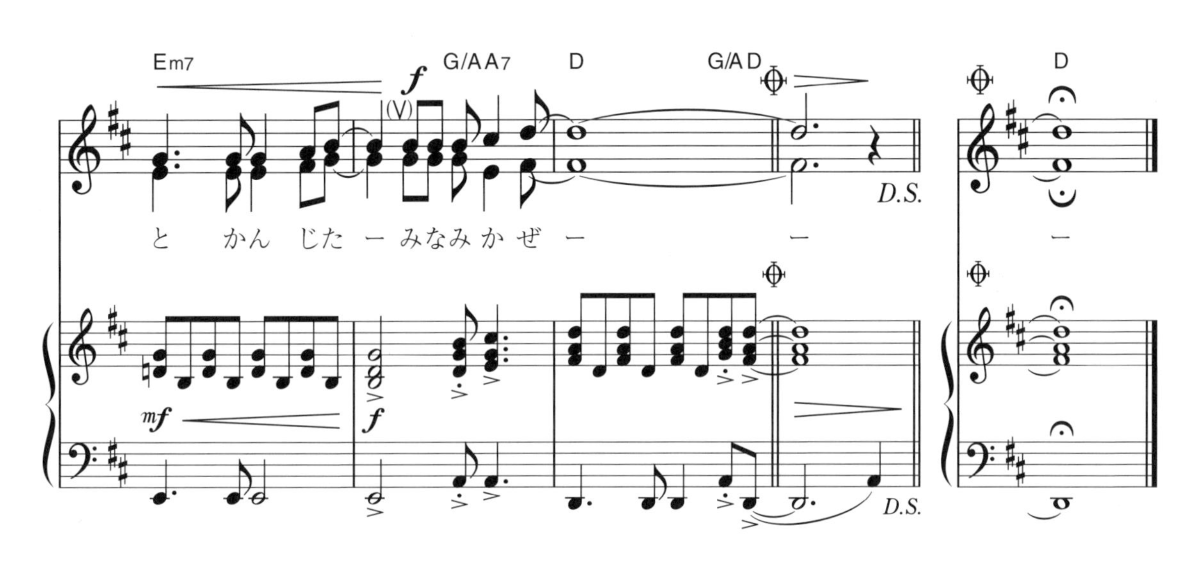

一、ぼくのおもいが　風にのって
きみの街まで　届いたらいいな
きみの願いも　雲にのって
あの海のかなた　飛んでいくでしょう
どこまでも　どこまでも　追いかけてみたいよね
いつだって　忘れない　きみと感じた　南風

二、ぼくらの夢が　空をこえて
世界中まで　広がったらいいね
今日から明日（あした）へ　明日から未来へ
あの風になって　飛んでいこうよ
どこまでも　どこまでも　追いかけてみたいよね
いつまでも　忘れない　きみと感じた　南風

見上げてごらん夜の星を

⑤ 154ページ

永　六輔 作詞／いずみ たく 作曲／佐井孝彰 編曲

© 1966 by ALL STAFF MUSIC CO., LTD.

NO COPY

（D.S.後も繰り返す）
1.
B♭ D/A F♯dim7 Gm F/C C7 F
かなしあわせをうたーってるみ
かなしあわせをいのーって
2.
F Am G Am G
るてをつなごうぼくとおいかけようゆめを
Fine
Fine
simile
Am G G7 C
mp
ふたりならくるしくなーんかないさみ
D.S.
D.S.

みかんの花さくおか

加藤省吾 作詞／海沼　実 作曲

一、みかんの花が　咲いている
思い出の道　丘の道
はるかに見える　青い海
お船がとおく　霞(かす)んでる

二、黒い煙を　はきながら
お船はどこへ　行くのでしょう
波に揺られて　島のかげ
汽笛がぼうと　鳴りました

三、何時(いっ)か来た丘　母(かあ)さんと
一緒に眺めた　あの島よ
今日(きょう)もひとりで　見ていると
やさしい母さん　思われる

ミッキーマウス・マーチ

おうち やすゆき 日本語詞／ジミー ドッド 作曲☆

2.F
B♭ ミッ キー マウス
F ミッ キー
かい ミッ キー マウス ー ミッ キー マウス
マウス F G G7 C7 ヘイ
ー ー う た ご え も た か ら か に
cresc.
ヘイ C7 ヘイ
mf F G7
ー こ ど も も お と な も さ あ お い
C7 F F7 B♭ B♭m F C7 F
で ミ ッ キー マ ウ ス の こ う し ん だ
cresc.
8va

みどりのそよ風

⑤ 157 ページ

清水かつら 作詞／草川 信 作曲

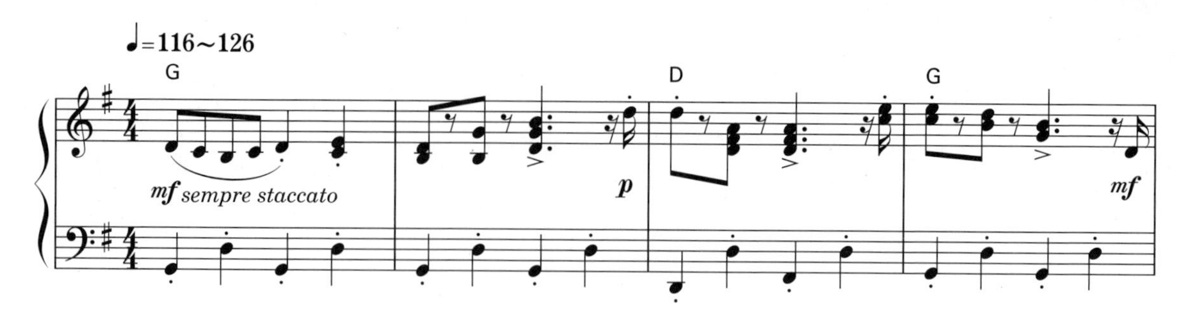

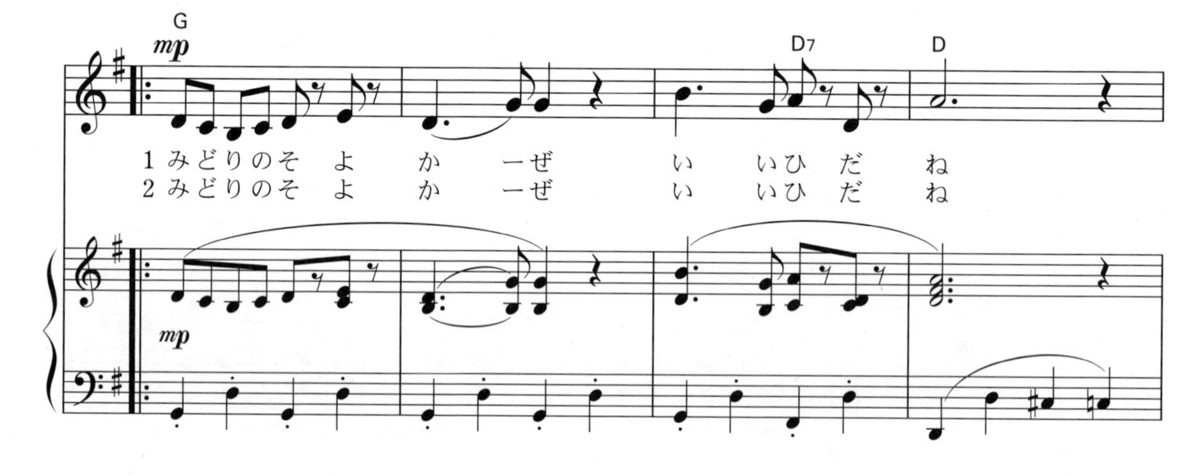

C
mp
G
D
な ないろ ばたけに いもうとの
す ばこの まるまど ねんねどり
G
D
G
Am7
D7
G
poco rit.
mf
つ まみな つむてが かわーいいな
と きどき おつむが のぞーいてる
( )は後奏のとき
G
a tempo
mp
f
D7
G
三、みどりのそよ風　いい日だね
ボールがぽんぽん　ストライク
打たせりゃ二塁の　すべり込み
セーフだ　おでこの　汗をふく
四、みどりのそよ風　いい日だね
小川のふなつり　うきが浮く
静かなさざなみ　はね上げて
きらきら　金ぶな　嬉(うれ)しいな
五、みどりのそよ風　いい日だね
遊びにいこうよ　丘越えて
あの子のおうちの　花畑
もうじき　苺(いちご)も　摘めるとさ

南の島のハメハメハ大王

© 1976 by Musical Rights(Tokyo)K.K.

NO COPY

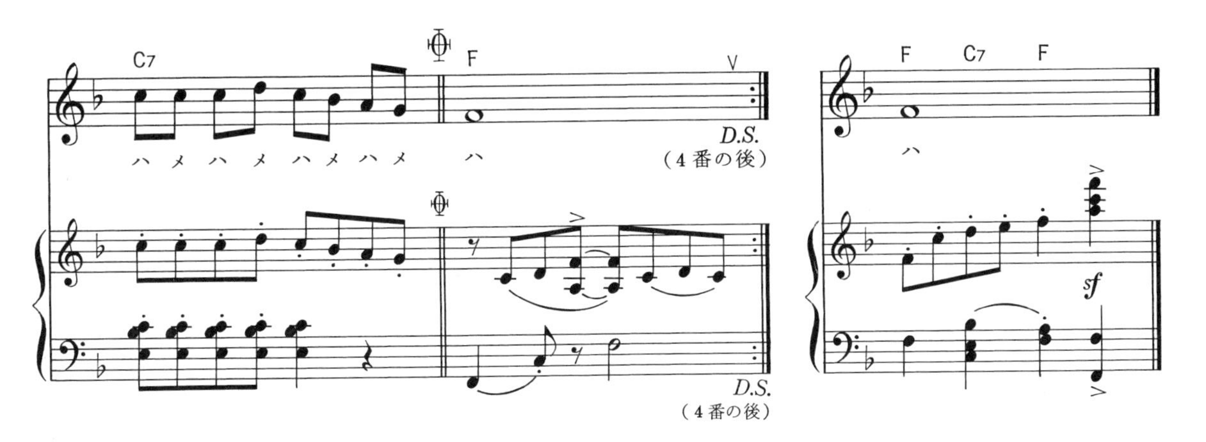

南の島の大王は
その名も偉大なハメハメハ
ロマンチックな王様で
風のすべてが彼の歌
星のすべてが彼の夢
※ハメハメハ　ハメハメハ
ハメハメハメハメハ

南の島の大王は
女王の名前もハメハメハ
とてもやさしい奥さんで
朝日の後で起きてきて
夕日の前に寝てしまう
※繰り返し

南の島の大王は
子どもの名前もハメハメハ
学校ぎらいの子どもらで
風がふいたら遅刻して
雨がふったらお休みで
※繰り返し

南の島に住む人は
誰でも名前がハメハメハ
おぼえやすいがややこしい
会う人会う人ハメハメハ
誰でも誰でもハメハメハ
※繰り返し（2回）

もみじ

⑤ 161ページ

文部省唱歌／高野辰之 作詞／岡野貞一 作曲／中野義見 編曲

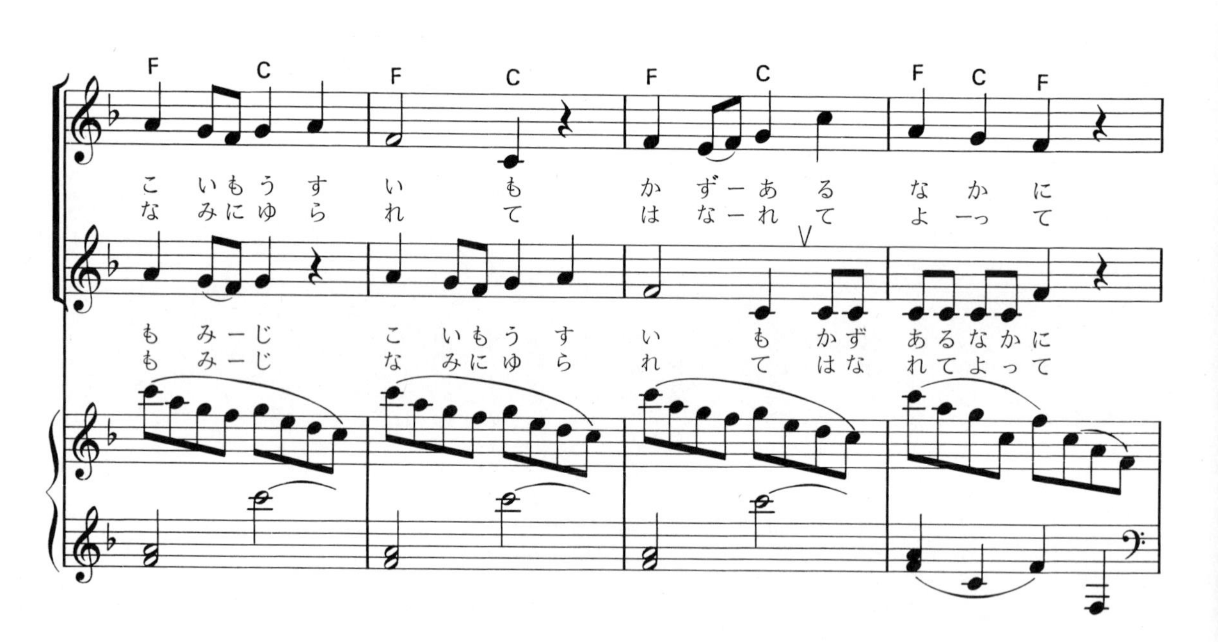

二、谷の流れに
散りうくもみじ
波に ゆられて
はなれて よって
赤や黄色の
色さまざまに
水の上にも
おるにしき

〔伴奏編曲：川崎祥悦〕

一、秋の夕日に
照る山 もみじ
こいも うすいも
数ある中に
まつをいろどる
かえでや つたは
山の ふもとの
すそもよう

森のくまさん

⑤ 162 ページ

馬場祥弘 日本語詞／アメリカ民謡

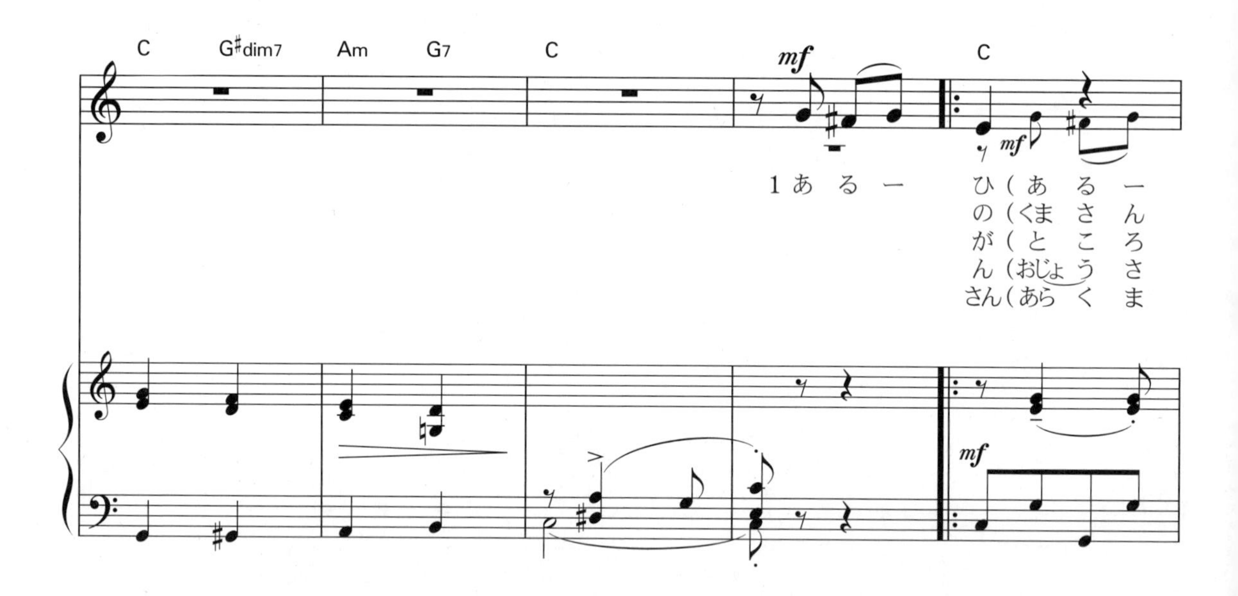

C G7 C F
た（で あ 一っ た）はな さ く も り の み ち
さい（おに げ な さい）スタ コ ラ サッ サッ サッ の サ
る（つい て く る）トコ ト コ トッ コ トッ コ と
の（おと し も の）し ろ い か い が ら の
しょう（うた い ま しょう）ラ ラ ラ ラン ラン ラン ラン ラーン
1.～4. 5.
F C G♯dim7 Am G7 C C
くまさん に で あ 一っ た 2 くま さ ん
スタコラ サッ サッ サッ の サ 3 と こ ろ
トコトコ トッ コ トッ コ と 4 おじょう さ
ちいさな イ ヤ リ ン グ 5 あら く ま
ラララ ラン ラン ラン ラン ラーン
C

〔伴奏編曲：川崎祥悦〕

燃えろよ燃えろ

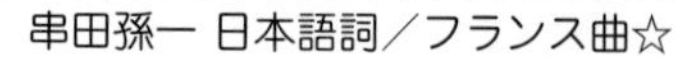

NO COPY

星かげさやかに（一日の終わり）

作詞者不明

一、星かげさやかに
静かにふけぬ
集いのよろこび
うたうはうれし

二、なごりはつきねど
まどいは果てぬ
きょうの一日の幸
静かに思う

（上の曲と同じ旋律）

やおやのお店

作詞者不明／フランス民謡☆

＊野菜や果物の名前を，繰り返すごとに１つずつ増やしていきましょう。

山のごちそう

⑤ 163ページ

阪田寛夫 日本語詞／オーストリア民謡／小林秀雄 編曲

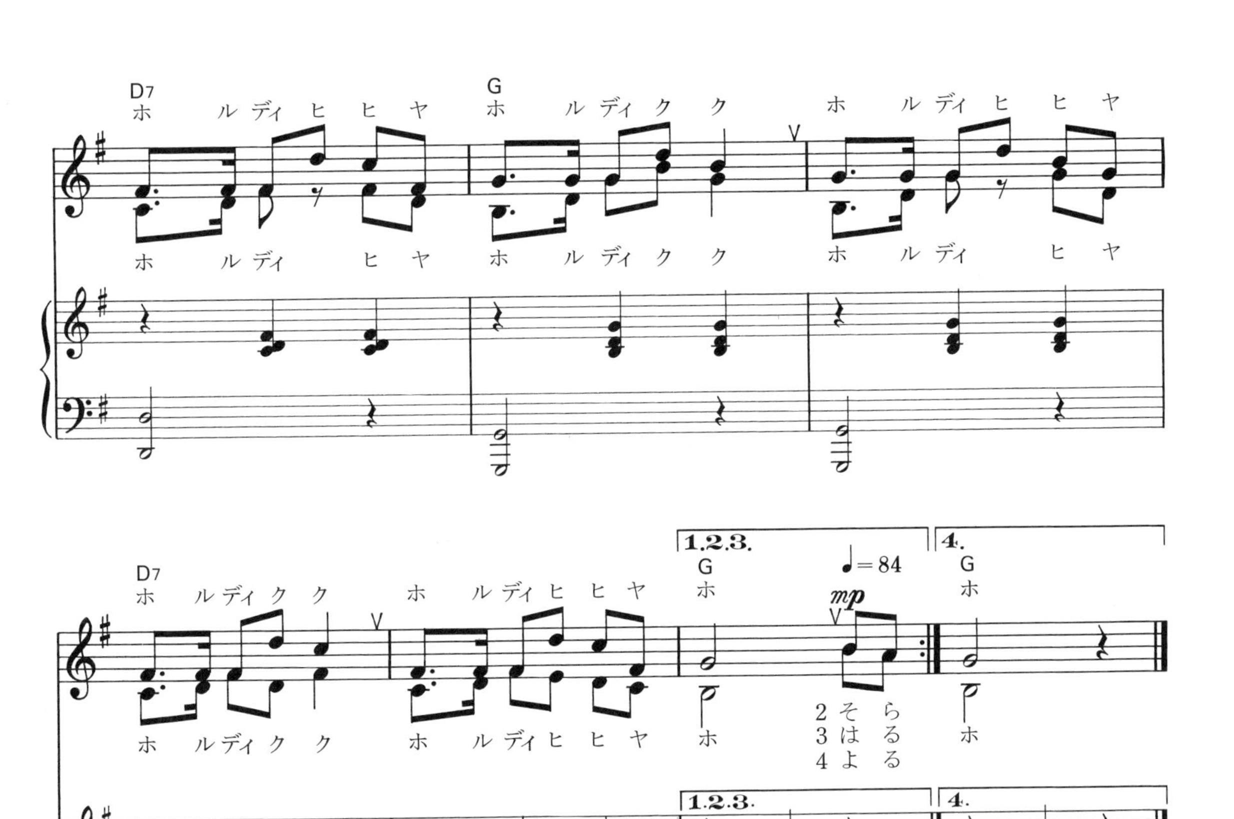

やまびこごっこ

⑤ 164 ページ

おうち やすゆき 作詞／若月明人 作曲

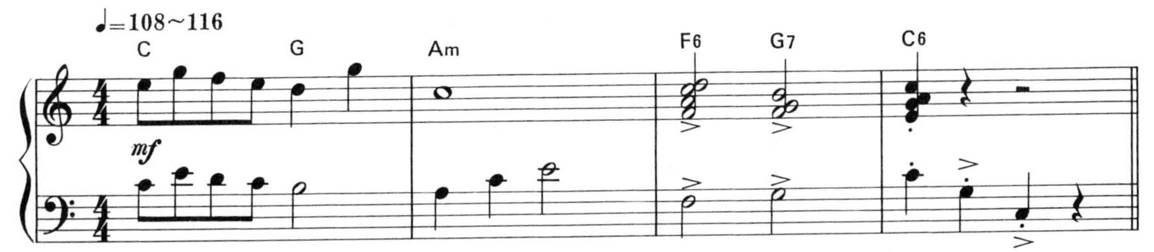

C
mf
1·2 やまびこさーん
C6
まねっ こさーん
1·2 やまびこさーん
まねっ こさーん
C
F6
1 ヤッ ホー
2 パン パーン
ヨ ホ ホ ホ ホー
タ タ タ タ ターン
1 ヤッ ホー
2 パン パーン
ヨ ホ ホ ホ ホー
タ タ タ タ ターン
Dm
G7
C
エ ヘ ヘ ヘ ヘ ヘ
ト ト トン トン トン トン
まねするな
じょうずだな
エ ヘ ヘ ヘ ヘ ヘ
ト ト トン トン トン トン
まねするな
じょうずだな

C
mf
3やまびこさーん
C6
まねっこさーん
mf
3やまびこさーん
まねっこさーん
mf
C
ラララララー
ラー
ドレミファソソ
ド
F
ヤッホホホー
ラララララー
ラー
ドレミファソソ
ド
F
ホー
C
f
ああおもしろい
Dm
G7
C
ヤッホホホー
ホー
f
ああおもしろい
f
f
mf

U&I

④ 164 ページ

若松　歓 日本語詞／ヤン ジェソン 朝鮮半島語詞／若松　歓 作･編曲

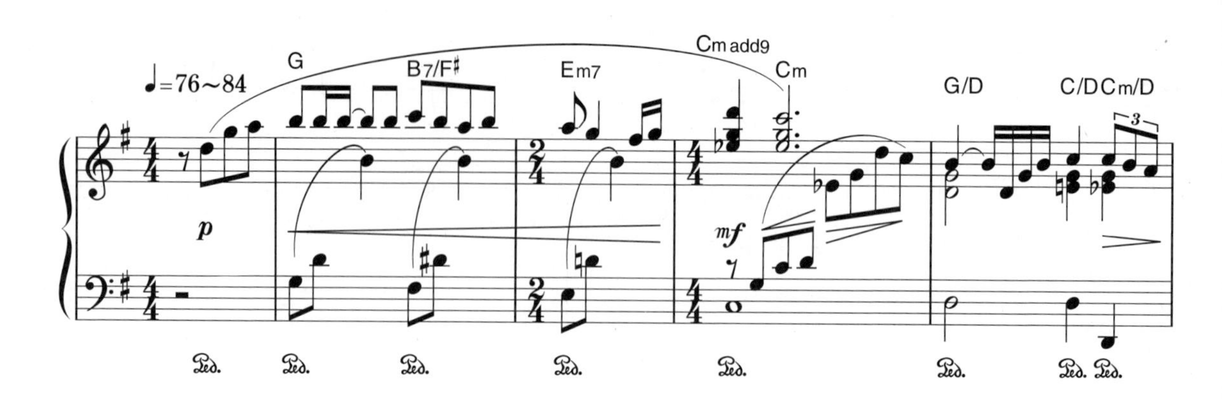

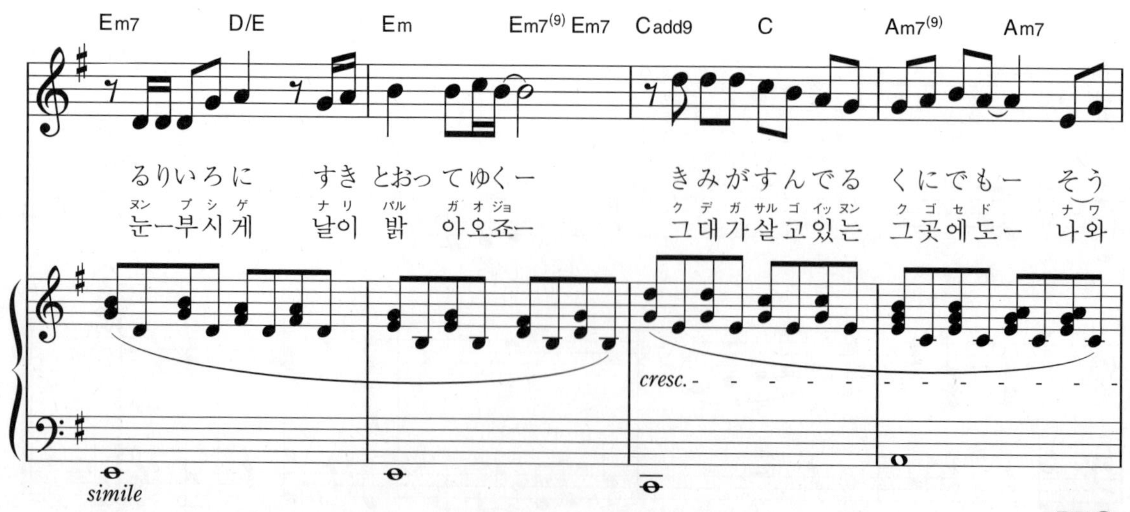

© 2012 by ONGAKU NO TOMO SHA CORP., Tokyo, Japan.

U & I　Words by 若松 歓, 梁 在善　Music by 若松 歓
© Copyright WARNER / CHAPPELL MUSIC KOREA INC.
All rights reserved.　Used by permission.
Print rights for Japan administered by Yamaha Music Entertainment Holdings, Inc.

C/D D7 C/D D7 B♭ C/B♭ Am7 D7
mf
きーっと み えるよねー よろこびもー かなしみもー わか
カ トゥン ハ ヌル ボ イ ゲッチョ カトゥンモ スブル バ ラ ボミョンソ イ ジェ
같은하 늘 보이겠죠ー 같은모습을ー 바라보면서ー 이제
mf
simile
E♭ Cm7 Fsus4 F Dsus4 D7
cresc.
f
ち あーえた らーい い のに ー せかい
ウ リ ウ スム チル ス イッ ケッ チョ セ サン エ
우 리ー웃음 짙ー수 있 겠죠 ー 세 상 의
cresc.
G D/F♯ Em7 Em7/D C G/B
じゅうのー ともだちが ひと つになってー この おもい そらにとどけたい
モ ドゥ ニ ドゥ リ タ ハム ケ ハ ナ テル ス イッ ト ロク ソ ロ マ ウムル モ ア ソ ノ レ ブル ロ ヨ
모 든이ー 들이다 함께 하나 될 수있 도록ー 서로 마 음을 모아서 노 래 불 러 요
f

いつ か
オンジェン ガ
언젠 가
F Dsus4 D7 G F♯m7(♭5) B7 Em7 Cmadd9 Cm G/D C/D
(男の子)
ー ルル ル
ー
いつの ひにか てと てをとりあって きみとぼ くとでー
ウ リ エ クムチョ ロム イェプン セ サン イ オ ド ロク ソ ネ ソン マ ジュジャプコ
우리의 꿈처럼 예쁜 세상이오 도 록 손에손마 주잡고ー
Ped. Ped. Ped. simile

G/B Cm G/D C/D Cm6/D G Cm6/G G Cm6/G
(女の子)
(全員で)
1.
あなたと わたしでー うたおう みんなで ー
カトゥンマ ウム テ オ ブヮ ヨ
같은마음 되어 봐요ー
1.

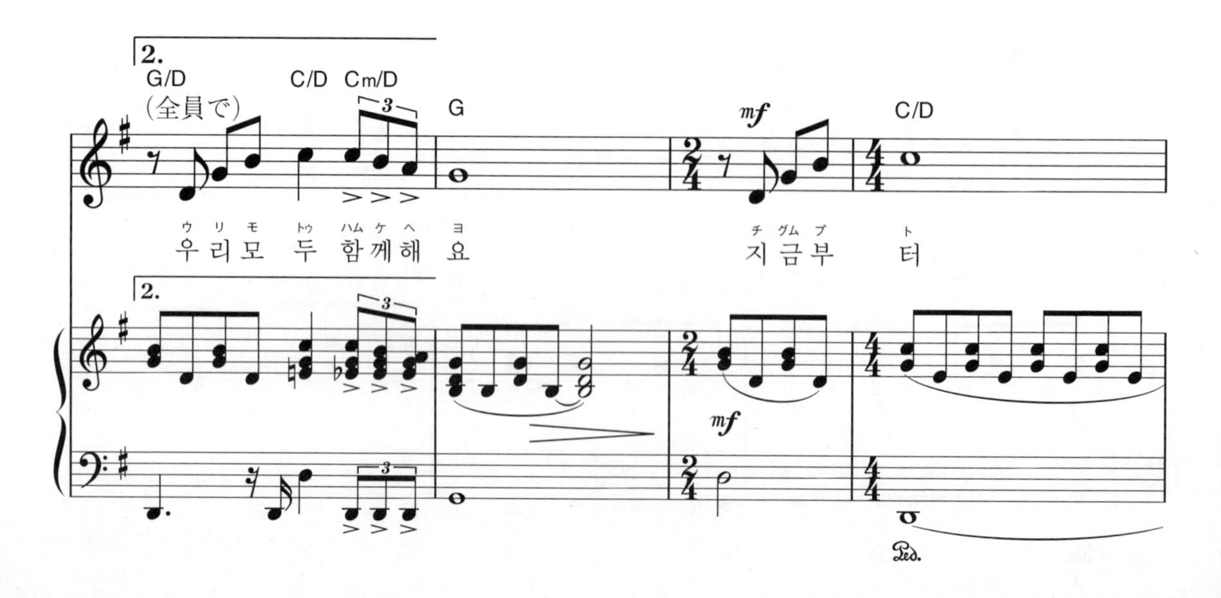
2.
G/D C/D Cm/D G C/D
(全員で)
3
mf
ウ リ モ トゥ ハム ケ ヘ ヨ チ グム ブ ト
우리모 두 함께해 요 지금부 터
2.
3
mf
3
Ped.

勇気100%

松井五郎 作詞／馬飼野康二 作曲☆

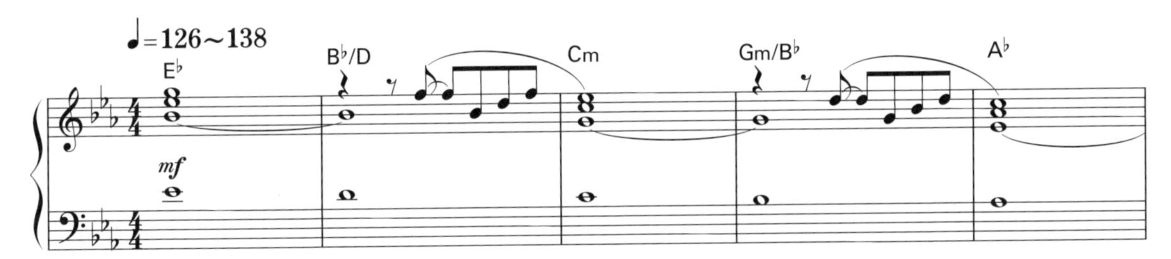

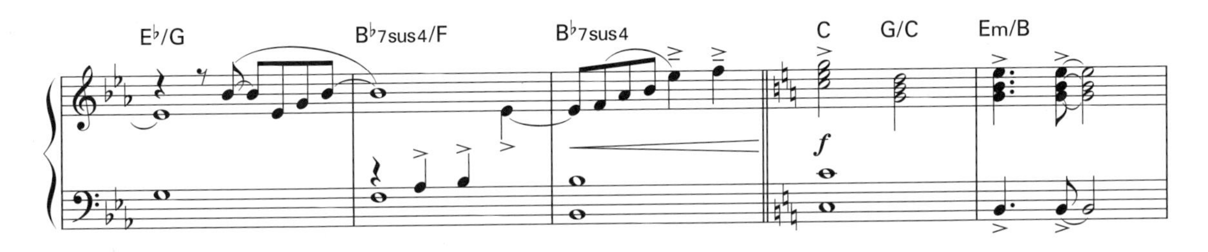

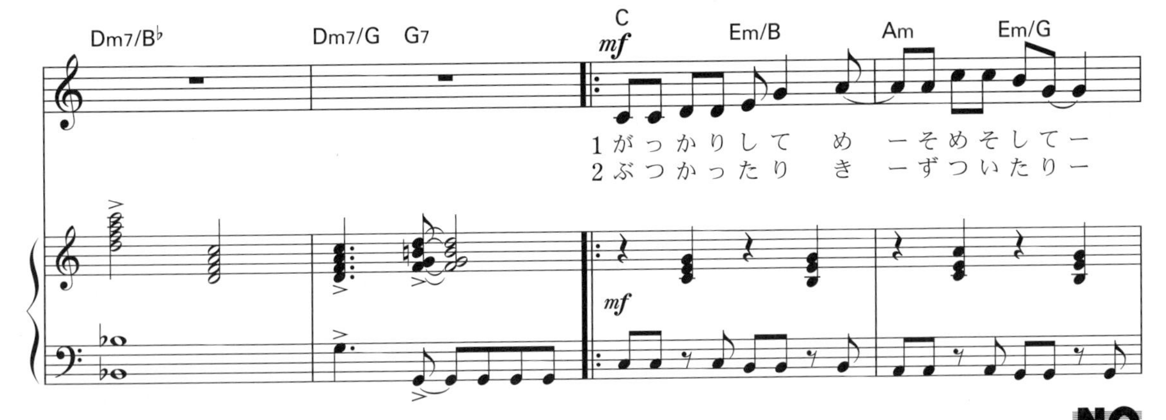

© 1993 by NHK Publishing, Inc.

NO COPY

FM7 Em7 Dm7 G7 Em7 Am7
ど う したんだい ー たい よ う みたいに ーわらうー き
す れ ばいいさ ー ハー ト が もえてい ーるならー こ
Dm7 G7 C Em/B Am Em/G
み は どこだい ー Wo - w Wo-w やりたいこと や ーったもんがちー
う か いしない ー Wo - w Wo-w じっとしてちゃ は ーじまらないー
FM7 Em7 Dm7 G7 Em7 Am7
せ い しゅんなら ー つら い と きはいつ ーだってー そば
こ の ときめき ー きみ と お いかけて ーゆけるー かぜ
Dm7 Dm7/C Bm7(♭5) E7 Am Em
に いるー から ー ゆめ は ーでかく な けりゃー
が すきー だよ ー きの う ーとべな か ーったー

E7 Am FM7 F♯m7(♭5)
つ ま ら な い だ ろ うー む ね を た た い て ぼ う け んー
そ ら が あ る な らー い ま あ る チャ ン ス つ か ん でー
Dm7/G F/G G C G/B
f
し よ う ー ー そ う さ ※ひゃ く パ ー セ ン ト ゆ ー う き も う
み よ う ー ー そ う さ ひゃ く パ ー セ ン ト ゆ ー う き さ あ
Am Em/G F C/E
が ん ば る し か な ー い さ こ の せ か い ーじゅ う の げ ん き ー だ き
と び こ む し か な ー い さ ま だ な み だ ー だ け で お わ る ー と き
Dm7 G7 F/G G C G/B
し め な が ら ー そ う さ ひゃ く パ ー セ ン ト ゆ ー う き も う
じゃ な い だ ろ う ー そ う さ ひゃ く パ ー セ ン ト ゆ ー う き も う
f

Am
Em/G
F
C/E
やりきるしかなーいさ　ぼくたちがーもてる　かがやきー　えい
ふりむいちゃいけーない　ぼくたちはーぼくた　ちらしくー　どこ
Dm7
1.
Fm6/A♭
Fdim7/A♭
C
G7/B
えんに　わすれないでねーー
までも
B♭
F/A
F6/G
C
G7/B
B♭
F/G
Am/G
F6/G
2.
Fm6/A♭
Fdim7/A♭
G7/C
C
かけてゆくのさー

Bm7(♭5) E7 Am Em E7
mf
ー　ーたとえ　ー　ーさみし　す　ぎるー　よ　る　が
mf
Am FM7 F♯m7(♭5) Dm7/G F/G G
f
D.S.
きたーってー　あたらしいあさ　か　な　らずー　く　るさー　ー　そう　さ(※へ)
f
D.S.
Coda
Fm6/A♭ Fdim7/A♭ G7/C C G7/C C G7/C C
わ　す　れ　な　い　でねー　ー
Coda
cresc.
ff
sff

〔伴奏編曲：吉田多満子〕

勇気一つを友にして

片岡 輝 作詞／越部信義 作曲☆

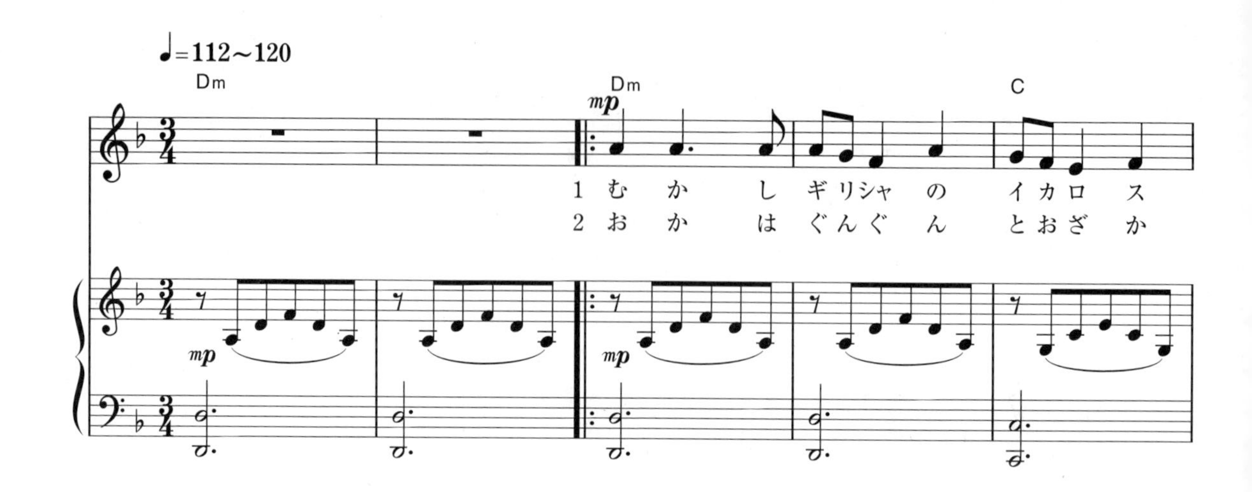

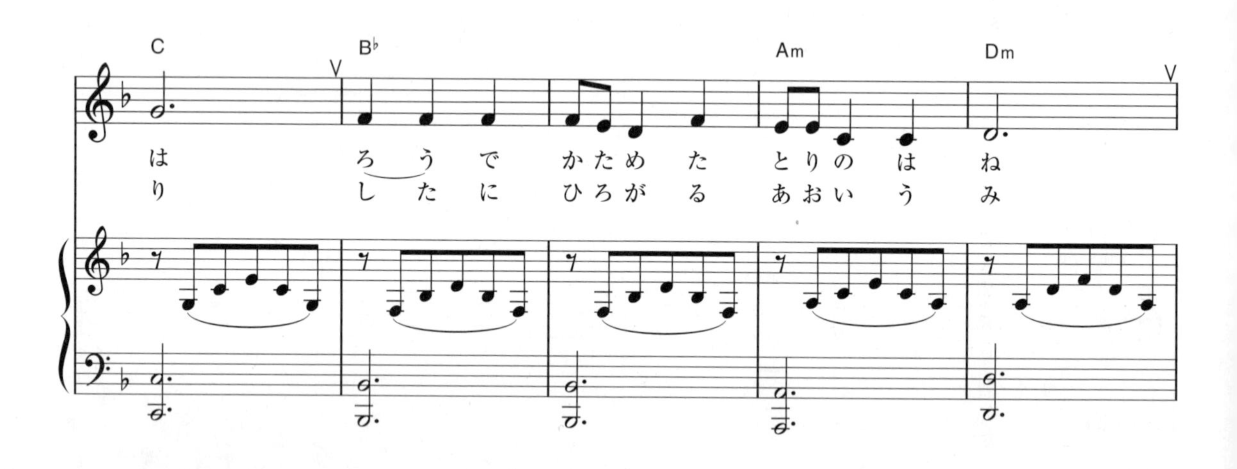

© 1975 by NHK Publishing, Inc.

一、むかしギリシャの　イカロスは
ろうで固めた　鳥の羽根
両手に持って　飛び立った
雲より高く　まだ遠く
勇気一つを友にして

二、おかはぐんぐん　遠ざかり
下に広がる　青い海
両手の羽根を　はばたかせ
太陽目指し　飛んでいく
勇気一つを友にして

三、赤く燃えたつ　太陽に
ろうで固めた　鳥の羽根
みるみるとけて　まい散った
つばさうばわれ　イカロスは
落ちて命を　失った

四、だけどぼくらは　イカロスの
鉄の勇気を　受けついで
明日(あした)へ向かい　飛び立った
ぼくらは強く　生きていく
勇気一つを友にして

夕日が背中を押してくる

阪田寛夫 作詞／山本直純 作曲☆

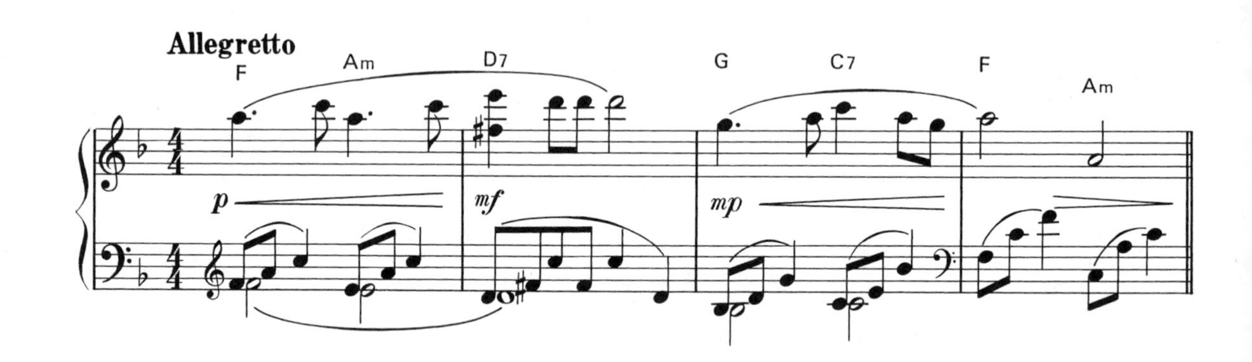

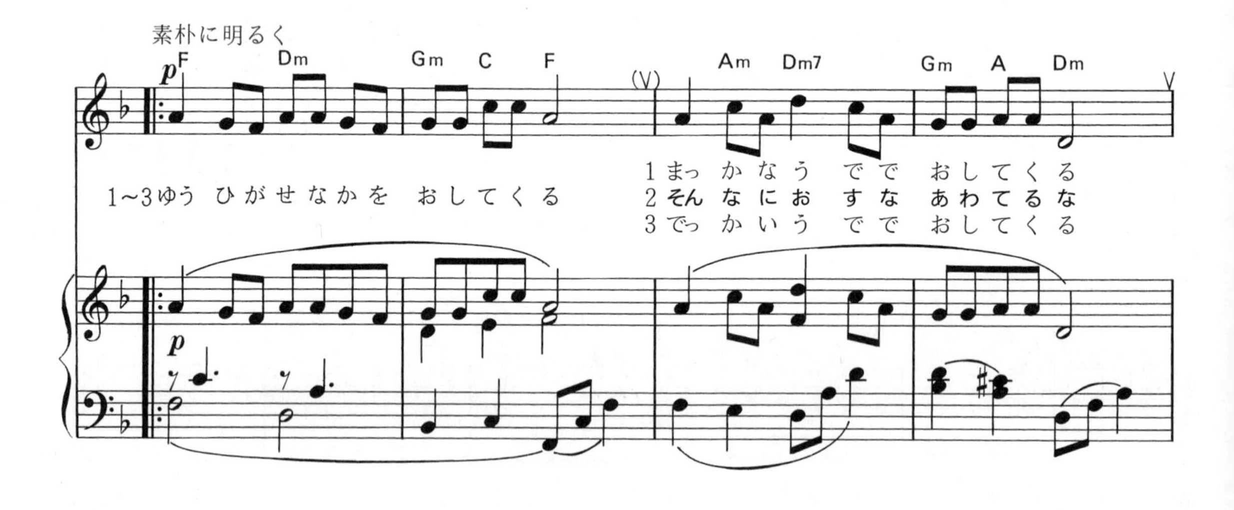

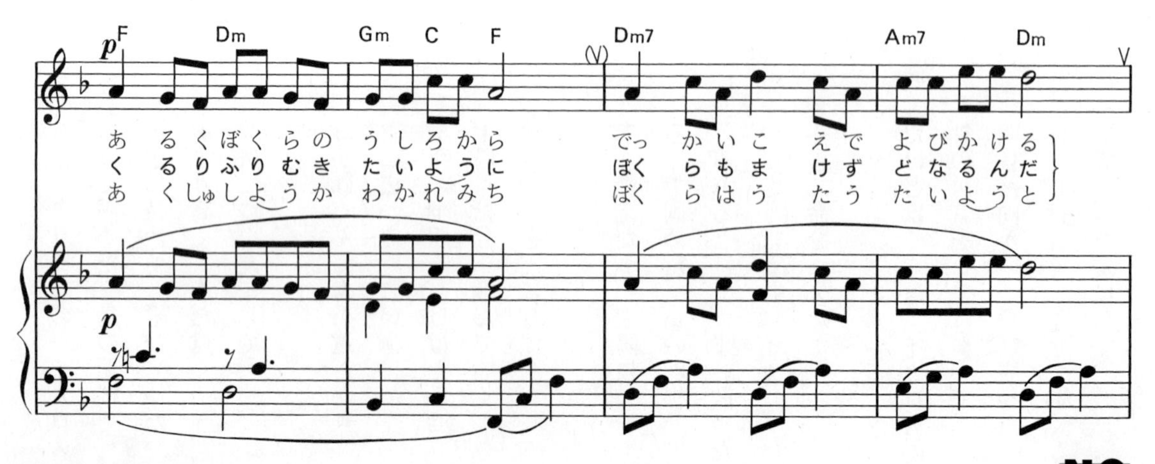

© 1968 by NHK Publishing, Inc.

F
Am
B♭
Gm
C
mp
(V)
V
さ よ な ら さ よ な ら
さ よ な ら き み た ち
さ よ な ら た い よ う
さ よ な ら きょ う の ひ
F
Am
D7
ばん ご はん が まっ て る ぞ
ばん ご はん が まっ て る ぞ
す て き な いい ひ だ ね
Gm7
Am
Dm
mp
mf
オ ー ー
あ し た の あ さ ね す ご す な
あ し た の あ さ ね す ご す な
あ し た の あ さ ま た あ お う

Coda
F
Am
D7
Gm7
C
F
さ よ う な ー ら
rit.
f
(V)
さ よ な ら きょ う の ひ さ よ う ー な ら
Coda
rit.

ゆかいな牧場

⑤ 170ページ

小林幹治 日本語詞／アメリカ民謡☆

※三郎さん…七面鳥（グル グル）　四郎さん…子豚（オィン オィン）　五郎さん…子牛（モー モー）
六郎さん…ろば（ヒーホーホー）

ゆかいに歩けば

保富康午 日本語詞／メラー 作曲☆

THE HAPPY WANDERER
Words by Florenz Siegesmund and Antonia Ridge
Music by Friedrich Wilhelm Moeller
© by BOSWORTH & CO., LTD.
Permission granted by Shinko Music Publishing Co., Ltd.
Authorized for sale in Japan only.

C Dm C G7
ら き ら か ぜ も あ お
こ ま で あ る く の か
い で と む か え に く
C G7 C
mp mf
い ー
ね ー バル デ リ ー バル デ ラ
る ー
C G7 C
(V) V f mp
ー バル デ ロ ー バル デ ロ ホ ホ ホ ホ ホ バル デ

G7
(V) mf
C
V f
F
Dm
リ ー い こ う ー
ゆ か い
あ か る
も り に
mp
mf
piú f
C/G
G7
C
mf
な た び ー
い み ち ー
お か に ー
2 た
3 み
Fine
D.S.

〔伴奏編曲：小林秀雄〕

夢の世界を

⑤ 171 ページ

芙龍明子 作詞／橋本祥路 作曲

一、ほほ笑み交わして 語り合い
落ち葉を踏んで 歩いたね
並木のいちょうを 鮮やかに
いつかも 夕日がうつしだしたね
※さあ 出かけよう
思い出のあふれる 道をかけぬけ
さあ 語り合おう
すばらしいぼくらの 夢の世界を

二、小鳥のさえずり 聞きながら
はるかな夕日を ながめたね
小川の流れも 澄みわたり
いつかも ぼくらをうつしだしたね
※繰り返し

© 1979 by KYOGEI Music Publishers.

NO COPY

1. D7 G
2. D7 G7 C
あるいたねー
ながめたねー
うつしだしたねー
うつしだしたねー
C G Am Em
1・2 さあでかけようー
さあかたりあおうー
F C Am 1. D7 G
おもいでのあふれるみちをかけぬけ
すばらしいぼくらのゆ
2. D7 G7 rit. mf C a tempo
めのーせかいをー
rit.
a tempo
mf

夢をのせて

④ 165ページ

中山知子 作詞／市川都志春 作曲

一、ちぎれ雲は
風にかるく
空を流れる
日ざしあびて
ゆれる ゆれる
朝の木立ちよ
あふれくる光を
歌おうよ ぼくらも
やがて やがて
ゆめをのせて
高くひびけと

二、おかに立てば
入り日赤く
海のかなたを
しぶきあげて
進む 進む
船のすがたよ
あこがれる世界を
歌おうよ わたしも
やがて やがて
ゆめをのせて
遠くひびけと

© 1964 by KYOGEI Music Publishers.

Dm Gm Asus4 A7 Dm
ひざし あびて ゆれる ゆれる あさのこだち よ
しぶき あげて すすむ すすむ ふねのすがた よ
F C7 F A7 Dm A7
あふれ くる ひかり を うたおう よ ぼくら も
あこが れる せかい を うたおう よ わたし も
Dm Gm Asus4 A7 Dm
やがて やがて ゆめを のせて たかくひびけ と
やがて やがて ゆめを のせて とおくひびけ と
〔伴奏編曲：八村義夫〕

雪

⑤ 165ページ

文部省唱歌☆

ゆりかごの歌

北原白秋 作詞／草川　信 作曲

NO COPY

喜びの歌

⑤ 172ページ

岩佐東一郎 日本語詞／ベートーベン 作曲☆

♩＝104 力強く

1 は れ た る
2 は な さ く

あ お ぞ ら　た だ よ う　く も よ　こ と り は　う た え り
お か べ に　い こ え る　と も よ　ふ く か ぜ　さ わ や か

は や し に　も り に　こ こ ろ は　ほ が ー ら か　よ ろ ー こ び
み な ぎ る　ひ ざ し　こ こ ろ は　た の ー し く　し あ ー わ せ

NO COPY

London Bridge（ロンドン橋）

高田三九三 日本語詞／イギリスの遊び歌

〔伴奏編曲：黒澤吉徳〕

3. Iron bars will bend and break, ……
My fair lady.

4. Build it up with stone so strong, ……
My fair lady.

5. Build it up with gold and silver, ……
My fair lady.

6. London Bridge is falling down, ……
My fair lady.

＊このほかにも，いろいろな歌詞で歌われています。

WA（わ）になっておどろう（イレ アイエ）

⑤ 174ページ

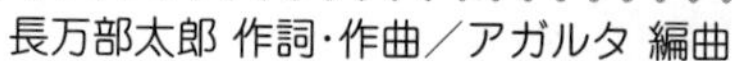

© 1997 by NHK Publishing, Inc. & AVEX GROUP HOLDINGS INC.
& BEANS, INC. & THE MUSIX PUBLISHER

Bm C D7 Em Bm C D7 Em
オー オオー さあ わになって おどろー ラララ ラーラ ー す ーぐにわかるかーら
Bm C D7 Em Bm C D7
オー オオー さあ わになって おどろー ラララ ラーラ ゆめをかなえるー
G D/F♯ Em Bm Am Am7/D
よ オー オ オー オー オー ーオオオ オー
G C7 G Cm6
ハー ヤッ サ ソレ ハイ

G
Cm6/G
G7
Cm6/G
イレアイエー
イレアイエ
イレアイエー
イレアイエ
mf
poco
a
poco
cresc.
Am7/D
かな
ff
CM7
D
Bm7
Em
B7
A7
しい ことがーあれば もうすぐー たのしい ことがーあるからー しんじてみよう
ー
D.S.
f
Coda
D7
A
C#m
ゆめをかなえるーよ ハイ オー オオー さあ

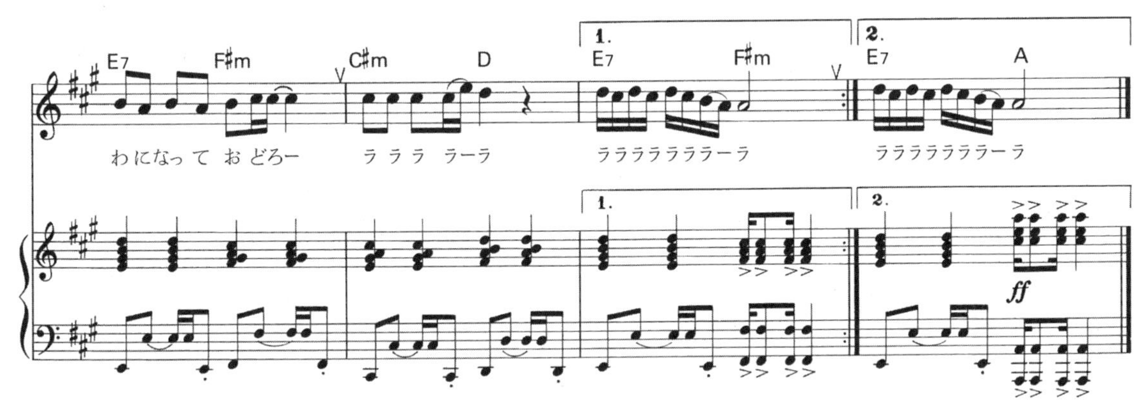

〔伴奏編曲：吉田多満子〕

うじゃけた顔してどしたの
つまらないなら　ほらね
輪になって踊ろ　みんなで
遊びも勉強もしたけど
わからないことだらけ　なら
輪になって踊ろ　今すぐ
悲しいことがあればもうすぐ
楽しいことがあるから
信じてみよう
オ～オ～　さあ輪になって踊ろ
ラララ～　すぐにわかるから
オ～オ～　さあ輪になって踊ろ
ラララ～　夢を叶(かな)えるよ

悲しいことがあればもうすぐ
楽しいことがあるから
信じてみよう
オ～オ～　さあ輪になって踊ろ
ラララ～　すぐにわかるから
オ～オ～　さあ輪になって踊ろ
ラララ～　夢を叶えるよ
オ～オ～　さあ輪になって踊ろ
ララララララララララ～
オ～オ～　さあ輪になって踊ろ
ララララララララララ～
オ～オ～　さあ輪になって踊ろ
ラララララララララララ～

大好きな娘(こ)がいるなら
はずかしがってちゃダメね
輪になって踊ろ　みんなで
大人になってもいいけど
忘れちゃダメだよ　いつも
輪になって踊れ　いつでも
一人ぼっちの時でさえも
誰かがいつも君を
見ててくれる
オ～オ～　さあ輪になって踊ろ
ラララ～　すぐにわかるから
オ～オ～　さあ輪になって踊ろ
ラララ～　夢を叶えるよ

ハ～　ヤッサ　ソレ　ハイ
イレアイエ　イレアイエ　イレアイエ
イレアイエ　イレアイエ　イレアイエ　イレアイエ

われは海の子

⑤ 176 ページ

文部省唱歌

NO COPY

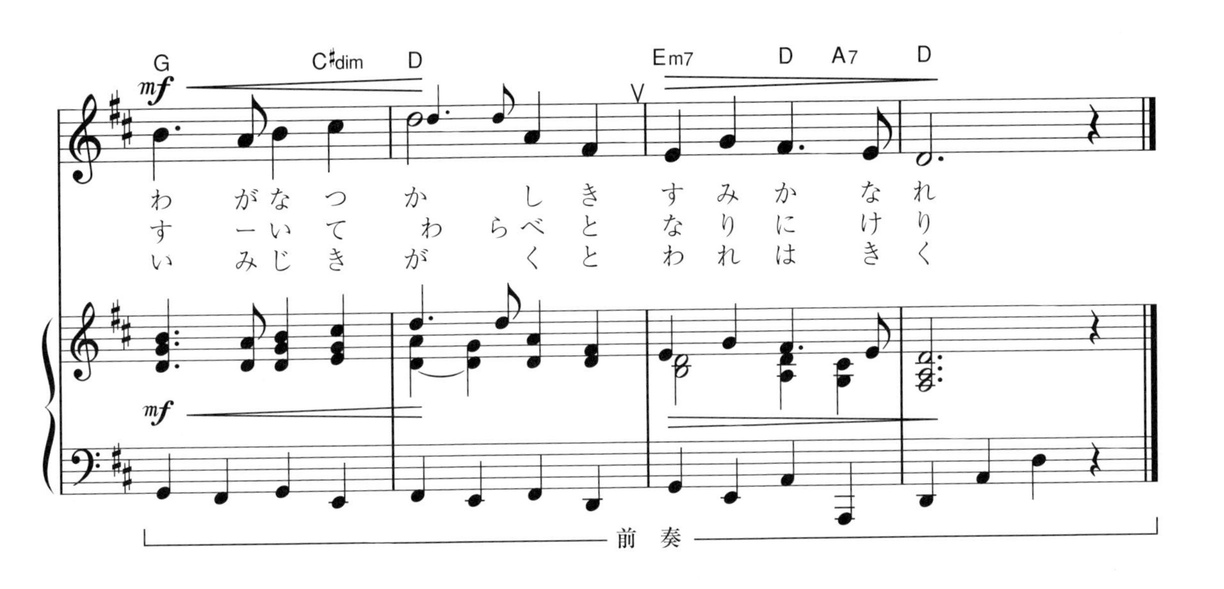

一、われは海の子　白波（しらなみ）の
さわぐいそ辺（べ）の　松原に
けむりたなびく　とまやこそ
わがなつかしき　住みかなれ

二、生まれてしおに　湯あみして
波を　子もりの歌と聞き
千里（せんり）寄せくる　海の気を
すいて　わらべとなりにけり

三、高く鼻つく　いそのかに
不断（ふだん）の花の　かおりあり
なぎさの松に　ふく風を
いみじき楽（がく）と　われは聞く

1集索引

あ

アイタタ ホイタタ …… 4
あおげばとうとし …… 〔二合〕 …… 6
青空に深呼吸 …… 〔二合〕 …… 8
青空へのぼろう …… 〔二合〕 …… 12
赤いやねの家 …… 〔二合〕 …… 14
赤とんぼ …… 17
赤鼻のトナカイ …… 18
秋の子 …… 20
あすという日が …… 〔二合〕 …… 22
あの青い空のように …… 〔二合〕 …… 26
アリラン …… 27
ありがとう さようなら …… 28
ありがとうの花 …… 30
あわてんぼうのサンタクロース …… 32
アルプス一万尺 …… 〔二合〕 …… 34

い

いるかはざんぶらこ …… 〔遊び歌〕 …… 35
いつだって! …… 36
一年生になったら …… 40
いのちの歌 …… 〔二合〕 …… 42

う

With You Smile …… 〔二合〕 …… 47
Wish ～夢を信じて …… 〔二合〕 …… 52
上を向いて歩こう …… 〔二合〕 …… 56
うたえバンバン …… 〔二合〕 …… 59
歌は友だち …… 〔二合〕 …… 64
うたいましょう …… 〔四輪〕 …… 68
歌よ ありがとう …… 〔三合〕 …… 69
うれしいひなまつり …… 72･73

え

永遠のキャンバス …… 〔二合〕 …… 74
エーデルワイス(Edelweiss) …… 〔二合〕 …… 78
YELL(エール) …… 〔二合〕 …… 80

お

大きなうた …… 〔二合〕 …… 86
大きな古時計 …… 〔二合〕 …… 88
大空賛歌 …… 〔二合〕 …… 90
おお ブレネリ …… 〔二合〕 …… 93
おお 牧場はみどり …… 〔二合〕 …… 94
お正月 …… 95
おちゃらか ほい …… 〔遊び歌〕 …… 96
オバケなんてないさ …… 97
思い出のアルバム …… 98
おもちゃのチャチャチャ …… 100

か

風になりたい …… 〔二合〕 …… 103
帰り道 …… 106
学校坂道 …… 108
変わらないもの …… 〔二合〕 …… 110
カントリー ロード …… 114

き

気球にのってどこまでも …… 〔二合〕 …… 118
絆 …… 〔二合〕 …… 121
北風小僧の寒太郎 …… 124
君をのせて …… 〔二合〕 …… 126
今日(きょう)の日はさようなら …… 〔二合〕 …… 130
きよしこの夜 …… 〔三合〕 …… 132

二合：二部合唱　三合：三部合唱　三輪：三部輪唱　四輪：四部輪唱　R：リコーダー

2集索引

く

グリーン グリーン ……〔二合〕…… 4
グッデー グッバイ ……〔二合〕…… 6

け

元気 勇気 ちから ……〔二合〕…… 7

こ

こいのぼり（♪いらかの～）…… 14
こいのぼり（♪やねより～）…… 15
荒城の月 …… 16
ゴー ゴー ゴー（運動会の歌）……〔二合〕…… 18
心には素晴らしい翼がある ……〔二合〕…… 20
この星に生まれて ……〔二合〕…… 22
COSMOS ……〔二合〕…… 26

さ

さとうきび畑（普及版）…… 31
里の秋 …… 34
さようなら ……〔二合〕…… 36
さよなら友よ ……〔二合〕…… 38
さよならは言わない ……〔三合〕…… 40
さんぽ …… 44

し

幸せなら手をたたこう ……〔遊び歌〕…… 48
四季の歌 ……〔二合〕…… 49
静かな湖畔 ……〔三輪〕…… 50
シャボン玉 …… 52
少年時代 ……〔二合〕…… 53
ジングル ベル ……〔二合〕…… 56

す

すいかの名産地 ……〔二合〕…… 57
ずいずい ずっころばし …… 58
スキー …… 60
巣立ちの歌 ……〔二合〕…… 61
すてきな一歩 ……〔二合〕…… 64
すてきな友達 ……〔二合〕…… 66
Smile Again ……〔二合〕…… 69

せ

世界がひとつになるまで ……〔二合〕…… 72
世界中のこどもたちが …… 74
世界に一つだけの花 …… 77
線路はつづくよどこまでも ……〔二合+R〕…… 82

そ

空がこんなに青いとは ……〔二合〕…… 84
空を見上げて ……〔三合〕…… 86

た

大切なもの ……〔二合〕…… 88
たきび …… 92
たなばたさま …… 93
旅立ち ……〔二合〕…… 94
旅立ちの時（Asian Dream Song）…… 97
だれにだって おたんじょうび …… 100
旅立ちの日に ……〔二合〕…… 104

ち

小さな木の実 ……〔二合〕…… 109
ちいさい秋みつけた …… 112
小さな勇気 ……〔二合〕…… 114
ちびっこカウボーイ ……〔二合〕…… 118
チム チム チェリー ……〔二合〕…… 120
茶つみ …… 122・123

つ

翼をください ……〔二合〕…… 124
つばめのように ……〔二合〕…… 126

て

手のひらを太陽に …… 130
てぃんさぐぬ花 …… 132

細字の曲は，4訂版にのみ掲載されている曲です。

5訂版

歌はともだち　指導用伴奏集 3

2016年 2月26日　第1刷　発行
2020年 3月31日　第6刷　発行

編集者　教芸音楽研究グループ

発行者　株式会社 教育芸術社（代表者　市川かおり）
〒171-0051　東京都豊島区長崎1-12-15
電話　03-3957-1175（代表）
　　　03-3957-1177（販売部直通）

印　刷　光栄印刷
製　本　小島製本

表紙・ケース装丁　八木孝枝（スタジオダンク）

JASRAC 出 1600987-006

© 2016 by KYOGEI Music Publishers.

●本書を無断で複写・複製することは著作権法で禁じられています。

●☆印の著作物は，教芸音楽研究グループによる編曲です。

●歌集本体に付けられているコードは，使用目的を考慮し簡略化している場合がありますので，本書のものとは異なるところがあります。